KB039540

인도와 아세안 6개국

기업사례와 성장전략

고영경 · 박영렬

박영사

이 책은 연세대학교 경영연구소의 '전문학술저서 및 한국기업경영연구 총서' 프로그램의 지원을 받아 출간되었습니다.

프롤로그

19세기를 이끈 세계 경제의 리더가 유럽이었다면, 20세기는 단연코 미국이 중심에 있었다. 21세기는 이제 아시아의 시대라고 한다. 아시아가 생산과 소비, 투자의 중심에 있다는 뜻이다. 글로벌 컨설팅 회사 맥킨지는 2040년에는 아시아가 세계 GDP의 절반 이상, 소비의 약 40%를 차지하게 될 것으로 전망하면서, 아시안 센츄리 'The Asian Century'라 명명하였다. 세계적으로 유명한 투자자 짐 로저스(Jim Rogers)는 "좋든 싫든 21세기는 분명히 아시아의 시대다"라고 확신했고, 파라그 카나(Parag Khanna)는 저서 『아시아가 바꿀 미래』를 통해 '19세기 유럽화, 20세기 미국화, 21세기는 아시아화'라고 주장했다. 아시아가 세계 경제의 주축이 될 것이라는 예상에는 많은 이들이 공감하고 있지만, 그 과정 속에서 우리는 예기치 않은 복병들을 만나게 될 것이다.

이미 미국과 중국의 대립, 그리고 팬데믹으로 인한 글로벌 공급망의 불안전성이 들어나면서 세계 경제의 지형이 흔들리며 한치 앞도 내다보기 어려운 상황에 놓여 있다. 그럼에도 불구하고 앞날이 밝아 보이는 시장이 있고 여전히 활발하게 활동하며 앞으로 성장이 기대되는 기업들이 있다.

세계의 공장이면서 글로벌 경제 성장의 견인차 역할을 해왔던 중국으로 한국기업들이 앞다투어 투자하고 시장 공략에 공을 들였던 시기가 있었다. 그러나 사드(THAAD) 배치를 기점으로 벌어진 소위 '한한령'을 마주한 한국

기업들은 중국시장에서 고배를 마셔야만 했다. 화장품과 같이 중국 시장에서 인기를 끌던 소비재 분야에서 시장점유율은 급감하였고, 유통과 제조업체들은 발길을 돌려야 했다. 드라마와 게임 등 콘텐츠 분야에서도 한국산은 각종 규제와 눈에 보이지 않는 장벽에 부딪쳤다.

중국이 막히자 기업들이 눈을 돌린 곳은 인도와 아세안이다. 수출이 경제의 큰 버팀목인 한국기업들에게 해외시장 진출은 생사가 걸린 문제이며 글로벌 경쟁력을 유지하기 위한 해외 생산기지 구축도 오랜 시간 진행되어 왔다. 특히 동남아로 지칭되는 아세안에 속한 국가들에 대한 투자는 1960년대 이래로 지속되었다. 그러나 소비시장으로서 아세안에 대한 관심은 크지 않았고, 중국투자에 비하면 그 중요성이 크게 부각되지 않았다. 중국을 대체할 곳으로 가장 크게 부상한 지역은 베트남이다. 베트남 러쉬라고 불릴 정도로 한국기업의 베트남 투자는 급증했고 신규법인 수도 중국을 넘어섰다. 베트남의 해외 역대 누적 투자액 1위는 한국이 차지하고 있다. 아세안은 한국의 제2의 교역대상이고 해외투자에서도 큰 비중을 차지하고 있다. 신남방정책이 등장한 배경에는 외교뿐만 아니라 한국경제의 글로벌화를 위해서 이 지역의 중요성을 인식해야 한다는 현실적인 절박함이 있었다. 중국에 이어 인구규모에서 2위를 차지하는 인도, 그 뒤를 잇는 아세안은 더 늦기 전에 우리가 파트너십을 공고히 할 필요가 있었다. 2021년 빅테크에 대한 규제 강화와 함께 글로벌 벤처 투자자들의 관심도 인도와 아세안으로 옮겨가고 있다. 대표적인 예로 소프트뱅크의 손정의 회장은 중국의 규제 리스크가 해결될 때까지 투자를 유보하겠다고 밝혔다.

신남방 정책에서 이제 인도태평양 전략으로 새로운 프레임이 펼쳐지고 있다. 가치동맹의 부상은 지정학적 리스크와 더불어 불확실성을 증대시키면서 동시에 우리의 시야를 더 넓게 확장할 것을 요구하고 있다. 인도태평양 전략에서도 중요한 파트너일 수밖에 없는 인도와 아세안, 경제적 및 외교적 파트너십의 필요성을 인식하고 있지만 우리는 그 시장을 얼마나 알고 있을까? 해외 시장 어느 곳도 쉽게 접근할 수 있는 지역은 없다. 이 책을 통해 우리는 인도와 아세안에서 전략적 성공을 이룩한 기업들을 소개할 것이다. 이 기업의 사례를 통해 아시아의 떠오르는 시장에 대한 보다 가까이 들여다볼 수 있는 기회를 제공하고자 한다.

차례

인도와 아세안 6개국

기업사례와 성장전략

CHAPTER

01

인도와 아세안, 현재와 미래의 파트너

01 변방에서 무대 위로
02 거대한 소비시장의 부상
03 한국과 신남방
04 이제는 인도-태평양 시대

01 변방에서 무대 위로

동남아와 인도 모두 식민지 지배 기간을 오래 지냈거나 제국주의의 경쟁에 시달려 산업화의 시작이 늦은 나라들이 대부분이다. 태국만 독립국가를 유지했지만 선진 경제로의 도약을 이룩하지는 못했다. 빈곤과 혼란한 사회상으로 각인되었던 이 지역은 20세기의 후반기부터 글로벌 경제에서 중요한 행위자로 부상하였다.

인도와 아세안의 국내총생산(GDP)은 팬데믹 이전 2021년 기준으로 6조 4,730억 달러에 이른다. 인도의 GDP는 3조 1,730억 달러 아세안의 GDP는 3조 3천억 달러를 기록했다. 전 세계 GDP 규모가 약 96조 1천억 달러임을 고려하면 인도와 아세안의 GDP 비중은 약 6.74%에 이른다. 2000년 세계 GDP에서 인도와 아세안이 차지하는 비중이 각각 1.4%, 1.88%이었음을 고려하면 지난 22년 동안 신남방 국가의 경제규모가 얼마나 많이 증가했는지 알 수 있다. 세계 경제에서 그 역할의 증가를 총교역량과 투자규모로 살펴보아도 인도와 아세안의 성장세는 놀라울 정도이다.

국내총생산의 증가는 경제성장률과 궤를 같이 한다. 인도와 아세안의 GDP 성장률은 중국을 제외하면 다른 어떤 신흥지역보다도 높은 수준에서 안정적으로 진행되어 왔다. 2020년 팬데믹 발생 직전까지 아세안의 경제성장률은 4.5~5.5% 사이를 유지하였고, 인도 역시 5~8%를 기록했다. 물론 아세안을 구성하는 10개국 사이의 경제규모와 발전 속도는 상당한 차이가 있다. 브루나이의 경우 적은 인구규모, 에너지 의존도가 높은 경제 구조에서 상대적으로 낮은 경제성장률을 보여왔고, 선진국 수준의 소득을 올리는 싱가포르도 개발도상국인 다른 아세안 회원국보다는 상대적으로 성장률 자체는 낮다. 2020년 팬데믹 여파로 여러 국가들이 마이너스 성장률을 보였지만, 베트남은 플러스를 기록했고, 2021년에는 인도와 싱가포르를 필두로 크게 반등에 성공했다.

그림 1-1 인도와 아세안의 연도별 GDP & 1인당 GDP

(2002~2020, 단위: 십억 달러)

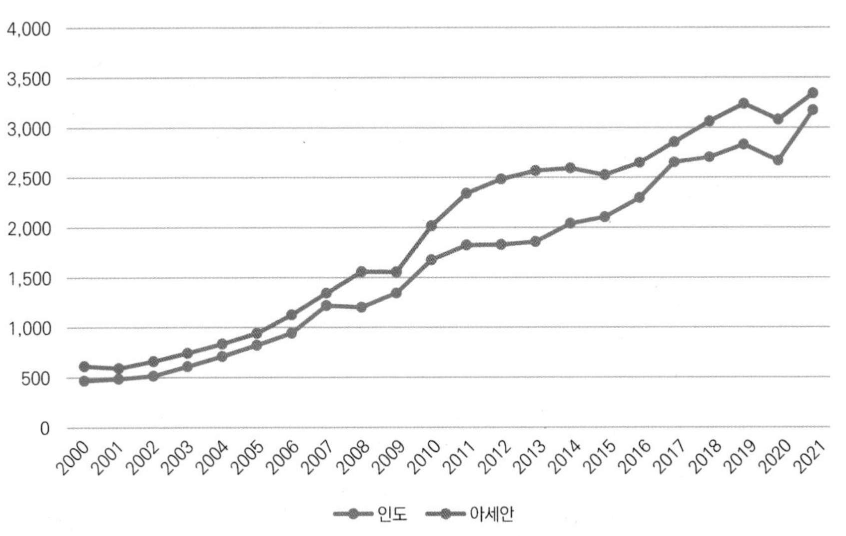

출처: KOSIS(검색일: 2022년 11월 30일)

인도와 ASEAN-6

아세안에서 가장 선진적인 경제체제를 구축했다는 싱가포르의 1인당 GDP가 72,000달러를 넘고 있지만(2021년 기준), 가장 취약하다는 미얀마와 캄보디아의 경우 각각 1,187 달러,[1] 1,591달러에 불과하다. 비록 아세안이 2015년에 아세안 경제공동체를 결성하면서 단일 경제블록으로 출범하였다고 하여도, 시장에 진입하려는 기업 입장에서는 이러한 격차를 고려하지 않을 수 없다. 브루나이의 경우 3만 달러가 넘는 높은 소득수준을 자랑하지만 인구가 43만 명 밖에 되지 않아 분석 대상에 포함시키기에는 충분하지 않다. 인도의 경우에도 1인당 GDP는 2,277(2021년 기준)달러이고 한국의 투자가 집중된 베트남 역시 3,694달러에 머물러 있지만 인구규모와 성장의 속도가 빠르다는 측면에서는 절대로 지나칠 수 없는 시장이고 따라서 한국과 글로벌 기업들의 투자 측면에서도 가장 각광을 받고 있는 국가들이다.

---

1 미얀마는 2021년 2월 1일 군부가 쿠데타를 일으켜 정권을 장악한 이후 무역제재 등으로 1인당 GDP가 2020년 1,451달러에서 크게 감소하였음.

따라서 이 책에서는 브루나이와 캄보디아, 라오스, 미얀마를 제외한 아세안 6개 국가(ASEAN-6)들과 인도를 중점적으로 다루고자 한다. 아세안-6는 약 6억 명의 인구를 갖고 있고, 아세안 GDP에서 차지하는 비중도 96% 이상을 차지하고 있기 때문에 아세안 경제의 대표성을 갖추고 있다고 볼 수 있다.

그림 1-2 인도와 아세안 국가의 연도별 경제성장률

(2002~2021, 단위: %)

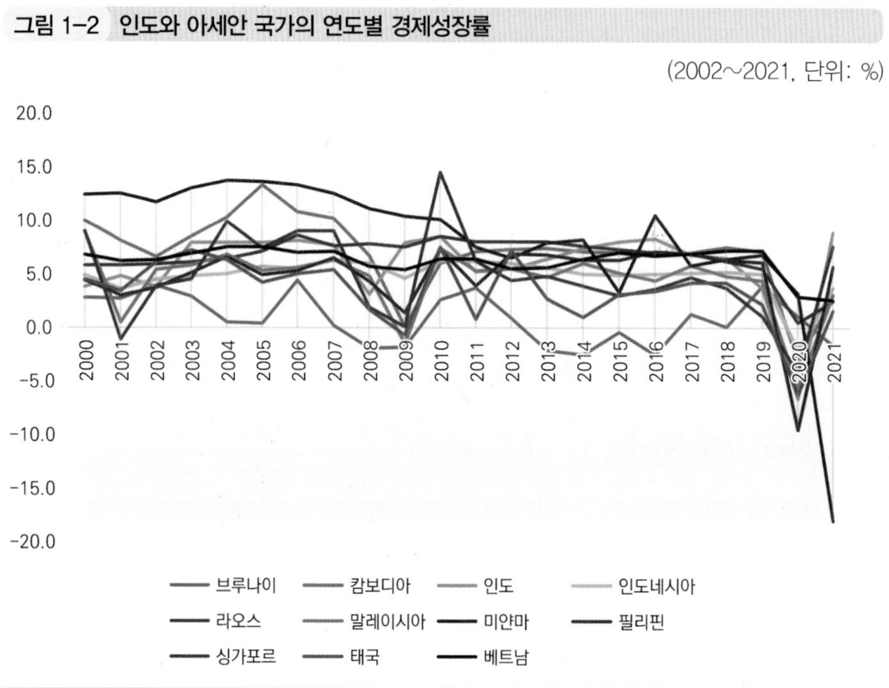

출처: KOSIS(검색일: 2022년 11월 30일)

02 거대한 소비시장의 부상

21세기 아시아의 시대에 인도와 아세안의 중요성도 더욱 높아질 것이다. PwC는 2050년에는 GDP기준으로 인도는 세계 2위 인도네시아는 4위의 경제대국으로 부상할 것이라고 예상했다. 신흥 경제국의 성장이 지속될 경우 구매력이 상승하는데다 이 지역의 인구규모가 워낙 큰 덕분이기도 하다. 현재 세계 1위 인구 대국인 인도의 인구는 2030년 중국보다 많아질 것으로 전망되며, 아세안이 세계 3위의 인구규모를 갖고 있다는 점을 고려하면 분명 엄청난 소비 폭발의 잠재력을 갖고 있다.

그림 1-3 인도와 아세안 인구규모

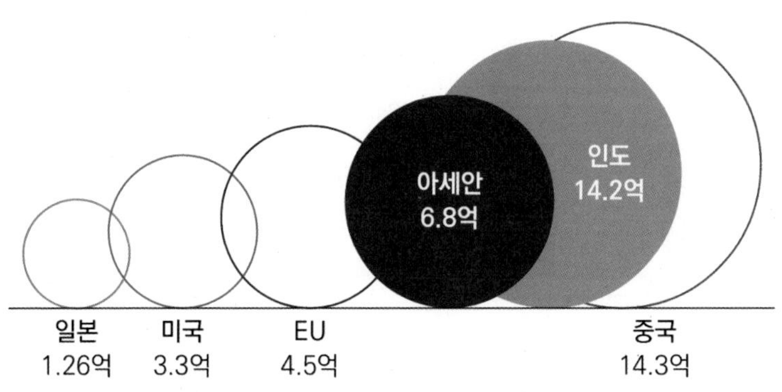

출처: ASEAN Secreatariat

단순한 인구 수뿐만 아니라 경제성장과 함께 1인당 소득 수준이 올라가고, 중산층이 두터워지면서 구매력이 상승한다는 점이 소비시장을 견인하는 원동력이다. 구매력으로 환산한 1인당 GDP는 인도가 6천 달러 이상이고, 베트남도 1만 1천 달러가 넘고 필리핀이 약 9천 달러에 달한다. 인구구성 측면에서 인도와 아세안 지역의 평균연령이 낮다는 점도 매력적이다. 아세안의 중간연령은 30세이며 역내 35세 이하 인구가 4억 명 이상으로 61%를 차지하고 있다. 노령인구의 소비보다 젊은층들의 소비증가가 더 빠르고 강력하게 진행될 것이기 때문이다. 10~20대 인구는 점차 노동시장에 참여하게 되고, 소득이 늘어날 뿐만 아니라 새로운 가구(家口)를 이루면서 새로운 중산층에 유입될 것이다. US-ASEAN 비즈니스 협의회(US-ASEAN Buisness Council)에 따르면 2010년 대비 2030년까지 아세안 중산층은 두 배 이상, 인도는 10배 이상 증가할 것으로 내다보고 있다. 또한 젊은층들이 디지털 기기로 무장하고 있어서 디지털 경제의 성장도 주목할 만하다. 인도와 아세안 지역의 유니콘 숫자가 급증하고 있는 점도 이를 반증한다.

그림 1-4 글로벌 중산층 증가 전망

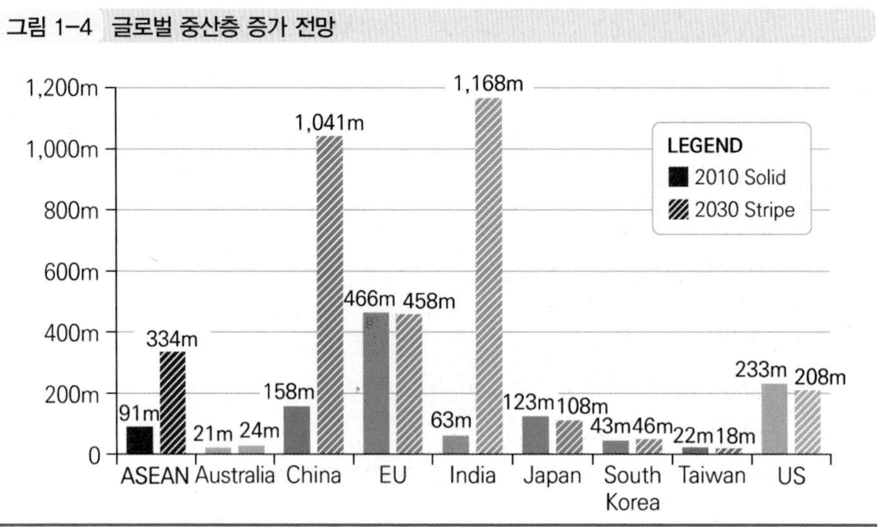

*중산층은 하루 소비가 1인당 10달러에서 100달러(구매력 기준)인 가구를 지칭함.
출처: US-ASEAN Business Council

03 한국과 신남방

한국의 대 신남방지역 교역액은 2016년 2,346억 달러에서 2019년 1,719억 달러로 교역 비중도 2016년 14.9%에서 2019년 16.4%로 증가했다. 2019년 한－아세안 교역규모는 중국에 이어 2위를 차지한 수치로 그만큼 한국경제에 아세안이 중요한 파트너로 확고히 자리를 잡았다는 뜻이다. 인적교류도 크게 늘었다. 2019년 아세안을 방문한 한국인 관광객 수가 1천만 명을 넘었다.

표 1-1 한국–신남방 교역과 방문객

구분	2016	2017	2018	2019	2020
對신남방지역 교역비중(%)	14.9	16.1	15.9	16.4	16.4
對신남방지역 수출비중(%)	17.4	19.2	19.1	20.3	19.7
對신남방지역 수입비중(%)	11.9	12.3	12.2	12.3	12.8
對신남방지역 교역액	1346(–1.1)	1691(25.6)	1812(7.2)	1719(–5.1)	1607(–6.5)
對신남방지역 수출액	861(–0.9)	1103(28.1)	1157(4.9)	1102(–4.8)	1010(–8.4)
對신남방지역 수입액	485(–1.5)	588(21.2)	655(11.5)	618(–5.7)	597(–3.3)
對세계 교역액	9016(–6.4)	10522(16.7)	11401(8.4)	10456(–8.3)	9801(–6.3)
對세계 수출액	4954(–5.9)	5737(15.7)	6049(5.4)	5422(–10.4)	5125(–5.5)
對세계 수입액	4062(–6.9)	4785(17.8)	5352(11.9)	5033(–6.0)	4676(–7.1)

*( ) 전년 동기 대비 증감률 %
출처: 한국무역협회(K-Stat)

그림 1-5 한국 관광객 아세안 방문 현황

(2019년 기준, 단위: 천 명)

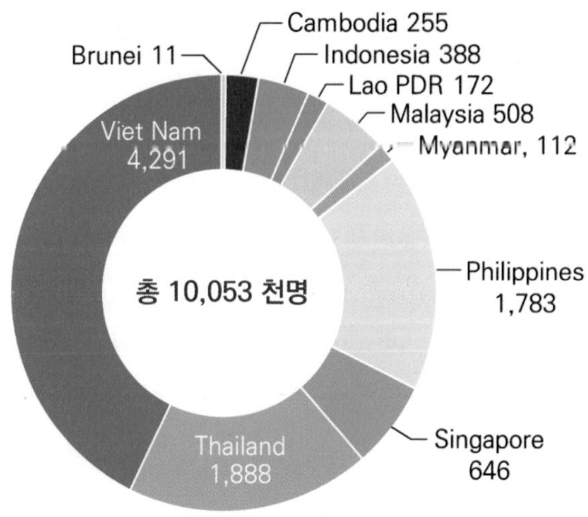

출처: 한국관광통계

비록 2020년과 2021년 팬데믹의 영향으로 투자와 교역, 방문객의 규모가 줄어들었지만, 양자 및 다자간 무역협정이 발효되면서 향후 글로벌 밸류체인에서 한국과 신남방 지역의 교류가 크게 증가할 것으로 기대된다. 먼저 한중일을 포함해 아세안과 호주, 뉴질랜드 등 15개국이 참여하는 역내포괄적경제동반자협정(RCEP)이 2020년 11월 15일 최종 서명되면서 세계 최대 자유무역협정(FTA)이 출범하였다. 수출 시장확대와 교역 구조 다변화가 절실한 한국의 입장에서는 중요한 디딤돌이 된다. RCEP에서 아세안 10개국은 우리에게 상품 시장을 추가 개방했다. 2007년 발효된 한·아세안 FTA 관세 철폐율은 79.1~89.4%이었다. 그러나 이후 품목별 관세를 추가로 없애 관세 철폐율을 국가별로 91.9~94.5%까지 끌어올렸다. 특히 자동차·부품, 철강 등 우리 핵심 품목에 더해 섬유, 기계 부품 등 중소기업 품목, 의료위생용품 등 포스트 코로나 유망 품목도 추가 시장 개방을 확보함으로써 대기업과 중소기업의 활로가 확대되었다는 점에서 중요하다. RCEP는 역내 국가 간 통일된 원산지 기준을 적용해 양자 FTA 체결 때 발생하는 이른바 '스파게티 볼' 효과를 최소화했다는 점에서도 큰 의미가 있다. 스파게티 볼 효과는 접시 안에서 얽히고설킨 스파게티 가닥처럼 나라마다 다른 원산지 규정과 통관 절차 등으로 기업이 FTA 혜택을 받기 어렵게 된다는 의미다. 예컨대 기존에는 중국, 아세안, 호주에 세탁기를 수출하려면 원산지 기준이 제각각 달라 반복적인 서류작업에 시달렸으나 이러한 문제점이 해소되었다. RCEP 참여국 전역에서 재료를 조달·가공하더라도 원산지 누적을 인정받을 수 있게 됐다. 이제까지는 만약 한국이 중국에서 재료를 수입해 호주로 수출하면 한국 물량만 원산지로 인정했지만, 앞으로 중국 물량도 원산지 누적으로 인정해 관세 혜택을 받을 수 있어 기업으로서는 수익성이 높아지는 셈이다. 원산지와 통관절차가 RCEP로 하나로 통일돼 기업의 비용절감과 편의성 향상도 기대된다.

게임·영화 등 서비스 시장이 개방되고 지적재산권 챕터도 개선되었다. 재도약하고 있는 한류 콘텐츠가 확산 중인 RCEP 역내에서 우리 지재권을 보호할 수 있는 기반도 만들어져 제값을 받고 확산될 전망이다. 우리나라는 RCEP 참여국 15개국 가운데 일본을 제외한 나머지 국가들과는 개별 FTA를 체결했거나 협상 중이다. 2021년 10월 한국과 필리핀이 양국가 자유무역협정에 최종 합의했다. 한국은 싱가포르, 베트남, 말레이시아, 캄보디아에 이어 아세안 국가와 다섯 번째 양자 FTA를 구축했다. 정부는 양자간 FTA 체결과 RCEP이 상호 보완 효과를 내면서 한국의 신남방 네트워크가 더욱 확대될 것으로 예상하고 있으며, 상품과 서비스 시장의 상호 확대로 인해 아세안 국가와 교류·협력은 더욱 활발해질 전망이다.

그러나 신남방의 한 축을 구성하는 인도는 RCEP 최종 서명에서 물러났다. 수년간 중국과의 무역에서 만성적인 적자에 시달려 온 인도가 값싼 중국 제품의 공세가 더욱 거세질 것을 우려했기 때문이다. 한-인도 포괄적경제동반자협정(CEPA)이 이미 체결되어 2010년 1월 1일부터 발효 중이어서 한국이 별도의 타격을 받지는 않겠으나, 인구규모와 경제성장률, 글로벌가치사슬에서 그 중요성이 높아지는 인도의 불참으로 RCEP 참여로 인한 효과가 반감된 것만은 부인할 수 없다.

포괄적·점진적 환태평양경제동반자협정(CPTPP)의 경우 아시아·태평양 지역 11개국이 참여하는 다자간무역협정이다. 한국은 최종 참여가 결정되지는 않았다. 산업에 따라 피해와 효과 규모가 다르게 전망되기 때문이다. 그럼에도 불구하고 정부는 지역내 공급망 편입 확대와 디지털 경제의 성장기회 등을 고려해 추진의사를 밝힌 상태이다.

04 이제는 인도-태평양 시대

2022년 신정부의 탄생과 함께 신남방정책은 희미해지고 새로운 대외 지역전략에 대한 필요성이 대두되었다. 2022년 11월 캄보디아 프놈펜에서 열린 '한-아세안 정상회의'에서 윤석열 대통령의 '한국판 인도·태평양 전략'이 최초로 공개되었다. 이미 미국 바이든 대통령이 중국을 견제하면서 동맹국들의 역할을 강화하는 '인도·태평양 경제 프레임워크(IPEF)'를 기반으로 새로운 판이 짜인 상황에서 한국은 그 참여국으로서 노선을 분명히 했다.

미국이 설정한 IPEF는 2017년 트럼프 행정부의 TPP 가입 철회 이후 약화된 미국의 경제적 리더십을 회복하겠다는 목표를 분명히 내세우고 있다. 특히 무역과 글로벌 공급망과 인프라, 디지털 경제, 신재생에너지 분야에서 미국을 중심으로한 협력체를 재구성한다는 뜻이 담겨 있어 여기 참여하는 파트너들은 중국과의 대척점 내지 미국이 내세우는 '가치와 질서'를 지지 혹은 암묵적 동의를 전제로 하고 있다. 이러한 미국의 구상이 실현되기 위해서는 인도와 아세안의 참여가 중요할 수밖에 없다. 따라서 IPEF는 인도와 아세안을 중요한 파트너로서 명시하고 지속적인 지원을 강화한다는 점을 구체적으로 밝히고 있다.

한국 정부가 천명한 '한국판 인도·태평양 전략'은 경제와 안보를 하나의 프레임에 넣는 포괄적 지역전략이라는 특징을 갖고 있다. 지정학적 위기가 고조되고 글로벌 공급망이 재편되고 있는 상황에서 무역의존도가 높은 한국의 다자간 경제협력체 참여는 선택이 아닌 필수이다. 미국이 반도체와 배터리, 자동차 등 주요 산업의 리쇼어링을 강력히 요구하는 상황에서 한국의 대 미국투자도 증가하고 있다. 다만 미국이 내세운 IPEF를 그대로 담아내고 있어 '한국판'의 의미를 찾아보기는 어렵다.

'한국판 인도·태평양 전략'의 두 번째 특징은 아세안을 인도-태평양 전략 아래 하위개념으로 포지셔닝했다는 점이다. 과거 신남방정책은 한국의 4대 강국과 동등한 전략적 파트너로 아세안의 위치를 높여 놓았다면 이제 다시 아세안은 서브셋(subset)으로 위치가 바뀌었다. 물론 아세안에 대한 지원을 강화하면서 개발협력기금을 두 배 이상 증가시키고 경제협력 수준도 끌어올리겠다고 천명했으나, 포지셔닝의 변화는 전략적 중요성을 약화시킬 가능성이 있고 경제 관계에서 무게중심이 미국과 일본으로 쏠릴 수 있다는 우려가 제기되고 있다.

세 번째는 IPEF의 인도 참여이다. RCEP에서 인도가 끝내 참여하지 않아 아쉬운 점으로 지목되었으나 IPEF에 참여를 선언했다. 미국입장에서 인도의 참여는 안보 균형과 글로벌 공급망에서 중요한 사안이었고, 자연스럽게 '한국판 인도·태평양 전략' 역시 인도와 손을 잡을 수 있게 되었다.

그림 1-6 RCEP, IPEF, CTPP 회원국 현황

출처: 연합뉴스 https://m.yna.co.kr/view/AKR20220523076600077

표 1-2 주요 경제협력체 비교

구분	RCEP	CPTPP	IPEF
참가국	15개국(한국, 중국, 일본, 호주, 뉴질랜드, 아세안 10개국)	11개국(일본, 호주, 뉴질랜드, 캐나다, 멕시코, 칠레, 페루, 아세안 4개국(브루나이, 말레이시아, 싱가포르, 베트남))	13개국(한국, 미국, 일본, 호주, 뉴질랜드, 인도, 아세안 7개국(브루나이, 인도네시아, 말레이시아, 필리핀, 싱가포르, 태국, 베트남))
인구	22.7억명(29.7%)	5.1억명(6.7%)	25억명(32.23%)
GDP	26.1조 달러(30.8%)	10.8조 달러(12.8%)	34.6조 달러(40.9%)
우리와의 교역 규모	4,839억 달러(49.4%)	2,364억 달러(24.1%)	3,890억 달러(39.7%)

주: 2020년 기준/( )는 세계 또는 우리의 총 교역규모 대비 비중
출처: 산업통상자원부

인도와 아세안은 아시아 시대에서 소비와 생산의 중심축으로 부상하고 있다. 이미 한국의 많은 기업들이 현지 진출을 진행했고 앞으로 나아가야 할 지역으로 보고 있다. 세계 경제가 새로운 블록화의 단계로 넘어가는 이때 한국에게 필요한 것은 지역 네트워크의 강화이다. 경제와 안보가 완벽하게 동일시되는 프레임에서 개방정도가 높은 한국이 설 자리는 점점 좁아진다. 한국이 만드는 새로운 가치사슬의 네트워크가 필요하며 여기에 가까이 있는 아세안 그리고 인도가 우리의 중요한 동반자일 수밖에 없다.

CHAPTER

02

7UPs in Asia

01 인도
02 인도네시아
03 말레이시아
04 태국
05 싱가포르
06 필리핀
07 베트남

인도와 아세안이 중요한 지역임을 부정할 수는 없지만, 아세안에는 10개 국가[1]가 있고 인도는 한 나라이면서도 지역별 차별성이 두드러지게 나타난다. 특히 아세안의 경우 10개 국가가 언어, 종교, 정치체제가 다르고 소득수준과 인구규모도 크게 차이가 난다. 지리적으로 그 거리가 가깝기는 하나 대륙부와 해양부로 구성되어 산업과 문화의 전통도 각기 다른 방식으로 축적되어 왔다. 아세안을 대표하는 키워드가 "다양성(diversity in unity)"인 이유도 그만큼 공통의 성격을 찾기 어렵다는 뜻이기도 하다. 아세안 경제공동체(ASEAN Economic community)가 2015년 출범하여 하나의 경제블록으로 자리를 잡았지만 개별 시장의 특성과 주요 기업을 살펴보기 위해서는 국가별 접근도 필요하다. "하이퍼로컬(hyper local)"이 시장을 이해하는 중요한 개념이기 때문이다.

이 책에서는 인도와 아세안 주요 6개국가를 중점적으로 다루어볼 것이

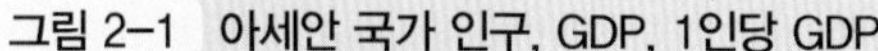

그림 2-1 아세안 국가 인구, GDP, 1인당 GDP

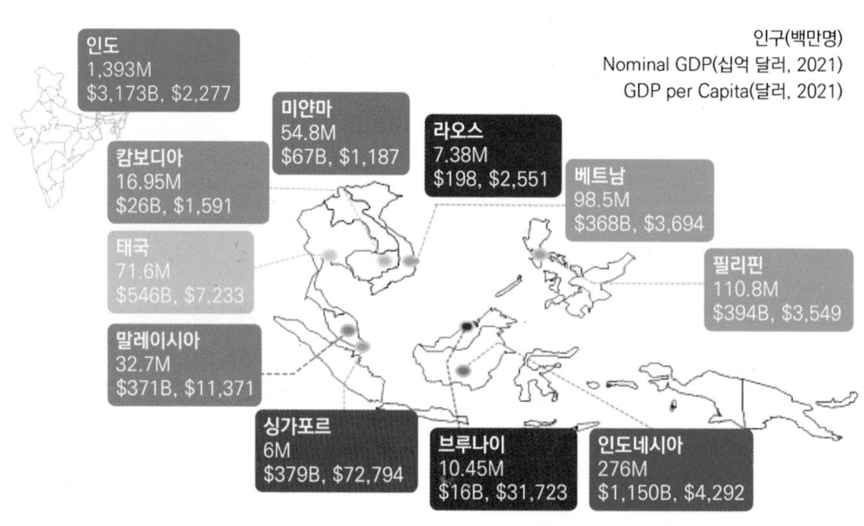

출처: World Bank, 저자 정리

1 2011년 티모르 레스테(Timor Leste, 한국에서 동티모르라고 불렸음)는 아세안 회원국 가입을 신청했다. 2022년 11월 11일에서야 아세안은 11번째 회원국으로 티모르 레스테 가입을 원칙적으로 승인하였다. 정식 가입을 위한 로드맵 절차를 따라 진행될 예정이다.

다. 아세안-6는 싱가포르와 말레이시아, 태국, 인도네시아, 베트남, 필리핀 그리고 인도를 합쳐 7UPs로 명명하고자 한다. 7개의 국가가 높은 성장률을 기록해왔고, 앞으로도 안정적인 성장을 유지하면서 주요 소비시장이자 글로벌 공급망의 핵심으로 역할하는 소위 "뜨는 별"에 해당하기 때문이다. 물론 싱가포르의 경우 이미 고소득 국가에 속해 있지만 아세안의 금융과 무역 허브 역할을 하고 있고 R&D와 혁신 측면에서 여전히 성장하고 있는 국가이므로 7UPs에 포함하였다.

7UP 국가들의 경제성장률은 2019년까지 세계평균을 웃도는 높은 성장률을 기록해왔다. 2020년 팬데믹과 미중 무역갈등으로 경제성장률이 크게 하락했으나 이후 회복하면서 인도와 필리핀, 베트남, 인도네시아를 중심으로 2022년부터 2027년까지 다시 세계 평균보다 높은 성장세를 이어갈 것으로 기대된다. 인도의 경우 2021년 8.7%에서 2022년 성장률은 다소 하락할 것으로 예상되지만 중국과 중남미의 신흥국가들과 비교하면 양호하다고 평가받고 있다. 아세안 역시 코로나19 관련 이동제한 조치 완화와 민간소비가 증가하면서 경제가 회복되었고 특히 원자재 가격 상승에 따른 자원부국들의 경기 활황 등이 경제성장률에 긍정적인 영향을 미치고 있다.

표 2-1 아세안-6과 인도의 GDP 성장률

	GDP 성장률(%)					
	2015~2019	2020	2021	2022	2023	2027
인도네시아	5.03	-2.07	3.69	5.3	5	5.1
태국	3.42	-6.2	1.57	2.8	3.7	3
싱가포르	3.19	-4.14	7.61	3	2.3	2.5
말레이시아	4.91	-5.65	3.13	5.4	4.4	3.9
필리핀	6.58	-9.57	5.6	6.5	5	6
베트남	6.99	2.94	2.58	7	6.2	6.8
인도	8.31	-6.6	8.7	6.8	6.1	6.2
7UPs 평균	5.49	-4.47	4.73	5.26	4.67	4.79
세계 평균	3.38	-3.06	6.11	3.59	3.55	3.26

출처: World Bank, IMF(2022) 'World Economic Outlook: Countering the Cost-of-Living Crisis'

2022년 팬데믹의 회복세가 수그러들고 2023년부터 본격적인 글로벌 경기 침체가 예상되면서 향후 신흥국들의 전망치는 계속 하향조정되었다. 인플레이션이 지속되고 러시아－우크라이나 전쟁의 장기화, 글로벌 공급망 불안은 선진국과 신흥국 경제성장률에 하방 리스크 요인으로 작용하고 있다. 그럼에도 불구하고 7UPs가 다른 어떤 지역보다 견조한 성장세를 유지할 것이라는 예상에는 이의가 없다.

7UPs 경제의 성장은 글로벌라이제이션의 확산, 외국인투자, 정부의 경제정책 및 산업정책, 국가 경쟁력의 강화, 노동생산성 증가 등 여러 요인들이 작용했다. 성장과정에서 경제의 주요한 행위자로 활동한 주체 하나는 기업들이며, 일부 대기업의 성장은 국가 경제성장의 주요한 요소나 전략이 투영된 결과이기도 하고, 또한 성장을 이끈 원동력 가운데 하나로 볼 수도 있다. 인프라 구축이 중요한 국가 과제인 경우 건설업이 성장기회를 얻기도 하고 전기전자 산업분야의 수출을 지원하는 경우 그 섹터에 소속한 기업이 혜택을 받기도 한다. 플랫폼 기업의 성장은 혁신 드라이버로 작용해 디지털 경제의 확산을 이끌기도 한다. 그렇다고 해서 해당 산업의 모든 기업이 성장하는 것은 아니다. 성공한 기업들은 당시 시장의 요구에 맞는 적절한 전략과 대응을 하거나 선제적으로 다음 단계를 대비하면서 자신들만의 경쟁력을 갖춰 성장해왔다.

지금까지 대부분의 한국기업들이나 연구소, 정부기관조차 미국과 중국, 일본에 대한 연구를 많이 해왔다. 1950년 한국 전쟁 이후 최빈국에서 빠른 성장을 이룩했지만 후발주자로서의 선진국의 기업들과 주요 수출시장 탐구에 몰두했기 때문이다. 반면에 인도와 아세안은 상대적으로 그 중요성이 적었고 우선순위에서 멀리 떨어져 있었다. 이제는 상황이 달라졌다. 중국에 대한 의존도를 줄이면서 공급망 재편에서 안정적인 네트워크를 구축하고 글로벌 전략하에서 시장다변화를 꾀해야 한다. 이러한 과제가 비단 한국기업들에게만 주어진 것은 아니다. 지정학적 리스크는 줄어들 기미가 보이지 않으면서 오히려 미국과 중국의 정책변화는 전 세계 모든 기업들에게 선택을 강요하고 전략의 변화를 요구하고 있다. 기업들의 생존과 성장에 중요한 7UPs 지역에 대한 보다 적극적인 접근과 탐색을 미룰 수 없는 때가 왔다. 그러나 과연 한국에서 태국이나 인도네시아의 대표적인 기업 이름이라도 알고 있는가라고 물어보면 대답하지 못할 사람들이 꽤나 많을 것이다. 거시경제 분석도 당연히 도움이 되겠지만 이 지역에서 어떠한 기업들이 산업의 리더로 활약하고 있으며 어떤 과정을 통해 성장했는지 기업의 사례를 통해 이해를 높이는 방식도 효과적인 접근이 될 수 있다. 다음 장에서 7UPs 국가에서 주목해봐야할 기업들의 사례를 통해 그동안의 성장산업과 시장의 특성, 전략의 변화를 살펴볼 것이다.

01 인도

글로벌 경제가 중국 다음으로 주목하고 있는 시장은 바로 인도이다. 인도는 인구규모에서 14억 2천만 명으로 중국에 이어 세계 2위를 기록하고 있고 GDP는 3조 1,700억 달러로 미국과 중국, 일본, 독일에 이어 세계 5위를 달리고 있다. 1991년부터 신경제정책을 추진하면서 경제개혁과 시장개방으로 전환하였고 경제성장률이 등락을 거듭하면서도 성장은 지속되었다. 2008년 경제위기로 인해 3.1%를 기록한 경우를 제외하면 2003년 이래 인도는 5.2%에서 8.9%의 고도 성장세를 유지해왔다. 비록 2020년 팬데믹으로 −6.6% 마이너스 성장률로 하락했지만 이후 2021/22 회계연도(2021년 4월 1일~2022년 3월 31일) 인도의 경제성장률은 8.7%로 다시 크게 반등했다.

인도의 산업구조는 농업 20.19% 제조업 포함 산업부문이 25.92% 서비스가 53.89%로 서비스 비중이 높다. 서비스업 비중의 증가는 통신을 포함한 ICT 산업 발전의 덕분이며 제조업의 비중도 다소 높아졌다. 인도의 ICT 산업은 1990년대 중반부터 상대적으로 임금이 싼 인력을 바탕으로 외국 기업의 아웃소싱업체로 성장하기 시작했다. 이 경험이 바탕이 되어 2000년대 들어 인포시스(Infosys)와 같은 기업들이 소프트웨어 산업에서 글로벌 리더로 두각을 나타냈다. 통신분야에 있어서 막대한 인구를 기반으로 세계 3대 시장으로 성장했다. 그러나 하드웨어나 통신장비는 여전히 외국기업들이 주도권을 잡고 있는 상황이다. '디지털 인디아' 정책 아래 꾸준히 IT 기업을 지원하고 이를 수출의 중요산업으로 육성하려는 전략이 지속되고 있으며 스타트업 붐이 디지털 경제 혁신 드라이버로 자리잡기 시작했다.

IT 산업이 소프트웨어 중심이며 '디지털 인디아' 정책이 지원했다면, 이보다 더 큰 틀에서 산업을 육성하는 정책은 'Make in India'이다. 'Make in India' 역시 2014년 모디 총리가 추진한 정책으로 전체 제조업을 노동집약적 산업, 자본재산업, 전략 산업, 경쟁력 보유 산업 등 4개 부문으로 구분하고, 주력 업종 25개를 선정해 이를 집중적으로 지원하는 계획을 담고 추진되어 왔다. 무엇보다 중요한 목표는 외국 제조업체를 유치하여 기술과 자본을 확보하고 일자리를 창출하는 것이다. 외국 기업의 인도 진출을 유인하기 위해 인도정부는 친기업적 제도를 도입하고 세제개혁과 국가 인프라투자펀드 조성하고 플러그 앤드 플레이 방식(PPM, Plug and Play Model)[2]을 도입하는 등 기업하기 좋은 환경을 조성하기 위해 애를 썼다.

인도의 산업정책은 높은 경제성장률과 제조업 비중의 상승으로 성과를 거두었고 외국인 투자도 증가했다. 세계은행의 2019년 기업환경평가 순위에서 총 189국 가운데 63위를 차지하고 있다. 모디총리가 처음 취임했던 2014년 142위(총 189개국)와 비교하면 무려 79계단이나 상승한 것이다. 무엇보다 2019년 석탄 채굴·판매와 위탁생산(100%), 디지털 미디어(26%) 부문에 대한 외국인 지분제한이 완화되었고, 2020년 항공산업(여객·화물수송)의 외국인투자 지분 제한이 철폐되었다. 민감한 방위산업 자동승인 지분율과 보험업 외국인 지분율 모두 49%에서 74%로 상향되었다. 외국인투자 유입을 늘리기 위해 지속적으로 투자환경을 개선하고자 하고 있다. 물론 여전히 각종 규제와 인허가 절차의 복잡성과 시간 지연으로 투자가 쉽지 않은 지역이고, 1인당 소득수준이 2천 달러대에 머물러 있어 소비시장이 기대만큼 성장하고 있지 못하다는 평가를 받는다. 그럼에도 불구하고 2021년 딜로이트 컨설팅사(Deloitte)가 글로벌 기업 1200개사를 대상으로 진행한 설문조사에서 인도가 긍정적인 성장 전망과 숙련된 노동력으로 인해 투자유망국가로 선정되었으며, 향후 젊고 풍부한 노동력과 중산층 증가, 광물자원 개발 가능성은 인도 경제에 대한 전망을 밝게 하고 있다. 골드만삭스는 "인도는 성장 속도가 세계에서 가장 빠른 국가다"라며 "2030년 이후 미국, 중국과 함께 3대 경제 대국으로 성장할 것"으로 전망하고 있다.

인도 경제의 주축인 ICT 산업분야의 성장은 대단히 빠르게 이루어졌고

---

2 발전소나 공항, 도로 등 인프라 건설 사업을 추진할 경우 농민들이 토지수용을 반대해 건설부지 확보가 어렵게 되거나 각종 승인 절차가 지연되면서 사업이 어려워지는 경우가 빈번히 발생했다. PPM은 이러한 문제점을 해결하기 위해 정부가 각종 승인 획득, 토지 확보, 규제요인 제거 이후에 공개 경매를 통해 사업 추진업체를 선정하는 방식이다.

통신 시장규모도 인구크기만큼이나 거대하다. 제조업 비중도 적지만 지속적으로 확대되어 왔다. 이 두 분야 모두에서 괄목할 만한 성장을 보인 기업은 릴라이언스 인더스트리이며 제조업 분야에서는 타타가 인도 국민기업으로 자리를 잡았다. 릴라이언스와 타타의 사례를 통해 인도 시장의 특성과 변화를 살펴보자.

1.1 릴라이언스 인더스트리(Reliance Industries)

인도를 대표하는 기업을 꼽으라면 릴라이언스 인더스트리를 빼놓을 수 없다. 릴라이언스 인더스트리(이하 릴라이언스)는 2022년 매출 1,040억 달러, 시가총액 2,023억 달러로 인도 최대 기업이며, 석유화학부터 디지털 서비스까지 수많은 자회사를 거느리고 있는 거대한 기업군단이다. 릴라이언스 창업주 가족으로 회장을 맡고 있는 무케시 암바니의 개인 재산은 893억 달러에 달하며 세계에서 8번째로 부유한 사람으로 올라와 있다.

성장 스토리(1)

릴라이언스의 출발은 무케시 암바니(Mukesh Dhirubhai Ambani)의 아버지 디루바이 암바니(Dhirubhai Ambani)가 뭄바이에서 창업한 화학섬유회사에서 출발했다. 아버지 디루바이 암바니는 구자라트주 출신으로 집안형편이 넉넉하지 못했다. 그는 고등학교도 마치지 못한 17세의 어린 나이에 생계를 위해 당시 영국령 아덴(현재 예멘)으로 떠났다. 1950년대 당시 수에즈동부지역 최대 무역회사(A. Besse & Co.)에서 일을 하면서 무역, 회계 등을 익혔다고 알려져 있다. 약간의 돈을 모아 1958년 인도로 돌아온 디루바이는 사촌과 함께 향신료 수출을 하는 무역회사 릴라이언스 커머셜(Reliance Commercial Corporation)를 차렸고 폴리에스터 등 원자재 품목으로 사업을 확대했다. 인도 정부가 외화나 수입허가를 강력 통제하는 상황하에서 정식 수입허가를 얻은 사업자들은 수요부족을 겪는 시장에서 이익이 보장되는 상황이었다.

섬유산업의 기회를 감지한 디루 바이는 사촌과 결별하고 1965년 릴라이언스 텍스타일을 설립한다. 후방통합(backward integration)의 첫 발을 내딘 것이 릴라이언스 인더스트리의 모태이다. 1966년 처음 공장을 설립한 이래 인도시장에서 승승장구를 거듭, 1977년 주식시장에 성공적으로 데뷔한다.[3]

디루바이 암바니에게는 두 명의 아들과 딸, 모두 3명의 자녀가 있었다. 1957년 아덴에서 태어난 큰아들이 무케시 암바니였다. 그가 인도에서 화학공과대학(Institute of Chemical Technology)을 마치고 스탠포드 MBA 과정을 밟고 있던 1980년, 아버지의 부름을 받고 인도로 급히 귀국한다. 실전 기술은 교실이 아닌 경험에서 얻는 것이라고 생각했던 디루바이는 아들 무케시에게 원사제조 프로젝트(polyester filament yarn project)를 맡긴다.[4] 빠르게 성장하는 기업이긴 하지만, 거대기업이라고 하기엔 규모가 작았던 릴라이언스로서는 정부로부터 원사생산 허가를 받아내는게 중요한 과제였다. 무려 45개 업체와의 경쟁에서 원사생산 공장건설허가를 취득한 무케시는 트레일러에서 자면서 세심하게 공정을 챙겼으며, 원단에서 폴리에스터 섬유, 석유화학으로 분야를 확장하면서 릴라이언스의 고도 성장을 이끄는 발판을 마련하였다.

릴라이언스의 주력사업분야가 석유화학산업이기는 했지만 빠른 성장 가능성이 보이는 분야의 사업기회는 그 무엇이든 놓치지 않았다. 대표적인 예가 정보통신과 텔레컴이다. 2002년 7월 릴라이언스 인포컴(Reliance Infocom Limited, 현 Reliance Communications Limited)을 설립하고 본격적으로 통신사업에 뛰어든다. 이는 창업자의 둘째 아들 아닐 암바니(Anil Ambani)가 맡았다. 그런데 릴라이언스 인포컴이 설립되기 직전 돌연 디루바이 암바니가 사망한다. 유언장이 남겨져 있지 않다보니 무케시와 아닐 사이의 상속분쟁이 일어났고, 2005년 디루 바이의 부인 코키라 벤 암바니(Kokiaben Ambani)가 나선 뒤에야 형제의 계열사 경영권이 정리되었다. 무케시 암바니(Mukesh Ambani)가 릴라이언스 인더스트리와 인도석유화학(Indian Petrochemicals Corporation Limited, IPCL)을, 아닐 암바니(Anil Ambani)에게는 릴라이언스 텔레컴과 전력, 엔터테인먼트, 금융이 돌아갔다.

---

3 은행 대출을 거절당한 디루바니 암바니는 자금조달을 위해 릴라이언스의 IPO를 결정했다. 투자자들은 릴라이언스와 그 설립자에 대한 신뢰도가 높았고, 주주총회에는 수천 명이 참석했다.

4 https://www.nytimes.com/2008/06/15/business/worldbusiness/15ambani.html

형제간의 계열이 분리된 후 무케시 암바니는 공격적으로 사업을 확장했다. 인도의 중산층이 빠르게 늘고 산업화가 진행되면서 에너지 수요도 폭증했다. 인도는 원유와 가스가 생산되지만 공급이 수요를 따라가지 못했다. 무케시는 1일 66만 배럴 용량의 최대 정유와 석유화학 시설을 지은 데 이어 추가로 58만 배럴 규모의 2공장을 건설하면서 구자라트의 잠나가르(Jamnagar)를 명실 상부 세계 정유산업의 허브로 만들었다. 또 미국의 아틀라스 에너지(Atlas Energy)사의 마르첼러스 쉐일(Marcellus Shale) 운영권 40%를 17억 달러에 사들이였다. 무케시는 폴리에스테르부터 정유, 석유가스 탐사 및 생산 업스트림까지 아우르는 수직계열화-후방통합(backward integration)을 이끌며 설립자인 아버지의 전략과 비젼을 아들이 완성한 셈이다.

무케시가 관심을 가진 또 하나의 영역은 소매업이다. 13억 인구가 일상에서 먹고 쓰는 식품과 물품의 유통과정이 효율적이지 못해 가난한 소비자나 생산자 모두 손해를 보고 있었다. 2006년 릴라이언스 리테일(Reliance Retail)이 탄생했고 전국적으로 서구식 슈퍼마켓 체인과 소매점 네트워크를 구축해 산지에서 직접 구매하는 방식을 도입했다. 곳곳에서 많은 반발이 있었고, 일부 주에서는 릴라이언스 매장을 불허했다. 그러나 변화의 물결을 오랫동안 가로막을 수는 없었다. 이 일로 오히려 무케시 암바니는 인도의 혁신과 변화를 주도하는 기업가로 떠올랐다. 릴라이언스 리테일은 인도에 식료품 매장들을 보유하고 있고 휴고보스와 버버리 등 글로벌 브랜드의 아울렛을 운영한다. 지난해에는 영국의 장난감 매장 햄리스를 매입했다.

반면 아닐의 통신회사 릴라이언스 텔레콤은 내리막 길을 걸었다. 텔레콤사의 중역 3명은 올 초 인도 사회를 떠들썩하게 했던 '2세대(2G) 통신 스캔들'에 연루돼 수감되었다. 관련 업체에 통신주파수를 특혜 제공해 국고에 400억 달러의 손해를 끼친 '2G 통신 스캔들'은 인도 역사상 최대 규모의 정부 스캔들 사건이라는 오명을 남겼다.

성장 스토리(2) 텔레컴 & 디지털의 날개를 달다

동생 아닐이 텔레컴을 주도했지만 암바니 역시 ICT와 텔레컴의 중요성을 인식하고 있었으며 회사의 미래에 대해 누구보다 고심하고 있었다. 2002년 인도에서는 TDMA 기술기반의 GSM 방식 서비스가 주류를 이루고 있었기 때문에, 그는 GSM을 대체할 만한 무언가가 필요했다. 릴라이언스 텔레컴 팀은 CDMA 기술을 이용해 전국에서 사용가능한 저가 서비스를 내놓았다. CDMA 인프라는 GSM보다 돈이 덜 들었고, 이미 곳곳에 존재하는 상황이어서 선발주자에 비해 낮은 요금을 제시한다면 충분히 승산이 있다고 확신했다. 릴라이언스는 인도 정부로부터 현지 CDMA 적용 범위를 제공할 수 있는 허가를 받았고 전국적 서비스를 막는 어떠한 법률적 규제도 없었지만, 사업의 특성상 시장 외적인 리스크를 고려하지 않을 수 없었다. 2006년 위험최소화 차원에서 GSM라이센스를 사들이고 네트워크를 구축한다. 이로써 릴라이언스 커뮤네케이션은 CDMA와 GSM 서비스를 제공하는 유일한 텔레컴 사업자가 된다. 2010년에는 주파수 경매에서 3G 라이센스를 사들였고 인도 최대 케이블 사업자인 디지케이블(Digicable)을 인수했다. DTH TV, IPTV 그리고 브로드밴드를 통합해 릴라이언스 디지컴(Reliance Digicom)을 새로 출범시켰다. 릴라이언스 커뮤니케이션은 2012년 5월까지 3G 시장의 61%를 차지했고, 2013년에는 레노보와 합작으로 안드로이드 스마트폰을 출시했다. 2016년 CDMA 서비스를 종지부 찍고 LTE 네트워크로 전환한 데 이어, 2017년 보이스 서비스를 중단하고 4G 데이터 서비스만을 제공하게 된다. 2013년 릴라이언스 커뮤니케이션즈는 에릭슨(Ericsson)과 무선통신 네트워크에 대한 다년간 운영서비스 협의에 서명한 바 있는데, 이것이 결국 아닐 암바니의 몰락을 초래하게 된다. 시장경쟁이 격화되는 가운데 약속된 대금을 지급하지 못하게 되자 릴라이언스 커뮤니케이션즈는 주파수와 자산매각을 시도한다. 아닐 암바니는 에릭스에 개인 지급보증을 약속하지만 이조차 지키지 못하게 되고 2019년 대법원이 아닐 암바니에게 유죄를 선고하고 벌금을 부과하기에 이른다.

경영권 분쟁이 일단락될 때, 무케시 암바니는 동생 아닐 암바니의 통신사업 분야는 손대지 않기로 했다. 그러나 석유화학분야는 확장성이 제한적이었고 무선통신 및 디지탈 시장이 커가는 것을 보고만 있을 수는 없었다. 2010년 릴라이언스 인더스트리는 지오 인포컴(Reliance Jio Infocomm Limited)을 자회사로 설립하였고, 막강한 자금력을 기반으로 인포텔 브로드밴드 서비스(Infotel Broadband Services Limited: IBSL) 업체의 지분 95%를 인수했다.[5] 비상장사인 인포텔 브로드밴드는 4G 주파수 경매에서 1,284억 8천만 루피아를 써내 인도 22개 지역 사업권을 획득한 유일한 기업으로 결국 릴라이언스 인더스트리의 투자가 이 비용을 지불하게 된 셈이다. 이후 인포텔을 자회사 지오(Jio)와 합쳐 LTE 모바일 네트워크 운용사업자로서 모바일 전화사업과 무선 브로드밴드 사업을 벌인다. 4G LTE 서비스만을 제공함으로써 동생 아닐의 릴라이언스 커뮤니케이션스의 2G/3G 영역을 교묘히 비켜가면서도 '릴라이언스 커뮤니케이션스'는 2013년 인도 경제수도 뭄바이에서 광섬유망 공유 계약을 맺었다

그러나 브로드밴드와 4G 서비스를 시작한 아닐의 릴라이언스 커뮤니케이션즈와 무케시의 지오는 경쟁을 피해갈 수 없었다. 2016년 9월 상업화 서비스를 출시한 지오는 후발주자로 강력한 마케팅 전략을 도입해서 에어텔과 보다폰과의 경쟁에서도 폭발적인 성장을 이어간다. 먼저 가입 첫 3개월 동안 무료 통화와 문자메시지, 무료 무제한 데이터를 제공했는데 소비자들이 열광하지 않을 수 없었다. 저가의 LYF 스마트폰을 앞세우고 4G 브로드밴드, 지오넷 와이파이, 지오 앱을 선보였고 2017년에는 지오 TV와 채팅, 시네마, 뮤직 등 9개의 신규 상품과 서비스를 런칭했다. 사람들은 지오 심카드를 사기 위해 줄을 섰고, LYF 디바이스는 날개 돋힌 듯이 팔려나갔다. 지오가 빠른 속도로 시장을 차지해 나가는 동안 릴라이언스 커뮤니케이션즈는 그 자리를 내줄 수밖에 없었고, 아닐 암바니의 입지도 위축되었다. 결국 아닐은 지분 대부분을 무케시에게 넘기고 이동통신 사업에서 완전히 손을 떼기로 했다. 지오는 릴라이언스 커뮤니케이션이 보유한 주파수 대역폭과 4만 3,000여 개의 기지국도 손에 넣었다.[6]

---

5 인수가격 480억 루피아. 출처 "Reliance Industries buys 95% stake in Infotel Broadband for Rs 4,800 cr" The Economic Times. 2010년 6월 12일.
https://economictimes.indiatimes.com/industry/telecom/reliance-industries-buys-95-stake-in-infotel-broadband-for-rs-4800-cr/articleshow/6037260.cms?from=mdr

지오는 빠르게 증가하는 가입자수와 네트워크, 인프라를 바탕으로 자체적인 디지털 생태계를 구축하고 있다. 인도의 대표적인 플랫폼으로 자리잡고 있으며 이는 향후 다양한 비즈니스 모델과 전략을 추진할 수 있는 기반이 되고 있다.

2016년 9월 처음 세상에 선보인 "Jio 서비스"는 그야말로 시장에 돌풍을 일으켰다. 출시 5개월만인 2017년 2월 가입자 1억 명을 달성했으며, 2018년 2억명을 돌파했다. 페이스북이나 트위터와 같은 빠른 성장세를 기록한 셈이다. 저가요금에 대용량 데이터 제공을 무기로 빠르게 시장을 잠식해나간 지오는 2021년 10월 기준으로 4억 2,659만 명의 가입자를 보유하고 있다.[7] 인

그림 2-2 Jio Platform 가입자 수 추이

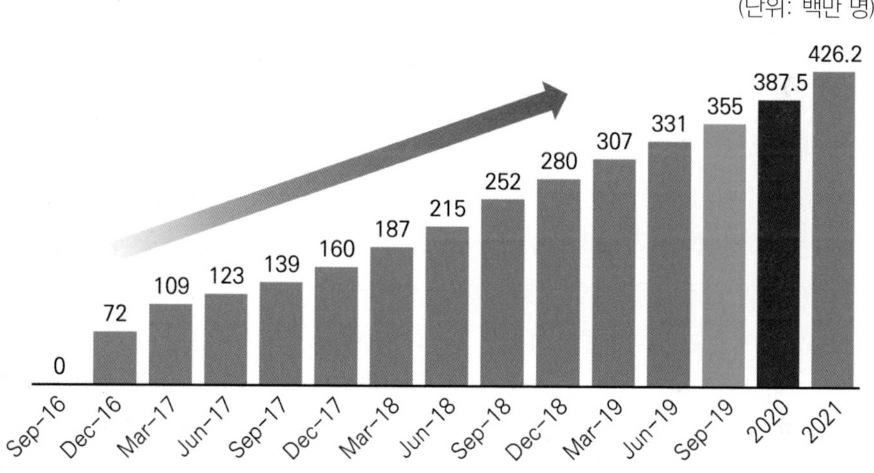

출처: Telecom Regulatory Authority of India, Reliance Industries Annual Report 2020~2021

6 릴라이언스 커뮤니케이션은 모두 2,500억 루피(약 4조 9,500억 원)에 이르는 부채에 허덕이며 채무불이행 직전까지 간 상황이었다. 이 회사는 이미 경영 악화로 지난 2016년 9월 인도 이동통신업계 1위인 에어셀(AIRCEL)과 합병하기로 했다. 그러나 '법률 규정에 관한 불확실성'과 재무상황 악화 등을 이유로 최종적으로 합병이 무산됐다.

7 Telecom Regulatory Authority of India 자료 https://www.indiatoday.in/technology/news/story/jio-only-telco-to-gain-wireless-subscribers-in-october-2021-adds-17-6-lakh-users-1890355-2021-12-21

도 전체 가입자의 수가 11억 6천만 명임을 감안하면 전체 시장 37%를 지오가 차지하고 있으며, 에어텔과 보다폰을 제치고 1위 사업자의 위치를 유지하고 있다. 가입자 수뿐만 아니라 매출(Adjusted Gross Revenue)에서도 1위이다. 거대 시장에서 후발주자가 단기간에 마켓 리더의 자리에 올라서는 것은 결코 흔하게 일어나는 일은 아니다. 그만큼 지오의 전략이 성공적이었을 뿐만 아니라, 다른 경쟁자들이 경쟁력을 잃어가고 있다는 뜻이기도 하다.

디지털 산업, 특히 플랫폼 분야에 있어서 성장과 스케일업은 대단히 중요한 요소이다. 그러나 지오의 경우 단순히 외형적 규모만 증가한 것은 아니라 수익도 증가하고 있다. 특히 TV(Jio TV)와 영화(JioCinema) 컨텐츠 이용자도 늘고, 비디오 시청에 따른 데이터 사용량도 크게 늘었다. 지오 이용자들은 한 달에 평균 13.3GB를 쓰고 있으며 1일 5시간 이용하는 헤비유저들이 많다. 이는 결국 매출과 이익의 증가로 이어져 FY2020~2021 매출은 9,029억 루피아, EBITDA는 3,404억 루피아로 전년 대비 각각 29.7%, 45.8%가 증가했다. 이러한 성장세는 2017년 이후 꾸준히 두 자릿수의 성장률을 기록한 것으로 인도 디지털 경제의 성장과 궤를 같이 하고 있으며, 2020년 팬데믹으로 이용자와 데이터 이용량이 동시에 크게 증가하였다. 특히 재택근무와 수업이 늘어나면서 250만 이상의 가구가 지오 파이버(JioFiber)를 이용하는 등 팬데믹은 지오에게 있어서 더 큰 기회로 작용하는 결과를 낳았다.

지오의 성장은 모기업 릴라이언스 인더스트리의 가치와 비즈니스 포트폴리오도 바꾸고 있다. 릴라이언스 인더스트리의 주력 사업은 에너지와 인프라인데, 이제 리테일과 디지털 서비스의 비중이 증가했다. 팬데믹으로 리테일과 오일 & 케미컬, 가스 등 기존 주력 사업의 매출이 크게 감소하였지만, 전체 이익에서 디지털 서비스가 차지하는 비중이 크게 늘었다.

지오는 상장기업이 아니며, 지분의 80% 이상을 모기업 릴라이언스 인더스트리가 보유하고 있으므로 지오의 성과와 향후 성장가능성은 그대로 모기업에 반영된다. 릴라이언스 인더스트리의 시가총액이 3.03조 루피아에서 4.11조 루피아로 상승하는데는 고작 27일 밖에 걸리지 않았다. 이때가 2017년으로 지오가 인도시장에서 거센 돌풍을 일으키던 바로 그 시기이다. 세계경제의 호황과 인도경제의 성장, 재무적 조정(지오의 부채를 인더스트리로 이전)을 등에 업고 2019년 글로벌 상승장에서 또 한 번 도약한 릴라이언스는 마침내 10조 루피아의 기업가치를 갖는 최초의 인도 기업이 되었다. 2005년 1조 루피아에 이어 다시 한 번 역사적인 기록을 남긴 것이다. 비록 2020년 1사분기 코로나 팬데믹 영향으로 기업가치가 하락하기도 했지만 이후 반등에 성공해서 역사상 최고점을 다시 한 번 돌파했다. 팬데믹과 뉴노멀에 대비한 디지털 기업에 대한 투자자들의 기대감 그리고 페이스북과 구글의 지오 투자 발표로 인해 주가는 연일 상승세를 띠면서 44일 만에 시가총액 1천억 달러에서 1,500억 달러로, 이후 59일 만에 2천억 달러에 도달했다. 2022년 1월 기준으로 릴라이언스는 인도 주식시장에서 2,250억 달러의 최대 기업가치를 갖는 기업이 되었다.

그림 2-3 릴라이언스 인더스트리의 주가 상승 이슈

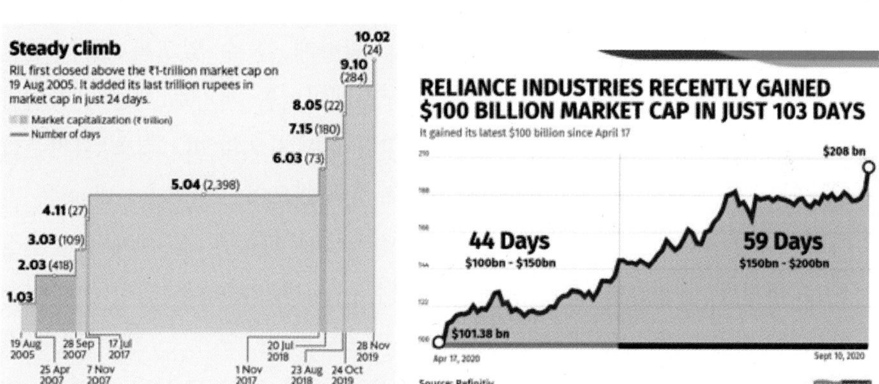

출처: Financial Times

성장전략/성공요인

릴라이언스가 석유화학기업에서 다른 인도기업들과 차원이 다른 거대기업으로 도약한 발판은 지오의 성공 그리고 리테일부문의 성장이다. 특히 지오의 성공은 경영학 사례연구에서 널리 사용될 정도로 관심의 대상이기도 하다. 에어텔과 보다폰 등 시장의 선발 주자들이 점유율을 나눠가지고 있었고, 릴라이언스 인포컴을 아닐에게 내준 무케시 암바니의 지오는 어떻게 3년 만에 인도 시장점유율 1위의 자리에 올라섰을 수 있을까?

진입전략 - Game Changer with Disrupt Entry

지오의 등장은 소위 "파괴적 진입(disrupt entry)"이라 부른다. 공격적 '공짜' 마케팅으로 시장의 판도를 바꾸었다. 에어텔(Airtel), 아이디어(Idea), 보다폰(Vodafone) 등 경쟁업체들의 매출 60~70%가 통화(voice call)에서 나온다는 점을 고려하면 3개월 무료 통화 및 데이터 무제한이라는 요금제는 이용자들로서는 엄청난 혜택이 아닐 수 없다. 이런 프로그램을 과감히 도입할 수 있던 배경에는 2016년 당시 10억 5천만 모바일 이용자 가운데 단 10%만이 4G 폰을 쓰고 있었기에 가능했다. 포화 시장에서 주요 타깃은 음성 통화가 아닌 데이터가 될 수밖에 없었다.

2017년 3월 말 프라임 멤버십을 내놓았는데, 연간 99루피아를 내고 가입할 수 있는 프로그램으로 기존 가입조건보다 월등히 좋은데다 1일 1GB부터 월 84GB을 제공하는 등 데이터를 가장 저렴하게 쓸 수 있도록 했다. 선불 이용요금제와 프라임 멤버십을 통해 대용량 데이터를 저가로 제공이 가입자 수를 늘리는 데 크게 기여했다. 2017년 7월에는 지오의 4G 최초 피쳐폰을 선보였는데 곧바로 베스트 셀러 상품으로 등극했으며, 'One Jio Plan'은 기가바이트당 3루피, 약 달러로 약 5센트 정도를 부과하는 전 세계에서 가장 싼 요금제를 내놓았다. 2018년에는 저렴한 4G JioPhone과 쿼티(QWERTY) 키보드[8] 상품을 내놓았다. 이 폰은 앱을 다운로드 할 수 있는 게 아니라 제조과정에서부터 페이스북이나 왓츠앱 등을 탑재한 채로 출시된 것이다. 키보드는 데이터를 사용해 소셜미디어에 접속하여 보내는 시간이 많은 이용자들을 겨냥한 것이다. 결국 무케시 암바니는 저가 요금제를 바탕으로 모바일 수요를 일으켰고, 인도 내 모든 텔레컴 사업자들이 통화요금을 낮추는 경쟁에 몰두하게 만들었다. UBS의 애널리스트는 지오를 인디아 텔레콤의 새로운 왕이라고 지칭하며, 중국의 알리바바, 미국의 아마존과 같은 온라인 및 이커머스 플랫폼과 경쟁하게 될 것이라고 전망했다.[9]

---

8 영어 타자기나 컴퓨터 자판에 가장 널리쓰이는 자판 배열. QWERTY은 키보드 맨 윗줄의 처음 6개 글자들을 의미한다.

9 NDTV Prfoit "Reliance Industries Can Gain Significant Share In Retail, E-Commerce: UBS" 2019년 1월 24일

릴라이언스의 지오는 단순한 서비스 제공자나 텔레컴 사업자가 아니라, 거대한 플랫폼으로 진화했다. 전국적인 가입자와 데이터 연결이라는 도로 위에 컨텐츠 서비스와 이커머스 등 다양한 서비스가 시동을 걸었고, 계속해서 더 추가될 예정이다. 여기에 코로나19가 인도 이용자들이 보다 빨리, 더 많이 디지털 플랫폼 컨텐츠와 이커머스의 세계로 이끌고 있다. 코로나19 환자가 폭증하는 상황이 인도 경제 전반에 부정적인 영향을 미치는 것은 분명하지만, 소비자 행태의 변화를 가속화시키고 있음은 부정할 수가 없다. 팬데믹 발생 직후인 2020년 2사분기에만 1천만 명의 신규 가입자가 늘었고 데이터 사용량이 증가한 덕에 순이익도 전년 동기대비 182.8%가 증가했다. 이용자당 매출 평균(average revenue per user, ARPU)은 전년 동기대비 7.4%가 증가했다. 이러한 증가추세는 팬데믹 이후에도 이어져 2022년 매출과 수익 모두 20% 이상의 성장을 이어갔다. 수익성 측면에서 단연 돋보이는 것은 영상컨텐츠와 이커머스이다. 발리우드로 알려진 인도는 그 명성만큼이나 영화나 드라마를 많이 제작하고 많이 시청하고 있어서, 컨텐츠 시장의 성장 잠재력이 크다. 릴라이언스 회장 암바니 무케시 역시 시간이 나면 하루 3편을 시청할 정도로 영화광으로 알려져 있다.

인도의 인터넷 경제 전체 규모는 2,500억 달러로 추정되며, 이커머스 매출은 2017년 390억 달러에 불과했으나 2020년에는 1,200억 달러로 뛰어오를 것으로 전망했다.[10] 매년 51%라는 폭발적 성장율을 기록한 셈인데 이러한 성장세가 당분간 꺾이지는 않을 것으로 보인다. 여전히 인도 인구의 10% 정도만이 온라인 쇼핑을 이용하고 있기 때문에 인도시장의 성장 잠재성은 충분하다고 전망하고 있었다.[11] 인디아 브랜드 에쿼티 재단(India Brand Equity Foundation)에 따르면 이커머스 시장규모는 2026년 2천억 달러에 도달할 것으로 보고 있으며, 베인앤컴퍼니(Bain & Company)와 플립카트(Flipkart)의 보고서(2020)에 따르면 e-retail 시장 GMV(Gross Merchandise Value)가 1천억 달러에서 1천 2백억 달러에 달할 것으로 내다보고 있다.[12] 리서치 업체 포레스터리서치에 따르면 인도의 전자상거래시장은 2018년

10 India Brand Equity Foundation(2022) "E-commerce Industry Report"

11 Bain & Company는 e-retail penetration을 3.4%으로 추정.

12 How India Shops Online, Bain & Company, Flipkart

269억 달러에서 2022년까지 684억 달러로 두 배 이상 늘어날 것으로, 컨설팅펌 레드시어(RedSeer)는 2030년까지 소비자 디지털 경제규모가 8천억 달러, 온라인 리테일은 3,500억 달러로 성장할 것이라는 전망을 내놓았다. 각각의 추정치가 차이를 보이고 있지만, 인도 디지털 경제와 이커머스가 매년 두 자릿수의 폭발적 성장을 이어갈 것이라는 전망에는 이견이 없다.

인도의 온라인 식료·잡화 판매업은 시장화산(Massification) 단계라고 볼 수 있으며 본격적인 성장은 앞둔 시점이다. 릴라이언스 리테일과 지오는 '지오마트(Jio Mart)'라는 새 서비스를 내놓았다. 현재 인도 이커머스 시장은 아마존 그리고 월마트가 보유한 플립카트(Flipkart)[13]가 장악하고 있지만 인도 정부가 외국인이 보유한 온라인 소매기업이 계열사의 제품을 판매하는 것을 금하는 법을 신설하면서 아마존과 플립카트 모두 타격을 받은 바 있다. 결국 이 법의 영향을 받지 않는 인도 기업들이 이 분야에서 유리해졌다. 이런 상황에서 릴라이언스 인더스트리는 자사의 식료품 배송 서비스에 가입 초대장을 발송하기 시작했다. 이미 보유하고 있는 대규모의 휴대전화 고객층을 신사업을 위한 발판으로 작용할 것으로 기대된다. 지오마트는 현재 제공하는 5만 개 가량의 상품을 '무료 신속 배송'한다고 발표했으며, 다른 경쟁사와는 달리 지오마트는 직접 상품을 공급과 배송하는 대신 현지 상점과 이용자를 앱으로 연결해주는 것을 장점으로 내세우고 있다.

아마존은 2019년 인도 퓨처그룹의 소매부분을 인수하려고 시도했지만 인도 경쟁위원회가 이 계약을 무효로 처리했고, 릴라이언스가 이를 인수하였다. 아마존은 이에 대해 법적 이의를 제기하였으나 인도 법원이 최종 결정을 내리지 않고 있다. 향후 아마존과 플립카트, 릴라이언스가 온라인 소매시장을 두고 치열한 경쟁을 펼칠 것으로 예상된다.

13 2018년 월마트가 플립카트를 인수

인도시장의 특성 - 거대한 인구 그리고 헤비유저들

인구수로 보는 시장의 규모를 보면 여기에 버금갈 시장은 전 세계에 중국 하나뿐이다. 2030년에는 전 세계 인구수 1위를 차지하는 나라는 중국이 아닌 인도가 될 것이다. 그러나 단순한 인구수뿐만 아니라 데이터 사용량이나 이용자 행태도 플랫폼기업에게는 중요한 요소가 된다. 인도 모바일 사용자들은 대표적인 '헤비 유저'로 꼽힌다. 통계에 따르면 한국인들이 월평균 9.7GB를 사용하는 반면 인도인들은 15GB를 사용하는 것으로 나타났다. 지오가 데이터 이용요금을 낮추면서 승부를 걸었던 전략이 통할 수 있었던 이유이다. 코로나19가 가져온 팬데믹은 외출하기 어려운 상황에 놓인 인도인들에게 데이터 사용을 늘리게 만들었다. 또한 그만큼 컨텐츠나 온라인 쇼핑에 더 많은 시간을 소비할 수 있는 여건을 만들었다.

지오에게 릴라이언스 인더스트리라는 든든한 모기업이 없었다면, 지금과 같은 플랫폼을 구축하기 어려웠을 것이다. 시장에는 이미 강력한 시장지배력을 가진 퍼스트무버들이 존재하고 있었고, 텔레컴 및 인터넷 시장에서 후발주자가 그 점유율을 높인다는 것은 '혁신적 아이디어'와 함께 상당한 마케팅 및 자본적 지출을 감당해야만 가능한 일이다. Jio의 과감한 전략은 결국 모기업의 존재 덕분에 가능하였고, 이의 실행은 무케시 암바니의 적극적인 지원과 의사결정에 달렸기 때문이다.

포브스가 발표하는 '전 세계에서 가장 강력한 사람' 순위에서 인도인으로는 유일하게 이름을 올린 사람이자 2017년 포브스의 '글로벌 게임 체인저' 명단에도 이름을 올린 이가 바로 무케시 암바니이다. 그만큼 인도시장에서 강력한 영향력을 행사하는 경영자이다.

제임스 크랩트리 싱가포르 국립대 교수가 "저커버그는 인도 IT시장에서 크게 성장하기 위해서는 무케시 암바니 회장과 친하게 지내야 한다는 걸 터득했다"고 말한 것은 단순히 지오의 시장점유율이나 성장 가능성뿐만 아니라 인도 로컬 시장에서 그가 가진 영향력을 포착한 발언이다.

향후 전망

페이스북은 2020년 4월 릴라이언스의 전자상거래 사업 분야에 57억 달러(약 7조 500억 원)를 투자해 지분 9.99%를 인수하며 외부 투자자 가운데 최대 주주가 됐다. 페이스북의 투자와 함께 미국 사모펀드들도 투자를 진행했다. 테크기업을 주로 다루는 미국의 대표적 사모펀드 실버레이크와 비스타에쿼티파트너스, 제너럴 애틀랜틱에 이어 KKR까지 약 15억 달러 투자를 발표했다. 사우디 국부펀드, 아부다비 국부펀드도 릴라이언스 인더스트리와 투자에 나섰다.

그림 2-4 Jio 디지털 서비스 사업의 모델

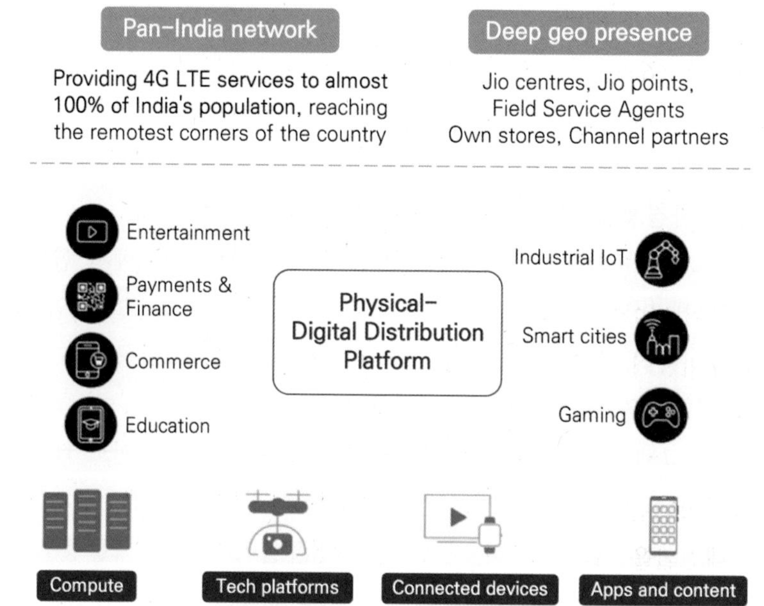

출처: Reliance Annual Report 2021~2022

지오는 현재의 플랫폼에서 한 발 더 나아가 자체적인 디지털 생태계를 구축하고 포괄적인 디지털 솔루션을 제공하는 기업으로 진화한다는 계획을 세우고 나아가고 있다. 현재로서는 지오를 능가할 경쟁자가 보이지 않으며, 제조업에 기반한 인도의 디지털 전환에서 지오를 빼고 이야기 할 수는 없을 것이다. 포스트 차이나로 아세안을 지목하고 있지만, 그 다음은 인도가 될 것이다. 어쩌면 그 전환점은 생각보다 빨리 왔다. 전대미문의 팬데믹이 촉진제 역할을 톡톡히 했다. 지오가 디지털 인디아의 대표적인 기업 가운데 하나로 군림해 있을 가능성이 높아 보인다.

현재 릴라이언스는 석유/가스 업스트림과 석유화학으로 이어지는 다운스르팀, 리테일과 미디어/엔터테인먼트, 그리고 디지털 서비스 등 총 5개 분야로 그룹 포트폴리오가 구성되어 있다. 디지털 분야가 중요하다고 하지만 릴라이언스의 에너지와 석유화학부문 여전히 가장 그룹 전체의 주축이 되는 핵심사업이며, 석유화학 부문의 매출과 수익이 릴라이언스 전체를 떠받치고 있다고 해도 과언이 아니다. 석유화학 다운스트림 분야는 2021~2022년 상당히 좋은 실적을 거두었다. 2020년과 2021년 원자재 가격 상승을 고려하더라도 매출은 56.5%나 상승했고 이익도 38% 이상 증가했다. 석유가스 개발은 증가율은 크지만 아직 릴라이언스 전체에서 차지하는 비중은 적은 편이다. 리테일도 2022년 전년대비 26.7%나 증가했으며 미디어와 디지털 부문 모두 두 자릿수의 성장률을 보였다. 리테일 부문을 보면 릴라이언스가 보유한 스토어와 브랜드, 미디어가 보유한 채널을 보면 릴라이언스의 손이 닿지 않은 부문이 남아 있을까라는 생각이 들 정도로 산업에서 차지하고 있는 존재감이나 비중이 상당하다.

화석연료를 사용하는 부문이 큰 릴라이언스로서는 글로벌 경제에서 ESG가 중요한 기준으로 떠오르는 상황에 대응하지 않을 수 없게 되었다. 릴라이언스는 2035년 탄소배출 제로 달성 계획을 발표하면서 그린 에너지 사업으로의 대전환을 예고했다. 무케시 암바니의 공격적인 경영스타일이 다시 한 번 드러났다. 3년내 100억 달러 투자를 약속함과 동시에 인수합병을 통해 빠르게 신사업을 그룹 내 끌어들이고 있다. 2021년 중국 국영 블루스타 그룹(China National Bluestar Group Co)으로부터 태양광 패널 제조업체 REC 솔라홀딩스(REC Solar Holdings AS)를 7억 7,100만 달러에 사들였고, 인도 팔

론지(Pallonji) 그룹의 스털링-윌슨 솔라(Sterling & Wilson Solar Ltd)의 지분 40%를 3억 7,200만 달러에 인수했다. 태양광 기가 팩토리를 짓겠다는 계획이다. 2022년 1월 영국 나트륨이온 배터리 회사인 파라디온을 1억 파운드에 인수한다는 보도가 전해졌다. 사우디 아람코와는 릴라이언스 정유사업 20% 지분 매각이 논의 중이다. 과거 디지털 사업으로 진입할 때 보였던 릴라이언스의 과감한 횡보와 성공 경험이 그린 에너지 사업에서도 다시 한 번 재현될 수 있을지 관심이 집중되고 있다.

표 2-2 릴라이언스 인더스트리

	2018	2019	2020	2021	2022
매출	60624.62	81257.51	84150.71	62814.96	93769.36
영업이익	7515.89	9370.24	8935.63	7397.45	11116.41
EBITDA	10107.33	12363.26	12066.96	10976.89	15115.49
순이익	5595.96	5660.06	5550.16	6617.9	8147.27
총자산	125165.1	144699.52	154117.07	180706.37	197910.26
총부채	79621.2	87623.81	93133.68	71365.51	80591.35
자본총계	45001.28	55880.47	59373.24	95764.75	102868.36

출처: Nikkei Asia Company Profile

표 2-3 릴라이언스 사업 부문에 따른 매출과 EBITDA(2021~2022)

사업 부문	매출 (십억 달러)	전년대비 증가율	EIBTDA (십억 달러)	전년대비 증가율
리테일	26.4	26.7%	1.6	26.2%
디지털 서비스	13.2	10.9%	5.3	18.3%
미디어 & 엔터테인먼트	0.9	25.1%	0.1	35.7%
석유-화학	66.1	56.5%	7	38.1%
석유 가스 E&P	1	250.1%	0.7	2015.1%

출처: Reliance Annual Report 2021~2022

그림 2-5 릴라이언스 인더스트리 시가총액

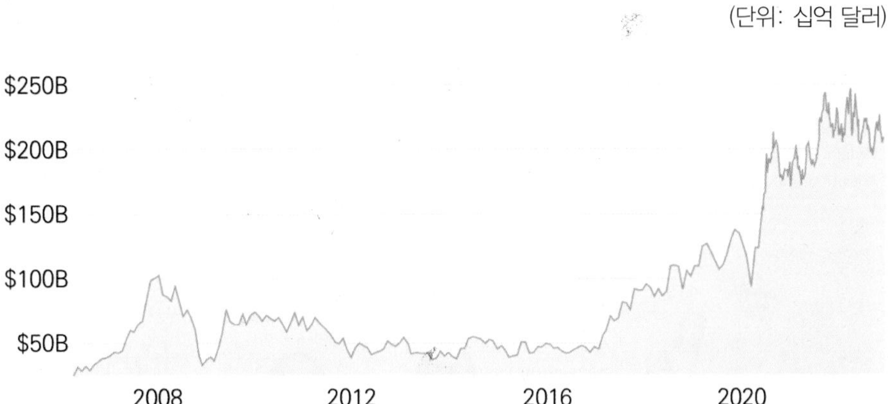

출처: Companiesmarketcap.com(검색일 2023년 1월 9일)

1.2 타타 그룹(Tata Group)

"정치에는 간디가 있고 경제에는 타타가 있다"

인도인들에게 가장 신뢰할 만하고 존경받는 기업을 물으면 제일 먼저 떠올릴 이름은 타타(Tata)이다. "약속은 약속"이라는 말을 남기며 라탄 타타(Ratan tata) 전 회장이 '타타 나노' 자동차를 300만 원에 출시한 일화는 널리 알려져 있다. 타타그룹은 산하에 자동차부터 철강, 정보기술, 엔지니어링, 서비스, 에너지, 소비재 등 다양한 분야에 진출해 계열사만 100개가 넘는 인도 대표 기업집단이다. 계열사 가운데 타타 컨설턴시 서비스(Tata Consultancy Services, 이하 TCS)는 2022년 1월 기준으로 인도 시가총액 2위를 차지하고 있다.

성장 스토리

타타의 시작은 1868년으로 거슬러 올라간다. 원래 이란의 파르시(Parsee) 사제 가문[14]의 장남으로 태어난 잠셋지 누세르완지 타타(Jamsetji Nusserwanji

그림 2-6 타타 가문의 가계도

THE HOUSE OF TATAS

It was set up in 1868 by Jamsetji Nusserwanji Tata. Sir Dorabji Tata, his son, succeeded him in 1904. When he died in 1934, he was succeeded as chairman of the group by Sir Nowroji Saklatwala. After his death, JRD Tata took over as chairman. He would lead the Tata Group for the next 53 years, till Ratan Tata took over in 1991. Cyrus Mistry, brother-in-law of Ratan Tata's half brother, Noel, will take over as chairman in 2012.

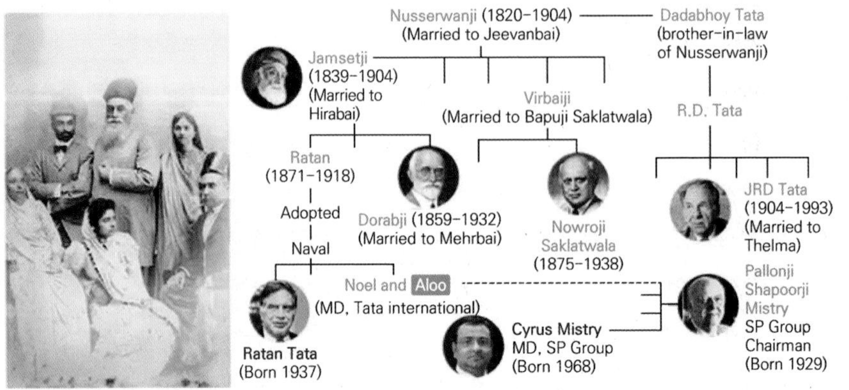

출처: indian Law Watch "Tatas win against Mistry in top Court on the Issue of Mismanagement & Oppression of Minority Shareholders" 2021년 3월 30일

Tata)가 차린 무역회사가 효시이다. 잠셋지 집안은 종교적인 이유로 이란에서 인도로 이주한 이민자들이었다. 원래 상인이자 은행가였던 그의 아버지는 작은 회사를 운영하고 있었고 잠셋지는 20살부터 그 회사에서 일했다. 29세가 되던 해 자신만의 무역회사를 차린 잠셋지는 수출입을 통해 유럽의 선진 문물과 영국에서 성장하던 섬유 비즈니스에 눈을 떴다. 그는 파산한 오일 공장(oil mill)을 인수한 다음 이를 면직물로 바꾸어 매각했다. 영국을 방문한 잠셋지는 본격적으로 섬유사업을 일으키기로 결심하고 1874년 면직회사(Central India Spinning, Weaving and Manufacturing Company)를 차렸다. 그는 봄베이가 아닌 나그푸르(Nagpur)라는 작은 도시에 공장을 지었다. 당시로서는 파격적인 선택이나 잠셋지는 면화생산지와 철도 접근성, 물 풍족 등

14 페르시아(현재 이란)의 조로아스터교 신도들을 가르키는 말이며 7세기 아랍 무슬림의 공격과 박해를 피해 탈출해 인도에 정착하였다. 파르시는 페르시아어로 페르시아인을 뜻한다. 세계적인 지휘자 주빈 메타(Zubin Mehta)와 영국 락그룹 퀸(Queen)의 보컬 프레디 머큐리(Freddie Mercury)가 바로 대표적인 파르시들이다.

을 이유로 나그푸르를 생산지로 결정했다. 공장 위치 선정은 틀리지 않았지만, 영국에서 들여온 기계 고장과 화재로 사업 초기 어려움을 겪기도 했다. 시행착오 끝에 공장가동에 성공한 이후 타타는 면직사업에 투자를 확대했고, 생산을 늘렸다. 섬유사업의 성공에 힘을 얻은 타타는 1901년 인디언 호텔을 설립했고, 1903년 인도에서 가장 유명한 타지마할 호텔을 개장했다.

사실 타타 창업자 잠셋지가 가장 눈여겨본 산업은 철강이었다. 식민지하에서 많은 사람들이 경제적으로 어려움을 겪고 있었고 국가경제 발전에 중요한 제조업으로 철강이 필요하다는 생각이었다. 영국정부는 쉽게 허가를 내주지 않았지만, 그는 포기하지 않았다. 1900년 마침내 허가를 취득했지만 1904년 독일 방문 중에 세상을 떠났다. 그 후 그의 아들 도랍 타타(Dorab Tata)가 프로젝트를 이어갔고 1907년 인도 최초의 대규모 제철소를 건설했다. 타타 아이언 앤 스틸 컴퍼니(Tata Iron and Steel Company)는 후에 타타 스틸(Tata Steel)로 이름이 바뀌면서 인도 최고의 철강기업으로 성장했다.

1917년에는 타타 오일 밀스(Tata Oil Mills Co: TOMCO)를 설립하며 하맘(Hamam)과 모티(Moti)라는 유명한 비누 브랜드를 런칭하였고, 1952년 인도 최초 화장품 브랜드 라크메(Lakme)를 내놓으며 소비재 시장에서도 활약했다. 1962년에는 타타 핀레이(Tata Finlay, 현재 Tata Global Beverage)와 타타 엑스포츠(Tata Exports, 현재 Tata International) 음료 사업과 가죽제품 생산과 수출입에도 손을 뻗쳤다. 음료부문은 후에 영국의 테틀리를 인수하면서 차 음료 시장에서 독보적인 위치를 점하게 된다. 타밀나두 산업개발(Tamil Nadu Industrial Development Corporation: TIDCO)과 합작으로 타이탄(Titan Company)을 설립해 보석과 시계 사업도 진행했다. 타이탄이 내놓은 주얼리 라인 타니시크(Tanishq)는 보석과 장신구를 좋아하는 인도시장에서 막강한 브랜드 파워를 가진 기업으로 성장했다. 다만 생활용품부문을 담당한 TOMCO는 1984년 사업구조를 전환하면서 힌두스탄 레버(Hindustan Lever, 유니레버의 인도법인)에 매각하였다.

타타그룹은 이후 화학, 병원, 엔지니어링으로 확장했고, 그룹의 주력기업으로 자동차가 그 자리를 차지했다. 그 시작은 1945년 설립된 타타 엔지니어링 앤 로코모티프 컴퍼니(Tata Engineering and Locomotive Company: TELCO)이며, 디젤 기관차부터 자동차부품, 에어컨 그리고 벤츠 트럭까지 여러 제품을 생산했다. 1991년 TELCO에서 최초로 승용차를 내놓았고 1998년에는 인도 자체 디자인의 최초 SUV 타타 사파리를 선보였다. 자동차 사업이 그 규모가 커지면서 타타는 AIG와 AIA 등 글로벌 보험사와 손잡고 보험업에도 진출한다. 2003년 타타 모터스로 사명이 변경되었다. 타타모터스는 2008년 재규어-랜드로버를 미국 포드사로부터 24억 달러(2조 7,381억 원)에 인수했고 한국의 대우자동차를 2004년 인수했다. 타타모터스는 타타 고유의 '신뢰정책'을 바탕으로 인도시장에서 빠르게 성장했다. 2008년과 2015년 사이 매출액이 7배 이상 증가했다.

타타그룹은 일찍이 소프트웨어 서비스에도 관심을 가지면서 1968년 타타 컨설턴시 서비스(TCS)를 설립했다. 이것이 인도 최초의 소프트웨어 기업으로 오늘날 인도 IT의 상징과 같은 존재가 되었으며 2003년 매출 10억 달러를 돌파했다. 그 다음해 TCS는 주식시장에 상장하면서 당시 규모 12억 달러로 인도 최대 IPO로 기록되었다. 한편 타타그룹은 2002년 VSNL의 지분을 인수하면서 타타 커뮤니케이션즈(Tata Communications)를 세우고 통신 네트워크 서비스로 확장하였으며, 타타 스카이(Tata Sky)를 통해 DTH(direct-to-Home) 콘텐츠 서비스 사업도 추가했다.

1932년 타타 에어라인이 항공서비스를 시작했지만, 1953년 국유화되면서 에어인디아로 바뀌었고, 타타그룹은 항공업에서는 손을 뗐다. 그러나 지속적인 적자에 시달리던 에어인디아는 1990년대부터 민영화 논의가 이루어졌지만 끝내 매각은 이루어지지 않았다. 2021년 타타그룹 지주회사인 타타 손스(Tata Sons)가 매각입찰에서 최종 낙찰자로 선정되었다.

성장전략/성공요인

먼저 시장의 변화를 읽고 사업 포트폴리오를 확대 또는 전환한 것이다. 타타그룹의 시작은 무역과 면직공업이었다. 그 뒤로 철강과 화학 분야로 진출했다. 식민지 시절 섬유산업은 생산과 수출에 적합한 업종이었고, 경제발전이 진행되던 시기 철강은 어디에서나 중요한 산업재였다. 또한 생필품이나 음료 사업도 인도 내수시장에서는 안정적으로 매출과 수익을 올릴 수 있는 분야였다. 그리고 소프트웨어 분야의 진출 역시 시장 성장성이 큰 분야

표 2-4 타타 그룹 연도별 인수 합병 건수 및 인수 대상 회사

	2000	2001	2002	2003	2004	2005	2006	2007	2008. 1~4.10
국내	0	1	3	0	5	3	2	2	1
해외	1	0	0	1	2	14	5	6	4
합계	1	1	3	1	7	17	7	8	5

Tata Steel	Corus Millennium Steel NatSteel Asia	영국 태국 싱가포르	$12bn $167mn $468.10mn	2007.01 2006.04 2005.02
Tata Motors	Jaguar-Land Rover Daewoo Commercial Vehicle	영국 대한민국	$2.3bn $102mn	2008.03 2004.04
Tata Tea*	Tetley Group	영국	₤271mn	2000.02
Tata Coffee	Eight O' clock Coffee	미국	$220mn	2006.06
Tata Chemicals	General Chemical Ind Product Brunner Mond	미국 영국	$1.05bn Rs 800cr	2008.01 2005 & 2006 +
Indian Hotels	Campton Palace Hotel Ritz-Carlton	미국 미국	$58mn $170mn	2007.04 2006.11
TCS	Citigroup Global Services	미국	$512mn	2008.12

출처: Tata Group 홈페이지

였다. 덩치가 큰 그룹이었지만, 신사업을 추진하는 데 있어서 과감하고 전략적인 선택을 주저하지 않았다. 3세대 경영자인 라탄 타타는 1980년대부터 그룹의 방향성에 변화가 필요하다는 것을 지적했으며, 철강과 유틸리티로 대표되는 그룹의 전통적인 주력산업에 정보통신과 생명공학 등 미래 유망 기술산업 분야의 필요성을 인식했다. 그가 1991년 회장직에 취임하면서 GE와 같은 첨단 산업까지 다각화된 글로벌 기업을 벤치마킹하면서 블루오션

분야를 매각하는 구조조정을 단행했다. 위기에 몰린 타타스틸의 경우 매각을 고려했지만, 글로벌 시장에서 승부를 보겠다는 전략으로 과감한 투자를 통해 경쟁을 갖추게 되었다. 타타그룹은 과감한 확장 혹은 피벗 전략은 스스로를 성과에 안주하지 않게 만들었으며, 지난 150년의 기간 동안 인도 1등 기업으로 성장해 그 자리를 유지하는 데 원동력이 되었다.

두 번째 타타그룹은 글로벌 확장에서 인수합병을 적절히 이용했다. 타타그룹의 역사에 이정표가 될 인수합병 사례는 가운데 하나가 타타 스틸의 코러스(Corus) 인수이다. 2007년 인수 당시 코러스는 유럽에서 두 번째로 큰 철강제조사였다. 코러스를 인수함으로써 타타 스틸은 세계 5위 철강회사로 수직상승한다. 타타모터스 역시 재규어–랜드로버를 인수함으로써 기술과 브랜드, 규모의 경제를 달성할 수 있었다. 타타 티(Tata Tea)는 영국의 태틀리(Tetley Tea)를 인수해 세계 2위의 차음료 기업으로 거듭났으며 미국의 에너지브랜드(Energy Brands)도 인수해 자사 브랜드를 강화했다.

세 번째는 타타의 사회적 가치와 신뢰를 지향하는 기업경영철학이다. 타타는 창업자 잠셋지는 기업의 사명이 단순한 이윤창출이 아니라 지역사회와 여러 이해관계자들을 위한 지속적인 성장과 가치창출을 위해 존재한다고 믿었다. 그리고 그의 신념을 그대로 실천하기 위해 면직공장에서부터 제철소까지 생산직 직원 근무환경을 개선했으며 복리후생에 신경을 썼다. 잠셋지 타타는 과학과 기술 인력의 중요성을 익히 알고 있었다. 가난 때문에 공부할 수 없는 학생들을 지원하고자 1892년 'JN타타재단'과 '타타장학생' 제도를 만들었고, 뛰어난 인재를 육성하기 위해 재산 중 3분의 1을 헌납해 인도의 싱크탱크 '인도과학대학원(Indian Institute of Science: IISc)'을 설립했다. 타타 장학생은 인종이나 카스트, 신념 등에 관계없이 장학금을 지원받을 수 있었다. 19세기 말 인도 상황을 고려하면 대단히 혁신적인 장학금 제도였다. 그 외에도 도시 저소득층 지원이나 농촌지역 지원 사업, 병원건립과 산모와 신생아 의료지원 활동 등 일일이 열거하기 어려울 만큼 오랫동안 다양한 사회공헌활동을 해왔다.

타타가 인도에서 존경받는 이유는 창업자의 정신과 신뢰의 기업행위가 대를 이어서도 이어져왔기 때문이다. 예를 들어, 타타모터스는 2008년 '보통사람들의 차(People's car)'라 불리는 나노(Nano)를 출시했다. 안전하지만 저가의 경차로 선풍적인 인기를 끌었다. 당시 10만 루피(약 250만 원)라는 판매 가격이 너무 싸서 세상에서 가장 저렴한 자동차로 기록되었는데, 인도의 저소득층에게 마이카 시대를 열어주고 싶다는 타타 회장의 의지가 담긴 가격이었다. 이때 타타그룹 라탄 타타 회장이 차를 소개하면서 꺼낸 말이 "약속은 약속이다"였다. 차량 가격을 낮추기 위해 차체 크기를 줄였고, 엔진은 2기통이었다. 에어백과 에어컨은 없었으며, 사이드미러와 와이퍼는 1개뿐이었다. 다양한 아이디어를 총동원해 비용을 절감했다. 그러나 결과는 예상을 벗어났다. 국민차로 시선을 끌었지만 판매실적은 2012년 고작 7만 4,521대를 최고기록으로 판매가 급감했다. 중산층도 외면한 차가 되면서 2018년 마침내 단종되었다. 비록 나노 프로젝트는 실패로 끝났지만 타타에 대한 인도 소비자들의 신뢰는 흔들리지 않았다. 브랜드 파이낸스(Brand Finance)는 인도에서 가장 가치있는 브랜드를 선정해 발표하는데 2014년부터 2021년까지 1위의 자리를 '타타'가 굳건히 유지하고 있다. 타타 브랜드 가치는 213억 달러로 2위와 3위를 합친 가치보다도 많다.[15]

표 2-5 타타그룹 브랜드 파워

2021	2020	Logo	Name	Country	2021	2020	2021	2020
1 =	1	TATA	TATA Group		$21,283M	$20,001M	AAA-	AA+
2 =	2	LIC	LIC		$8,655M	$8,106M	AAA-	AAA-
3 ^	4	Infosys	Infosys		$8,402M	$7,087M	AAA-	AA+
4 v	3	Reliance	Reliance		$8,138M	$7,440M	AAA-	AA+
5 ^	6	HDFC BANK	HDFC Bank		$6,588M	$5,927M	AAA	AAA-

출처: Brand Finance India 100 2021 report

15 Brand Finance India 100 2019 report, Brand Finance India 100 2021 report

현황과 향후 전망

타타그룹은 타타선즈가 지주회사로 역할을 하면서 산하에 무려 10개 분야 30개 계열사를 두고 있다. 30개 계열사는 각각 그 아래 수직계열화를 이루는 자회사를 두고 있다. 그룹 전체에 계열사는 60개 이상이며 관련기업까지 포함하면 200개 이상이다.

그림 2-7 타타그룹 구조

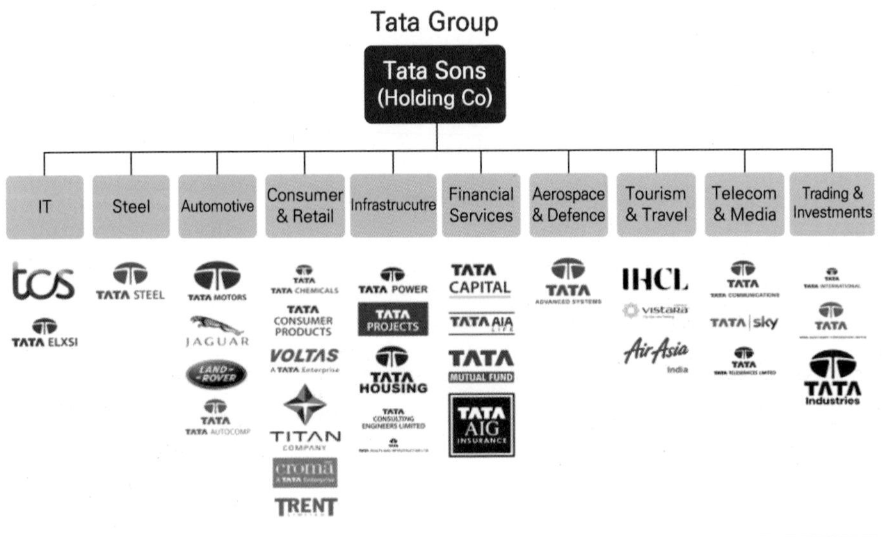

출처: Tata Group 홈페이지 저자 정리

2021~2022년 타타 그룹의 매출은 총 1,280억 달러에 달하며 고용인원은 93만 명 이상이다. 타타그룹에 속해 있는 상장사는 총 29개이며, 시가 총액은 전체 3,110억 달러이다(2022년 3월 31일 기준) 타타그룹 전체 자산은 2021년 3월 기준 2조 24,092억 루피아, 매출은 2조 37,571억 루피아이다. 이익은 2,820억 루피아를 기록했다. 타타그룹 전체 매출에서 IT, 자동차, 철강이 차지하는 비중이 크지만, 이익과 기업가치로 보면 IT 부분의 타타 컨설턴시 서비스(Tata Consultancy Service, 이하 TCS)가 압도적이다. 지난 5년 동안의 주

그림 2-8 타타 그룹의 연도별 매출 추이

(단위: 십억 달러)

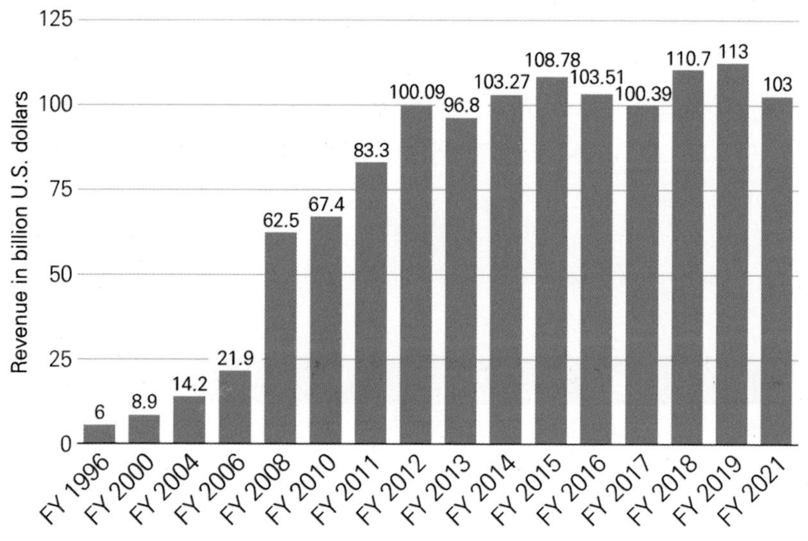

출처: Statista

가 흐름을 보면 TCS는 150% 넘는 주가상승률을 보이며 시가총액 2위를 차지한 반면, 타타모터스는 주가는 반토막으로 하락했다가 겨우 5년 전 수준으로 회복했다. 과거 타타를 상징하는 부문이 제조업이었다면 이제 타타그룹을 이끄는 분야는 확실히 IT라고 볼 수 있다. 디지털 전환에 더욱 공격적인 행보를 감행하는 타타는 인도 최대 온라인 식료품 판매업체 빅바스켓의 지분을 인수, 경영권을 확보했을 뿐만 아니라 온라인 약국 서비스 1MG테크놀로지도 인수했다.

2021년 11월 타타그룹은 야심찬 신사업 진출을 발표했다. 나타라잔 찬드라세카란 회장은 타타그룹이 3억 달러를 투자해 반도체 후공정 사업을 공식화한 것이다. 2022년에는 한발 더 나아가 그룹 전체 '미래 전략'의 일환으로 철강부터 방위산업까지 다방면에 걸쳐 있는 각 계열사들의 현 사업을 디지털화, 기후변화 등 새로운 과제에 적응시켜 나갈 계획이라며 그룹 전체적으로 향후 5년간 900억 달러를 신사업에 투자할 것이라고 밝혔다. 특히 미국과 일본, 대만, 한국의 반도체 업체와 위탁생산업체(파운드리)를 고려하고 있으며 웨이퍼를 반도체 칩으로 마무리하는 반도체 후공정 부문 사업에서 나중에 반도체 회로를 만드는 전공정 부문도 진출할 계획이라도 더 큰 포부를 밝혔다. 팬데믹으로 발생한 반도체 공급망 차질로 타격을 입은 인도가 자국 내 반도체 생산을 원하는 것은 당연하다. 또 다른 이유는 인도 디지털 경제가 급속하게 성장하면서 반도체 수요가 큰 폭으로 상승하고 있다는 점도 영향을 미쳤다. 향후 타타와 릴라이언스 양사의 경쟁이 디지털 생태계를 놓고 경쟁이 가속화할 것으로 예상된다.

표 2-6 타타 컨설턴시 서비스

(단위: 백만 달러)

	2018	2019	2020	2021	2022
매출	19095.94	20940.42	22134.8	22115.84	25735.46
영업이익	4685.25	5385.83	5441	5722.5	6502.91
EBITDA	4997.66	5679.79	5938.7	6270.08	7120.82
순이익	4006.13	4499.68	4560.96	4368.55	5143.89
총자산	16297.64	16592.27	15981.09	17884.32	18675.55
총부채	3183.9	3615.15	4778.5	5970.28	6818.6
자본총계	13052.09	12911.72	11120.23	11821.71	11763.64

출처: Nikkei Asia Company Profile

그림 2-9 타타 컨설턴시 서비스 시가총액 추이

(단위: 십억 달러)

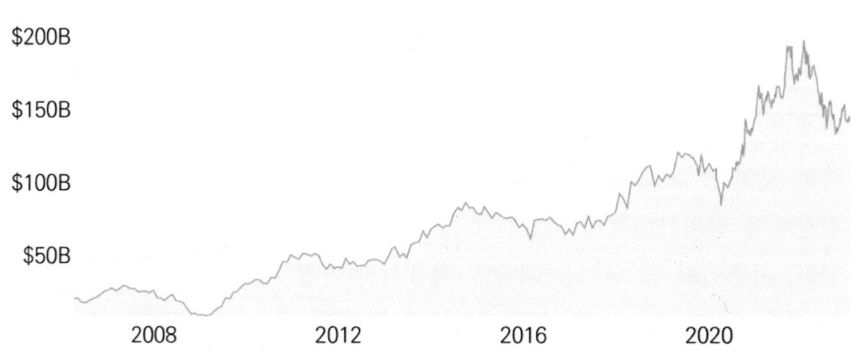

출처: CompaniesMarketcap.com(검색일: 2023년 1월 9일)

그림 2-10 TCS, 타타 모터스, 타타스틸, 케미컬 & 인도 Nifty50 인덱스 추이

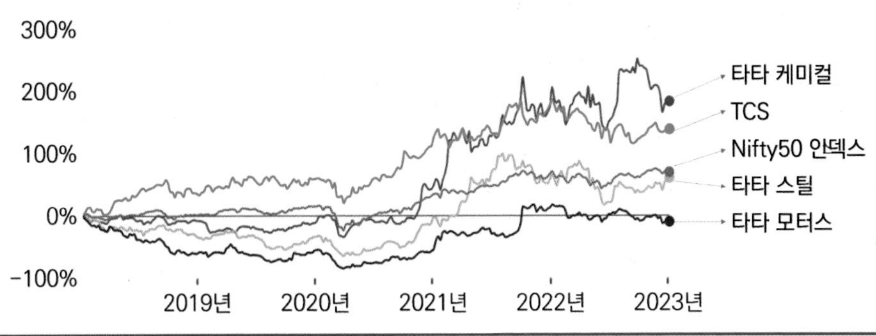

출처: Google finance(검색일: 2023년 1월 9일)

02 인도네시아

인도네시아 인구는 2021년 약 2억 8천만 명으로 중국, 인도, 미국에 이어 세계 4위의 인구 대국이며 GDP는 2021년 1조 1,861억 달러로 아세안 국가들 중 경제규모가 가장 크다. 2010~2012년 기간 6% 이상의 높은 성장률을 기록하였는데 이는 중산층 증가에 따른 내수시장 확대, 대규모 해외투자의 유입, 국제 원자재 가격의 상승 덕택이다. 2010년대 들어 경제성장률이 다소 약화되었지만 지정학적 리스크가 커지고 원자재 가격이 상승하면서 팬데믹 충격 이후 오히려 강한 회복세를 보이고 있다. 인도네시아는 전 세계 석탄 수출 2위, 니켈 생산 1위를 차지하는 원자재 강국이기 때문이다. 인도네시아의 산업구조가 농업 12.7%, 산업 39.0%(제조업 19.7%), 서비스업이 44.2%로 서비스업 비중이 높지만, 정부가 원자재를 채굴해서 수출하는 구조를 가공해서 제품으로 생산·수출을 유도하는 다운스트림(하방 산업) 집중 전략으로 전환하면서 제조업 투자도 급증하고 있다.[16] 인도네시아 산업부 발표에 따르면 2022년 상반기 제조업 투자가 230조 8천억 루피아(약 20조 2천억 원)로 1년 전보다 무려 38%나 증가하였다.

세계은행(World Bank)에서 매년 발표하고 있는 'Doing Business'를 통해 2020년 평가결과를 살펴보면, 인도네시아는 조사대상 190개 국가 중 73위를 차지하고 있다. 중위권에 머물러 있어 비즈니스 환경이 매우 양호하다고 볼 수는 없지만 2015년 114위(189개 국가 중)보다 상당히 상승하였고 지속적인 개선이 예상된다.

16 인도네시아 정부는 인도네시아 정부는 2014년 1월 12일자로 비가공 원광수출금지법을 발효한 바 있으며 WTO에 제소되었다. 2019년부터 니켈 원광 수출을 금지했고, 2022년 1월 한달 동안 석탄에 이어 보크사이트 수출을 일시 중단했으며, 2023년 구리 수출 중단 계획을 발표하였다. 2022년 5월에는 일시적 팜유 수출금지가 시행되었다. 조코 위도도(조코위) 인도네시아 대통령은 WTO 판결이 패소로 나오더라도 주요 광물 원광 수출 금지 정책을 유지할 것이라고 시사했다.

인도네시아의 GDP는 1970년 91.51억 달러, 1980년 724.8억 달러에서 2021년 1조 1,861억 달러로 성장했고, 2022년 1분기부터 3분기까지 연속 5% 이상 성장세를 유지하고 있다. 경제성장 과정에서 대기업들의 폭발적인 성장이 있었고 1997년 아시아 외환위기 속에 흥망성쇠의 우여곡절을 겪었다. 대표적인 사례가 바로 인도푸드를 가진 살림그룹(Salim Group), 담배회사에서 종합 금융투자회사로 변모한 자룸(Djarum)이 있다. 2010년 이후 인도네시아인들의 머스트해브(Must have) 앱으로 떠오른 고젝(Gojek, 현재 고투그룹)이 디지털 경제 전환을 가속화시키며 혁신의 아이콘으로 떠올랐다.

2.1 인도푸드(Indofood) & 살림그룹(Salim Group)

인도네시아를 세계 2위 라면 강국으로 만든 인도푸드

"한국에 케이팝이 있다면 인도네시아에는 '인도미'가 있다"

한국 라면과 일본 라면이 세계에서 제일 유명한 것은 사실이지만, 인도네시아는 세계 2위 라면 강국이다. 2억 8천만 명이 라면을 먹는다는 생각을 해보면 엄청나게 큰 시장이 있는 것이다. 인도네시아를 대표하는 라면은 인도푸드의 '인도미(Indomie)'다. '인도'는 인도네시아를, '미(mi 또는 mie)'는 인도네시아어로 면, 국수를 뜻한다. 한국인에게 라면이 생필품 혹은 소울푸드로 인식되듯, 인도네시아에서는 인도미가 그렇다. 또 그 인기도 세계적이다. 한국 매운맛 라면 챌린지가 먹방 소셜미디어를 달궜던 것처럼, 인도네시아 인도미 먹방도 인기다.

성장 스토리

인도네시아 최초의 인스턴트 라면 인도미는 1971년 탄생했다. 처음 출시된 인도미는 인도네시아인들이 즐겨먹는 미 아얌(Mi Ayam, 닭고기 국수)을 응용한 닭육수 국물 베이스 라면이었다. 저렴한 가격으로 시장에 빠르게 침투했지만 평범한 라면에 지나지 않았다. 인도미를 국민라면으로 만든 것은 1982년 출시된 인도미 미고렝(Mi goring) 제품이다. 동남아에서 흔히 접할 수 있는 볶음국수를 라면으로 만든 미고렝은 선풍적 인기를 끌며 인도네시아 국민 라면을 넘어 대표상품으로 등극했다. 인도푸드CBP(Indofood Consumer Brand Product)가 2억 7천만 인도네시아 국민의 절대적 사랑을 받으며 인도미를 생산하고 있지만, 인도미를 처음 개발해 상품으로 내놓은 회사는 산마루 푸드(PT. Sanmaru Food Manufacturing)다. 일본에서 세계 최초의 인스턴트 라면이 출시된 후 산마루 푸드가 인도미의 가능성을 본 것이다. 인도미 미고렝이 대박을 치자 보가사리(Bogasari) 제분을 보유한 기업, 사리미 아슬리 자야(PT. Sarimi Asli Jaya)가 산마루 푸드를 인수했고, 사리미 아슬리 자야가 인도푸드(Indofood Sukses Makmur)에 합병되면서 인도미는 인도네시아 최대 그룹 가운데 하나인 살림그룹의 대표 브랜드로 자리잡았다. 2009년 인도푸드(PT Indofood Sukses Makmur)의 자회사로 인도푸드CBP가 설립되면서 실제 생산을 담당하고 인도푸드 그룹에 속하는 형태로 구조가 형성된다.

1980년대 초반 시장을 휩쓸었던 인도미가 인도네시아 라면시장 70%를 장악하자 인도푸드는 해외시장을 공력하기로 한다. 1988년 나이지리아로 첫 수출을 시작하면서 아프리카와 중동으로 시장을 확대해나갔다. 인도네시아는 세계 최대 무슬림국가이다. 인구의 90%가 이슬람을 믿다보니 할랄푸드가 일반적이다. 할랄인증을 받은 인도미는 다른 무슬림 시장 진입이 수월했고 빠르게 시장을 확장할 수 있었다. 수출이 계속 늘어나자 인도푸드는 현지생산, 판매 전략으로 전환한다. 1990년대 초반엔 사우디아라비아와 나이지리아에 생산공장을 건립하고 이후 에디오피아, 이집트, 케냐, 수단, 튀르키예까지 진출하며 차례로 현지 생산라인을 구축했다. 2015년 모로코에도 공장을 세워 인도미 미고렝 등 다양한 제품을 생산하고 있다. 인도푸드의 투자와 생산이 동반되는 진출은 주로 아프리카와 중동지역인데 이 지역 생산자인 파인힐컴퍼니(Pinehill Company Limited)를 인수하면서 현지 시장 대응력을 높였다. 현재는 아시아와 아프리카, 중동, 북미와 유럽 등 60여 개국에서 인도푸드의 라면이 팔리고 있다. 인도푸드 덕분에 인도네시아는 라면 강국으로 자리를 잡았다. 세계 라면 협회에 따르면 2019년 기준 라면 소비량 1위는 인구 대국 중국이 차지하고 있고 그 뒤를 이어 인도네시아가 2위를 차지하고 있다. 생산량에 있어서도, 맛있는 라면 순위에서도 인도네시아와 인도미가 상위에서 빠지지 않는 이유다.

인도미의 성공요인

2016년 기자간담회에서 인도푸드 대표 안토니 살림(Anthoni Salim)은 이런 말을 한 적이 있다.

"한국에 K-팝 스타가 있다면, 우리에게는 인도미가 있다."[17]

인도미는 단순히 인도네시아에서만 인기를 끄는 것이 아니라 한국라면처럼 자신들만의 영역을 구축할 정도로 성장했다. 전 세계 슈퍼마켓에서 인도미를 찾아볼 수 있다. 인도네시아인뿐만 아니라 세계 소비자들을 사로잡았다는 뜻이다. 인도미가 곳곳에서 선택받는 이유는 크게 세 가지로 정리해볼 수 있다. 첫 번째는 단연 인도미가 갖고 있는 고유의 맛이다. 맛이 없는 라면은 가격이 저렴하더라도 시장에서 외면받을 수밖에 없다. 인도미 미고렝은 과거 일본이나 한국 라면에서는 찾아볼 수 없는 스타일의 볶음 라면이자 독특한 맛을 갖고 있다. 인도푸드는 다양한 재료를 이용한 다양한 맛과 스타일의 상품을 지속적으로 내놓으면서 소비자들에게 선택의 폭을 넓혔다. 기대와 요구를 동시에 충족시켰기에 세계 시장에서 성장할 수 있었다.

두 번째는 인도미가 할랄푸드라는 점이다. 무슬림들이 안심하고 먹을 수 있는 음식이라는 뜻이다. 인도푸드의 해외 진출 지역을 보면 말레이시아를 포함해 이슬람 국가 내지는 무슬림이 많은 곳에 집중되어 있다. 아프리카와 중동 등 인구 규모 측면에서 상당한 시장 규모를 갖고 있으며 튀르키예의 경우 라면시장의 약 90%를 인도미 브랜드가 차지하고 있다. 할랄 푸드라는 인도미의 특징이 필요충분조건으로 작용하는 시장에서 인도네시아산 할랄 인증을 받은 인도미는 무슬림에게 적합한 라면일 수밖에 없으며, 철저히 이 부분에 초점을 맞춘 글로벌 시장확대 전략이 통했다고 볼 수 있다.

세 번째는 대기업집단의 수직계열화에 따른 시너지효과 극대화이다. 살림그룹 창업자 수도노 살림(Sudono Salim, 중국식 이름 리엠 시오에 리옹(Lim Sioe Liong))은 인도네시아의 대표적인 중국 출신의 화교 사업가이다. 그는

17 "Indofood pushes Indomie as global halal noodle brand" Nikkei Asia. 2016년 6월 19일.

그림 2-11 인도네시아 수하르토 전 대통령과 살림그룹 창업자 수도노 살림

출처: Richard Borsuk, Nancy Chng(2019) LIEM SIOE LIONG'S SALIM GROUP: THE BUSINESS PILLAR OF SUHARTO'S INDONESIA(Institute of Southeast Asian Studies Publication)

인도네시아 밀 수입 및 제분의 독점적 지위를 갖고 있었으며 이를 통해 막대한 부를 쌓았다. 이러한 권한은 당시 수하르토 대통령과의 친분이 작용했기에 가능했다고 알려져 있다.[18] 라면 주재료인 밀가루와 팜유를 생산하고 있던 살림그룹으로서는 대표적인 라면 브랜드를 인수해 식품사업을 확장하는 것은 관련다각화 전략의 일환으로 지극히 합리적인 선택이었다. 이후 유통업까지 확장하면서 살림그룹은 소비재와 식품부문에서 막강한 영향력을 확보할 수 있게 되었다.

인도푸드는 라면을 넘어 유제품과 스낵, 소스와 음료 등 종합식품회사로 발돋움했고 팩키징 사업으로도 확장했다. 인도푸드CBP는 인도네시아의 최대 식품기업으로서 신종 코로나 팬데믹 중에도 굳건히 최고의 자리를 지켰다. 2020년 매출은 31억 4천만 달러, 순이익은 6억 7천만 달러를 기록했는데 이는 전년대비 각각 5%, 28.62% 증가한 수치다. 팬데믹으로 인한 봉쇄조치로 라면을 비롯한 각종 가공식품 수요가 크게 증가한 덕분이며 수익성이 크게 개선되었다. 2021년에는 더 큰 폭의 성장을 기록했다. 매출이 42억 3

18 정치권력과 기업가들 사이의 유착관계로 정실자본주의 혹은 크로니즘(Cronysm)이라 비판을 받는다.

천만 달러로 전년 대비 24% 이상 증가한 것이다. 이익은 6억 8천만 달러에 머물렀는데 이는 원자재 가격 상승 이 수익증가에 걸림돌로 작용했다.

그림 2-12 인도푸드CBP 상품 분야 및 브랜드

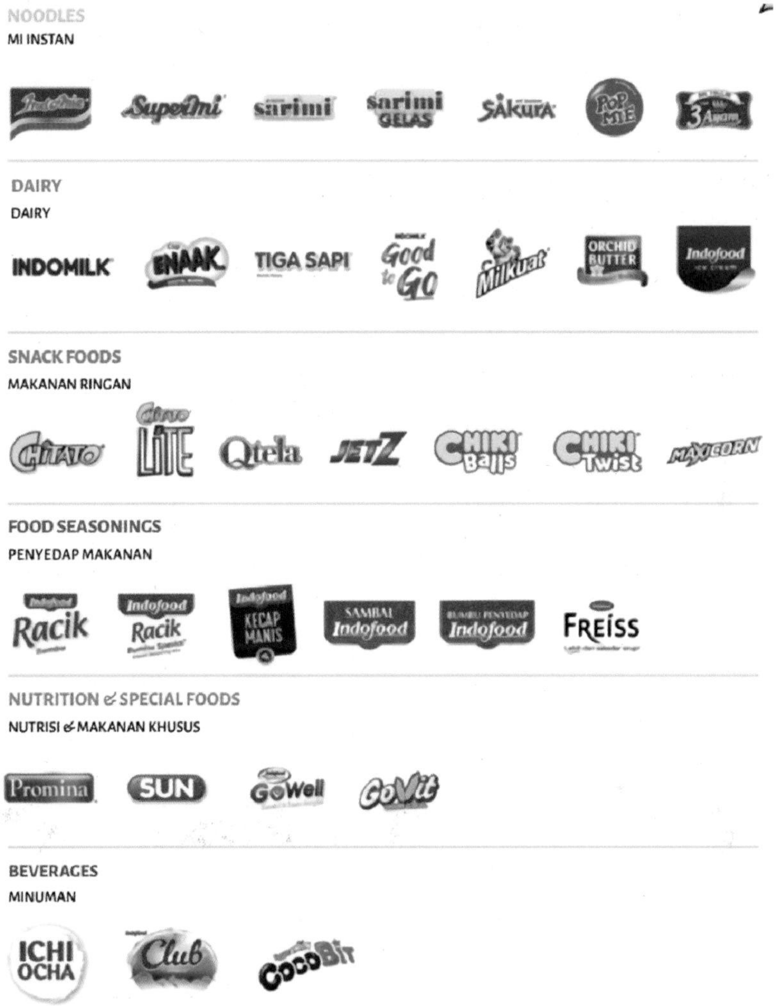

출처: Indofood CBP 2021년 사업보고서

향후 전망

전 세계 라면시장이 매년 5% 이상 성장이 지속되고 있는데다 인도푸드가 스낵과 농산물, 유통 등 소비재 중심의 비즈니스 포트폴리오 가지고 있어 매출과 수익이 지속 향상되었고, 경기둔화 국면에서 안정적인 실적을 거둘 것이라는 전망이 지배적이다. 이러한 전망은 주가에도 반영되고 있다. 인도푸드CBP는 자카르타 주식시장에 상장된 기업이다. 2022년 12월 6일 기준으로 시가총액은 77억 1천만 달러이며, 전체 상장기업 가운데 10위를 달리고 있다. 2018년만해도 시가총액 3위의 기업이었으나 은행과 테크, 석유화학기업의 약진으로 순위에서 다소 밀려났다. 그러나 소비재 시장에서는 여전히 가장 강력한 브랜드 파워와 시장점유율을 가진 기업이며 글로벌 경쟁력이 높은 가치주로 평가받고 있다.

인도미의 성공이 살림그룹의 수직계열화 덕분이기도 하지만 인도미의 글로벌 성공은 인도푸드와살림그룹의 계열사들 도약의 발판으로도 작용했다. 인도푸드는 생산품목을 다양화하면서 매출을 끌어올렸고, 글로벌 금융위기 속에서도 그룹의 주력 계열사이자 캐시카우로서 역할을 충실히 해냈다. 그 덕분에 농산물, 유통, 금융과 같은 기존 주력산업에서 통신과 이커머스까지 등 다각화의 발판이 되었다.

표 2-7 인도푸드CPB 주요 재무 지표

(단위: 인도네시아 조 루피아)

	2017	2018	2019	2020	2021
매출	35.61	38.41	42.3	46.64	56.8
EBITDA	6.21	6.79	8.49	10.66	13.26
순이익	3.8	4.58	5.04	6.59	6.39
총자산	31.62	34.37	38.71	103.59	118.07
총부채	11.3	11.66	12.04	53.27	63.34
자본총계	20.32	22.71	26.67	50.32	54.72
부채비율	55.6%	51.3%	45.1%	105.9%	115.8%

출처: Indofood CBP 사업보고서

그림 2-13 인도푸드 CPB 시가총액 추이

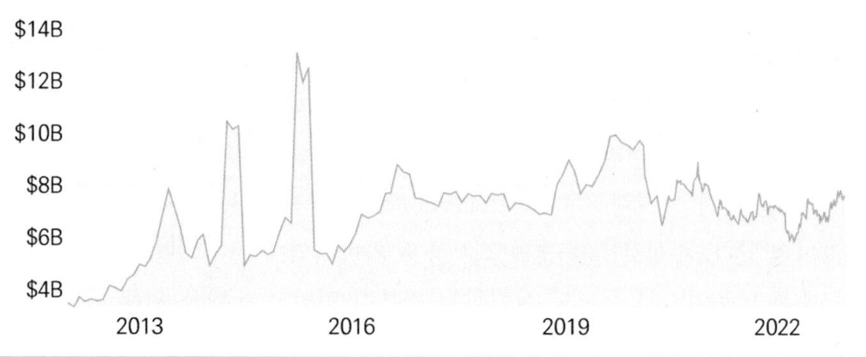

출처: Companiesmarketcap.com(검색일: 2023년 1월 9일)

살림그룹(Salim Group)

인도푸드는 독자기업이 아닌 살림그룹의 계열사이다. 살림그룹은 1990년대 중반 산하에 최대 600개 이상의 기업을 두고 200억 달러 이상의 매출을 올리는 인도네시아 최대 재벌로[19] 군림하였으며, 2000년대에도 여전히 재계 순위 상위권에 머물고 있는 대표적인 비즈니스 그룹이다. 설립자인 수도노 살림(Sudono Salim)은 대표적인 중국계 인도네시아 사업가로 중국 푸단(Fujain) 출신이며 1938년 인도네시아로 이주한 화인 1세대로 꼽힌다. 인도네시아 설립 당시에는 동향 출신인 주하르 수탄토(Djuhar Sutanto, 중국식 이름 Liem Oen Kian)와 함께 살림그룹의 토대를 마련했다. 1990년대까지 살림그룹의 주축은 센트럴 아시아 은행(Bank Central Asia, 이하 BCA), 시멘트 제조사인 인도시멘트(PT. Indocement), 인도푸드, 인도모빌(Indomobil), 퍼스트퍼시픽(First Pacific) 등이다. 인도시멘트는 건설자재뿐만 아니라 부동산 개발을 담당했으며, 인도모빌은 자동차 부품뿐만 아니라 완성차와 오토바이 수

19 정확한 수치는 보고되지 않으나 니케이 아시아에 따르면 600개 이상의 기업이 존재. Warta Ekonomi(1997년 11월 24일), PT Data Consult Inc(1999)에 따르면 1997년 살림그룹에 속한 기업의 개수는 485개. "Salim Group extends its reach" Nikkei Asia(2015년 9월 24일) https://asia.nikkei.com/Business/Salim-Group-extends-its-reach. 참조

입판매 자회사를 갖고 있었다. 인도푸드가 팜오일부터 밀가루, 식품, 팩키징 등 수직계열화를 이루었고, 섬유와 목재사업에도 뛰어들었다. 비관련다각화로 계열사 수를 늘려가면서 외형적 성장을 추구했던 그룹의 사업구조는 1997년 발생한 금융위기로 변화를 맞이한다.[20]

금융위기 이전까지 살림그룹의 성장은 기업자체의 경쟁력보다는 정실관계에 의존한 확장이라는 비판을 많이 받았다. 널리 알려진대로 창업자 수도노 살림이 전 대통령 수하르토(Suharto)와 매우 가까운 친구 사이로 특혜를 많이 받았다. 수하르토가 군인으로 중부 자바지역에 근무하던 1950년대부터 군수품 납품업자인 수노도 살림과는 친분이 있었고 독립을 위해 싸웠다. 수하르토가 쿠데타로 집권한 이후에 이러한 관계를 바탕으로 각종 사업에서 특혜를 받은 살림그룹은 수하르토의 후원자 역할을 했다. 예를 들어, BCA는 수하르토의 탈규제화 정책을 펼친 덕분에 인도네시아 최대 민간 상업은행으로 성장했다. 1996년 BCA의 자산이 인도네시아 은행 자산 규모의 10%에 달할 정도였다.[21] 그러나 정경유착의 수혜는 부메랑으로 돌아왔다. 1998년 아시아 금융위기 직후 수하르토가 권좌에서 쫓겨나면서 살림그룹은 가장 중요한 계열사인 BCA 지분을 매각하였고 인도네시아 재계 순위 1위의 자리를 자룸(Djarum)에게 내어줬다.

살림그룹은 새로운 성장동력에 눈을 돌렸다. 핸드폰이 보편화되고 텔레콤 시장이 커지고 있었다. 안토니 살림은 필리핀 텔레콤 사업에 진출하면서 그룹의 사업 영역을 통신과 디지털 분야로 확장시켰으며 필리핀 인프라 사업에도 진출했다. 로켓 인터내셔널의 지분을 인수하는가 하면, 데이터 센터 사업에 진출했다. 2013년 DCI(PT Data Center Indonesia)는 2013년 첫 데이터 센터의 문을 열었으며 인도네시아의 디지털 경제성장과 함께 가파른 성장세를 보이고 있다. DCI는 향후 5년 동안 매년 22.3%씩 성장할 것으로 전망하고 있다. 인도네시아 2억 7천만 명의 인구가 팬데믹을 거치면서 이커머스나

---

20 살림그룹은 금융위기로 인해 각종 자산매각과 여러 계열사의 경영권을 상실했으나 10만여 명의 실업자 구제를 이류로 정부. 채권은행단을 설득, 2001년 조속히 부채를 갚는다는 조건 아래 그룹 계열사와 자회사의 경영권을 돌려받았다.

21 "Company in focus: E-Commerce lures Salim Group back to banking after two decades" Nikkei Asia 2017년 6월 8일. https://asia.nikkei.com/Business/Finance/Company-in-focus-E-commerce-lures-Salim-Group-back-to-banking-after-two-decades2

그림 2-14 PT Data Center Indonesia 주가 추이

(2021.1.7-2023.1.9)

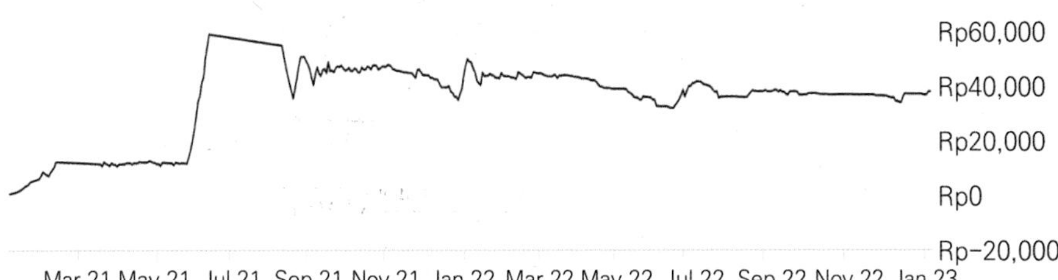

출처: wsj.com(검색일: 2023.1.9)

OTT, 소셜미디어 등을 더 많이 자주 이용하면서 데이터 센터의 수요도 그만큼 증가하였고, 이러한 수요 증가가 계속 될 것이라는 예측은 주가에 반영되면서 2021년 1월 525루피아에서 시작해 2022년 1월까지 DCI의 주가는 한때 60,300루피아까지 올라 1만 퍼센트 이상 상승률을 기록하였다.

여러 사업 분야에 주요 계열사만 수 십개에 달하는 살림그룹의 소유지배 구조는 퍼스트 퍼시픽을 중심으로 구성되어 있다. 퍼스트퍼시픽은 1981년에 홍콩에 설립된 투자회사로 말 그대로 해외투자를 담당했다. 금융위기가 발생했을 때 살림그룹 본사는 자산을 대량 매각했지만, 퍼스트 퍼시픽은 PLDT의 지분을 인수했다. 상장된 투자회사로 현재 6개 국가에 약 270억 달러의 자산을 보유하고 있으며 필리핀 최대 텔레콤 PLDT, 인도푸드, 필릭스 마이닝(Philex Mining)과 FP 내츄럴 리소스(FP Natural Resources) 등의 지분을 보유하고 있다. 살림그룹과 설립자 가족은 퍼스트 퍼시픽의 지분을 대량 보유하고 있으므로 이를 통해 주력 계열사를 통제하고 있는 구조이다. 과거 가족이 직접 지분을 최대 지분을 갖고 지배하던 구조가 퍼스트 퍼시픽이라는 투자회사를 통한 지배구조로 전환한 계기는 역시 1997년 아시아 금융위기였다.

현재 살림그룹은 수도노 살림의 막내 아들 안토니 살림이 이끌고 있다. 미 경제지 포브스(Forbes)에 따르면 살림 가문의 재산은 2022년 기준 75억 달러로 인도네시아 부호 순위 5위에 올라있다. 2021년 85억 달러에서 10억

그림 2-15 살림그룹의 필리핀 투자

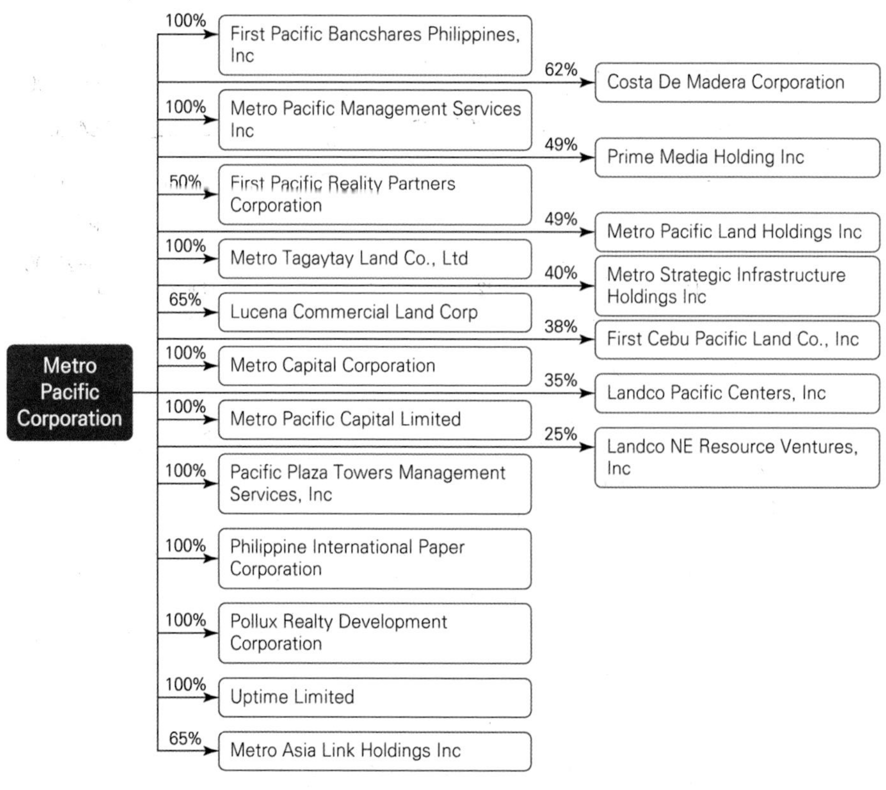

출처: Rigoberto D. Tiglao, "How Salim group skirted foreign ownership limits" The Manila Times, 2014년 3월 3일. https://www.manilatimes.net/2014/03/03/todays-headline-photos/headlines/how-salim-group-skirted-foreign-ownership-limits/79660

달러가 줄어들면서 순위도 3위에서 5위로 내려왔지만 과거 살림그룹의 확장전략이었던 다각화에 집중하고 있다. 먼저 안토니 살림은 2017년 퍼르다나이나 은행(Bank Ina Perdana)의 지분 51.46%를 인수하면서 은행업에 다시 진출했다. BCA라는 인도네시아 최대 상업은행을 보유했지만 1997년 아시아 금융위기에서 매각할 수밖에 없었던 살림그룹으로서는 어떻게든 다시 은행업에 진출하고자 하는 의지를 보이며 기회를 모색해왔었다. 퍼르다나이나 은행은 살림 그룹 계열사들을 기업고객으로 확장할 수 있었고, 이후 디지털 뱅킹과 자신들의 리테일 사업부문과의 연결을 도모하고 있다.

그림 2-16 퍼스트 퍼시픽의 주요 투자

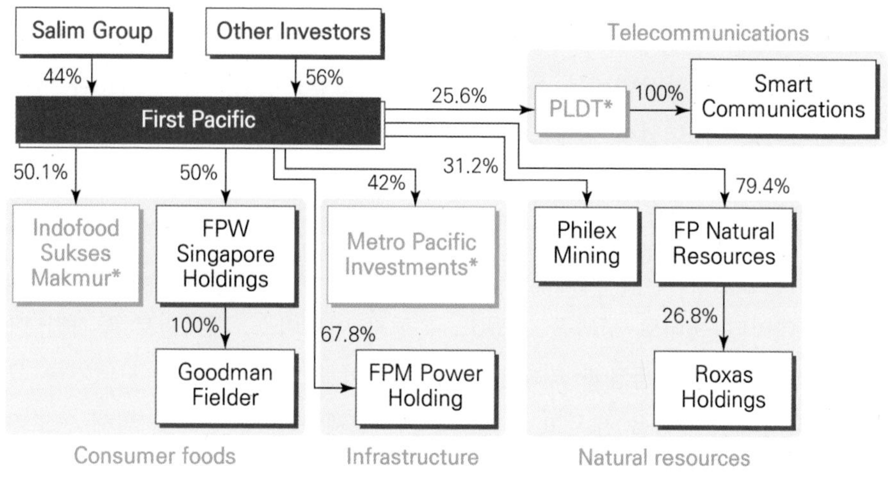

*First Pacific CEO이자 이사인 Manuel V. Pangilinan이 핵심 자산을 가진 것으로 파악됨

출처: Kenji Kawase, "Investors press Indonesian conglomerate Salim's holding company to sell assets" Nikkei Asia. 2018년 4월 20일. https://asia.nikkei.com/Business/Company-in-focus/Investors-press-Indonesian-conglomerate-Salim-s-holding-company-to-sell-assets

두 번째는 원자재 사업이다. 2015년 호주 리오 틴토(Rio Tinto Plc.)의 마운트 플레전트(Mount Pleasant)를 사들였다. 마운트 플레전트는 채산성이 있는 4억 7,400만 톤의 연료탄[22] 매장량이 있는 것으로 알려져 있다. 2022년에는 인도네시아 최대 석탄 광업회사인 부미 리소스(PT. Bumi Resources)에 16억 달러를 투자했다. 부미 리소스는 금광사업을 하는 부미 리소스 미네랄을 자회사로 갖고 있으며, 부채비율이 높은 부미 리소스에 살림그룹의 돈이 투입된다는 소식에 주식시장은 환호했으며 원자재 가격 상승효과까지 더해서 주가는 지속적으로 상승했다.[23] 석탄과 금까지 광업을 확대한 셈이다. 살림그룹내 광업 부문은 마치 에너지(March Energy limited)와 트레져 글로벌

22 유연탄은 산업이용에 따라 연료탄(thermal coal)과 원료탄(coking coal 또는 metallurgical coal)으로 구분된다. 연료탄은 발전용 등 에너지 연료로 사용되며, 원료탄은 일반적으로 제철용 등 석탄화학원료로 사용된다(출처: 한국자원정보서비스).

23 부미 리소스(PT Bumi Resources Tbk)의 주가는2022년 1월 65.56루피아에서 12월 23일 171루피아로 160% 이상 상승했다.

인베스트먼트(Treasure Global Investment Limited: TGIL) 두 회사가 맡고 있으며, 두 회사는 각각 홍콩과 싱가포르에 본사를 두고 있다. 마치 에너지의 경우 바크리 캐피탈 인도네시아(PT Bakrie Capital Indonesia)가 42.5%의 지분을 소유하고 있어 합작형태를 유지하고 있다. 그러나 살림그룹이 지분을 계속 늘려가려고 하고 있어 이후 소유지배구조에 변화가 발생할 가능성이 있다.

세 번째는 ICT 및 디지털 분야의 투자 확대이다. 안토니 살림의 장남 액스턴(Axton Salim)이 2004년 인도푸드에 이사로 참여하면서 본격 3세 경영이 가시화되었는데, 그가 디지털 사업분야에 매우 적극적인 행보를 보여왔다. 이미 데이터 센터로 성과를 거뒀고, 은행과 이커머스, 페이먼트 투자한 바 있다. 살림그룹은 금융과 리테일 등 사업분야를 연결, 통합해 시너지를 극대화시키려는 계획을 세우고 있다. 디지털 경제 생태계 구축을 위해 인도네시아의 엠텍그룹(Emtek Group) 그리고 구글 클라우드와 파트너십을 맺었으며, 벤처캐피탈 갈란트 벤처(Gallant Venture Ltd)와 인큐베이터 Block71과 관련 투자와 스타트업 육성을 담당하고 있다.

살림그룹은 인도네시아를 대표하는 비즈니스 그룹 1위의 자리는 내준 지 오래다. 그러나 인도네시아의 경제성장의 빛과 그림자를 가장 잘 보여주는 사례이자, 인도네시아의 대표 기업 인도푸드를 성장시켰다는 사실만으로도 살림그룹은 충분히 들여다 볼 가치가 있다. 광업, 금융업과 디지털 전환으로 과거의 영광을 재현할 수 있을지 또다시 다각화의 쓴맛을 보게 될지 관심이 모아지고 있다. 살림그룹의 과거, 현재, 미래는 인도네시아 산업의 중심축의 이동과 사업 환경 및 시장의 흐름이 달라짐을 보여주는 가늠자가 될 것이기 때문이다.

2.2 자룸(Djarum)

인도네시아 최고의 담배회사에서 종합금융그룹으로

무슬림이 전체 인구의 90% 이상을 차지하는 인도네시아는 음주에는 까다롭지만 담배에는 상대적으로 너그러운 편이다 보니 담배시장이 매우 크다. 약 2억 7천만 명 전체 인구에서 15세 이상 중 거의 30%에 가까운 사람들이 흡연자로 분류된다. 특히, 성인 남성의 3분의 2가 담배를 피운다고 보고 있다. 9천만 명의 흡연자를 보유한 인도네시아는 담배시장 규모에서 중국에 이어 세계 2위를 차지하고 있다. 따라서 담배회사가 소비재시장에서 차지하는 위상도 크다. 이 시장에서 1위를 차지한 기업이 바로 자룸이다. 자룸은 특히 끄레텍(Kretek)이라는 인도네시아 특유의 정향담배로 성장하였다.

성장 스토리

자룸의 성장을 인도네시아 담배 시장에 대한 이해가 필수적이다. 인도네시아 흡연자들 80%가 선택하는 담배가 바로 끄레텍이기 때문이다. 어디서나 쉽게 볼 수 있는 끄레텍은 일반 담배잎에 정향(clove)과 여러 향료가 포함되어 있어 매우 독특한 향이 날 뿐만 아니라 타닥타닥하는 소리가 나는데 끄레텍이라는 이름도 그 소리에서 따온 것이다. 끄레텍 냄새를 처음 맡는 사람들은 낯설게 느껴지겠지만, 그 독특한 향과 맛 덕택에 끄레텍은 오랫동안 세계로 수출되는 인도네시아 상품으로 자리잡았다.

끄레텍의 기원은 1880년대 중부 자바 지역의 쿠두스에 살던 하지 잠하리(Haji Djamhari)가 처음 만들었다고 알려져 있다. 가슴통증을 앓고 있던 하지 잠하리는 통증 완화를 위해서 향신료 기름을 바르다가 이를 흡입하면 효과가 더 좋지 않을까 해서 담배와 같이 말아 피웠는데 실제로 효과가 있었다고 한다. 하지 잠하리가 피운 담배가 효험이 있다고 소문이 나자 그와 똑같은 방식으로 정향을 말아 피우는 사람이 많아졌고, 그것이 끄레텍으로 탄생한 것이다. 끄레텍은 처음에는 그 효능에 대한 소문 덕분에 의약품처럼 여겨졌고, 정향과 같은 향료는 인도네시아에서 흔히 구할 수 있었기에 너도나도 끄레텍을 만들어 피우면서 널리 알려졌다.

끄레텍은 일반담배보다 세금이 낮아서 가격도 싸다. 당연히 자국기업이나 외국기업 모두 인도네시아에서는 끄레텍을 생산하지 않을 수 없다. 글로벌 담배제조업체인 필립모리스도, 한국의 KT&G도 끄데텍을 생산해 판매하고 있다.

자룸 창업자는 중국에서 인도네시아로 넘어온 화교의 후예 오에이위관

그림 2-17 정향과 자룸의 끄레텍(정향 담배)

출처: Drajum 홈페이지

(黃維源, 표준어로는 황웨이위안)이다. 그는 자바 중부 소도시에서 태어나 폭죽 판매 사업으로 자리를 잡았지만, 1945년 인도네시아 독립전쟁이 시작되면서 폭죽공장은 문을 닫았다. 오에이는 쿠두수의 작은 끄레텍 제조공장을 인수했는데 당시 끄레텍은 손으로 담배를 말아서 만드는 수공업 수준에 불과했었다. 오에이는 시장에서 결국 품질로 승부를 볼 수밖에 없다고 생각하고 가급적 직원들과 같이 직접 담배 생산하면서 품질관리에 집중했다. 오웨이의 상품은 질좋은 담배로 소문이 났고, '자룸(인도네시아어 바늘)'이라는 브랜드를 붙이면서 마케팅에도 앞서 나갔다.

끄레텍은 일반 담배보다 저가인데다 중소기업들이 난무하던 끄레텍 시장에서 자룸 담배는 품질과 자체 브랜드 마케팅이 효과를 거두면서 판매고가 폭발적으로 늘어났고 소위 '대박 상품'으로 등극했다. 1963년 공장화재로 어려움을 겪기도 했지만 자룸은 국내 시장뿐만 아니라 동남아 인근지역으로 판매를 확장했고 끄레텍만이 갖는 독특한 맛과 향이 해외시장에서도 인기를 끌었다. 동남아에서 미국까지 수출에 성공하며 대표적인 인도네시아 담배기업으로 성장했다. 끄레텍을 생산하는 업체가 수백 개가 있었지만, 오웨이의 두 아들 마이클과 부디 하르토노(Budi Hartono, Michael Hartono) 형제가 이끄는 자룸은 1980년대 대표업체로서 선두권을 지켜냈다.

성장전략/성공요인: 담배에서 금융으로

1997년 아시아 금융위기가 발생하면서 인도네시아 경제도 큰 타격을 받았다. 은행 및 금융기관뿐만 아니라 문어발식 확장을 해온 인도네시아 재벌들도 위기에 휘청거렸다. 인도네시아 대표 상업은행인 BCA(Bank Central Asia)도 환율상승(루피아 가치하락)을 견디지 못하고 유동성 위기에 빠졌다. 결국 BCA는 채무상환을 하지 못해 정부 자산관리회사로 소유권이 넘어가게 되었다. 당시 담배사업에서 안정적인 수익을 올리던 자룸은 다른 인도네시아 대기업들보다 현금흐름이 좋은 상황이었고, 주력산업인 담배의 판매고도 상대적으로 타격을 덜 받았다. 자룸은 금융위기를 사업다각화 기회로 생각했다. 하르토노 형제가 컨소시엄을 구성해 BCA 지분 51%를 인수하며, 금융사업에 도전장을 던졌다. 위기가 아니었다면 인도네시아 최대 은행 인수라는 대규모 딜은 쉽지 않았을 것이고, 훨씬 더 많은 자금투입이 요구되었겠지만, 위기 상황에서 자룸은 위기에 봉착한 BCA를 저가에 낮은 조달비용으로 인수에 성공했다. 최대 은행인 BCA를 인수한 자룸은 단숨에 금융계 거물로 부상했다.

자룸은 금융사업에 이어 건설부문에도 뛰어들었다. 부동산 개발과 건설업도 금융위기에 큰 타격을 받았으므로 진입하기에 적당한 시점이라고 생각했고 BCA 인수와 함께 자금조달에서 우위를 차지하고 있었기 때문이다. 자룸은 인도네시아 정부가 추진하는 그랜드 인도네시아 슈퍼블록 프로젝트에 참여해 자카르타 시내 중심에 위치한 호텔 인도네시아의 리노베이션과 쇼핑몰 개발 등을 수주했다. BOT(Build-Operate-Transfer) 방식으로 30년 동안 운영한 뒤 반납하는 민간투자 방식이다. 이 외에도 서부자바 까라왕 지역의 호텔 리조트 사업 등 여러 부동산 및 건설 프로젝트를 이행해왔다.

표 2-8 PT Bank Central Asia

(단위: 백만 달러)

	2017	2018	2019	2020	2021
영업이익	2142.64	2283.69	2566.95	2308.55	2722.72
순이익	1741.91	1816.08	2019.92	1865.74	2198.17
총자산	55334.67	57356.6	66197.68	76553.04	86184.5
총부채	45649.64	46803.51	53653.6	63406.08	71951.99
자본	9677.8	10546.57	12536.85	13138.52	14222.96

출처: Nikkei Asia company profile

그림 2-18 PT Bank Central Asia 시가총액

(단위: 십억 달러)

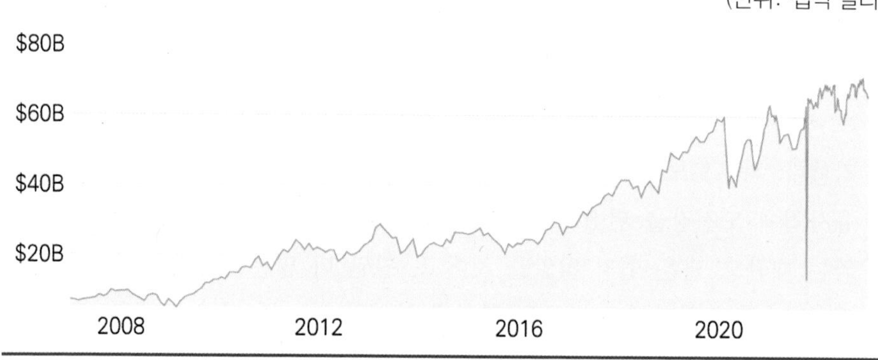

출처: companiesmarketcap.com(검색일 2023년 1월 9일)

디지털 경제로

전 세계적으로 건강에 대한 관심이 높아지고 금연바람이 불어왔고 인도네시아도 예외는 아니었다. 담배시장의 성장기회가 매우 제한적이라는 사실을 자룸의 하르토노 형제들 역시 모르지 않았다. 이미 미국에서는 청소년 흡연률을 낮추기 위해서 향료가 들어간 담배를 금지시켰고, 인도네시아에서도 금연구역이 확대되는 등 흡연자 줄이기를 위한 노력이 전방위로 강화되고 있다. 무엇보다 강력한 조치는 끄레텍에 부과되는 담배세가 인상된다는

것이다. 이미 BCA를 인수하면서 금융업에 뛰어들면서 그룹의 중심축을 담배에서 금융과 건설로 옮겨갔지만 그룹의 모태가 된 담배회사 자룸(PT. Djarum)은 여전히 비상장회사로 남아있으면서 설립자 가문 3세들은 세상의 변화를 따라잡는 투자자들로 변신했다.[24] 가장 인상적인 부분은 테크분야와 스타트업 투자이다.

자룸의 테크 및 스타트업 투자는 GDP 벤처(Global Digital Prima Venture) 중심으로 이루어 지고 있으며 부디 하르토노의 아들 마틴(Martin Hartono)이 이끌고 있다. GDP의 포트폴리오는 이커머스부터 핀테크까지 다양하다. 인도네시아 스타트업으로는 대표 라이드헤일링 스타트업 고젝(Gojek)에 투자했고, 리포그룹(Lippo Group)의 이커머스 마하타리몰(MatahariMall)과 블리블리(BliBli)라는 이커머스 플랫폼을 운영하는 글로벌 디지털 니아가(PT Global Digital Niaga)에도 투자했다. 웹사이트 플랫폼 카스쿠스(Kaskus)도 인수했으며, 티켓닷컴(Tiket.com), 가레나(Grena)에도 투자했다. 이 가운데 2016년 동남아 게임 유니콘 가레나(Garena) 투자가 가장 성공적인 사례로 평가받는데 가레나가 이후 SEA라는 슈퍼앱으로 성장하였기 때문이다. SEA는 게임에서 시작했지만 쇼피(Shopee)라는 이커머스와 쇼피페이로 사업을 확장했고 쇼피가 동남아 1등 이커머스로 등극했다. 2017년 미국주식시장에 상장한 SEA는 2020년 팬데믹 발생이후 대략 300%의 폭발적인 주가 상승률을 기록하며 투자자들에게 엄청난 수익률을 안겨준 바 있다.

현황과 향후 전망

GDP 벤처의 포트폴리오는 핀테크와 커뮤니티, 로지스틱스 분야도 포함하고 있다. 신용카드와 대출, 보험 등 금융 상품 정보제공 플랫폼 세르마티에 투자했는데 펀딩에는 한국의 KB인베스트먼트와 인도네시아 텔콤의 MDI 벤처스와 공동운영하는 센터우리 펀드도 참여했다. 커뮤니티 기반 오피니(Opini)와 온라인 아이돌 팬클럽 킨찌르(Kincir), 관심사를 공유하는 온라인

24 Forbs Global 2015에 따르면 하르토노 집안은 인도네시아에서 가장 부유한 가문으로 총자산이 154억이며, 2022년 477억 달러로 증가했으며 인도네시아 부호 1위를 유지하고 있다.

표 2-9 글로벌디지털 프리마벤처(GDP Venture) 포트폴리오

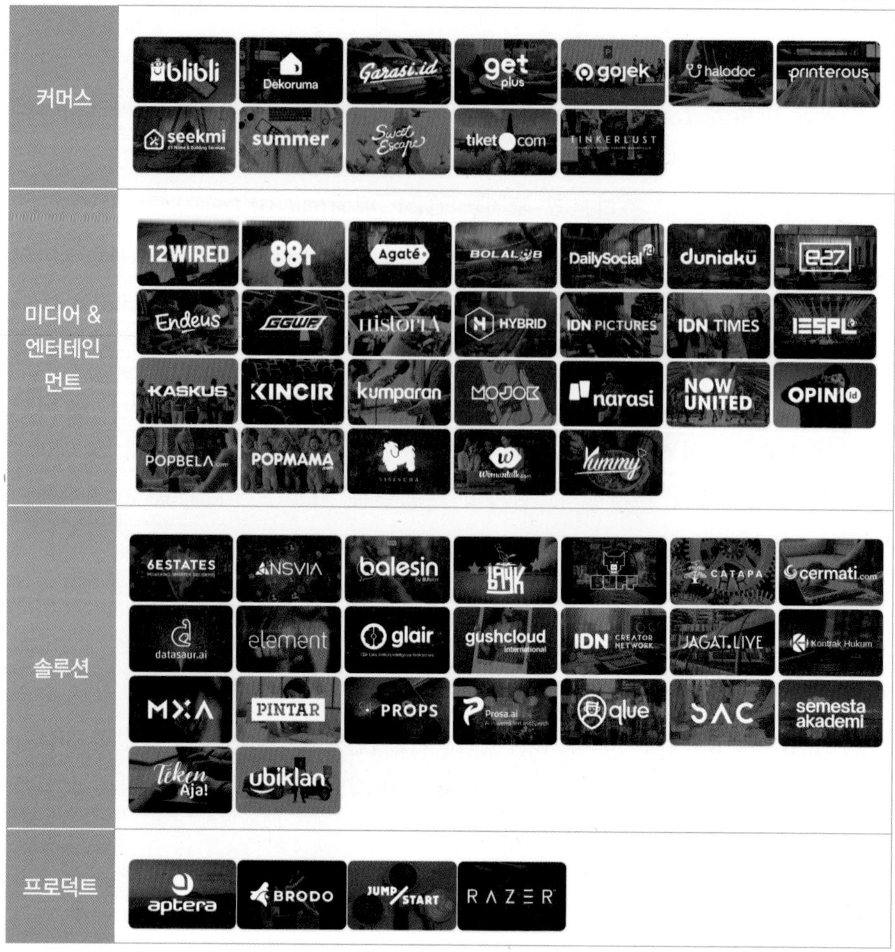

커머스	blibli, Dekoruma, Garasi.id, get plus, gojek, halodoc, printerous, seekmi, summer, Sweet Escape, tiket.com, TINKERLUST
미디어 & 엔터테인먼트	12WIRED, 88↑, Agaté, BOLALOB, DailySocial, duniaku, e27, Endeus, GGWP, historia, HYBRID, IDN PICTURES, IDN TIMES, IESPL, KASKUS, KINCIR, kumparan, MOJOK, narasi, NOW UNITED, OPINI id, POPBELA.com, POPMAMA.com, Womantalk.com, Yummy
솔루션	6ESTATES, ANSVIA, balesin, CATAPA, cermati.com, datasaur.ai, element, glair, gushcloud international, IDN CREATOR NETWORK, JAGAT.LIVE, Kontrak Hukum, MXA, PINTAR, PROPS, Prosa.ai, qlue, SAC, semesta akademi, Teken Aja!, ubiklan
프로덕트	aptera, BRODO, JUMPSTART, RAZER

출처: GDP Venture 홈페이지(검색일: 2022년 12월 11일)

밋업 사이트 마인드톡(Mindtalk), 풋살 커뮤니티를 모은 보라롭(Bolalob), 디지털 마케팅 회사 클릭스 디지털(Klix Digital) 등에도 투자했다.

자룸은 분명히 담배사업으로 큰 성공을 거두었지만, 1등 사업자는 아니다. 2020년 시장점유율을 보면 삼푸르나(PT. Hanjaya Mandala Sampoerna Tbk)가 1위, 구당 가람(Gudangn Garam) 2위에 이어 3위를 차지하고 있다. 경쟁사들과들과는 달리 비상장 회사로 남아 있는 자룸은 정확한 매출이나 이익 정보를 내놓지 않고 있다. 유로모니터가 시장점유율에 근거해서 추정

그림 2-19 인도네시아 담배 시장의 시장점유율

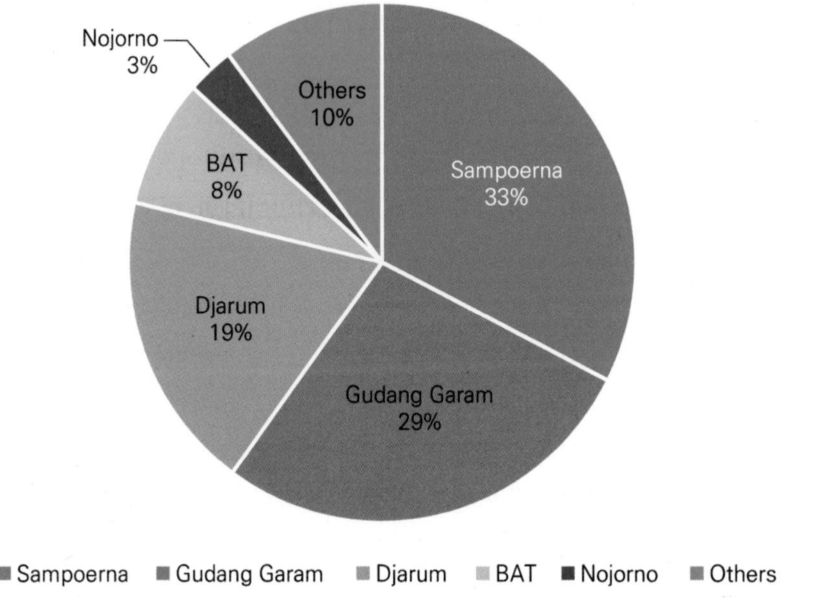

출처: Global Data, Indonesia Cigarette 2020. TobaccoWatch의 Tobacco Industry Market Share에서 재인용. https://tobaccowatch.seatca.org/index.php/2015/06/23/indonesia/

한 바에 따르면 2019년 매출이 46억 달러로 추정된다. 경쟁사인 삼푸르나와 구당 가람의 영업이익률이 각각 7.40%, 3.31%에 근거해서 이익을 추정해볼 수 있을 뿐이다. 물론 담배사업에서 벌어들인 엄청난 수익이 없었더라면 위기 상황에서 BCA를 인수하는 리스크를 감내할 수 없었을 것이다. 이 덕분에 설립자 오웨이의 아들 부디 하르토노와 마이클 하르토노는 포브스가 선정한 인도네시아 최고 부호의 자리에 올랐다.

담배사업은 향후 미래가 낙관적이지는 않다. 건강에 관한 관심이 높아지고 있고, 전자담배나 액상담배 시장도 커지고 있기 때문이다. 구당 가람과 삼푸르나의 주가는 지난 5년 동안 지속적으로 하락하고 있는 것도 이를 반영하고 있다.[25] 자룸의 비즈니스 포트폴리오 다각화는 피할 수 없는 선택이면서 미래를 대비한 전략적 변화로 평가받고 있다.

25 두 기업의 주가는 2022년 12월 23일 기준으로 지난 5년 동안 각각 77.51%, 80.23% 하락했다.

2.3 고투그룹(GoTo Group)

인도네시아의 슈퍼앱

아세안에서 가장 많은 유니콘을 배출한 국가 1위는 싱가포르이고 2위가 인도네시아이다. 인도네시아 디지털 경제의 드라이버이자 생활 속에 혁신을 가져온 게임체인저라고 부를 수 있는 대표기업이라면 누구라도 고젝(Gojek)과 토코페디아(Tokopedia)를 떠올릴 것이다. 이 두 기업은 각각 슈퍼앱 데카콘과 이커머스 유니콘으로 성장했으며 2021년 합병해 고투그룹(GoTo Group)을 이루면서 인도네시아 최대 테크기업으로 재탄생했다. 2022년 고투그룹은 토종 거대 테크기업이 미국이나 싱가포르가 아니라 본국 인도네시아 증권거래소에 상장한다는 점 그리고 이후 다른 스타트업들의 IPO의 향방을 결정할 수 있다는 점에서 뜨거운 관심을 받았다.

인도네시아에서 고투그룹의 앱은 한국의 카카오와 네이버의 위상과 맞먹고, 비즈니스 모델로는 우버와 페이팔, 아마존을 결합시킨 모델 그 이상이다. 동남아 최대 규모 인도네시아 시장 역시 디지털 전환이 큰 흐름을 이루고 있는 상황에서 고투그룹의 성장과 성공요인을 살펴보는 것은 테크산업 투자 관점뿐만 아니라 인도네시아 이용자들을 이해를 위한 필수과정이며, 앞으로 디지털 뱅킹과 라이프스타일 전반의 변화를 읽기 위한 첫 번째 단락이라고 단언할 수 있다.

성장 스토리

"고젝, 오토바이택시콜센터에서 인도네시아 첫 번째 유니콘이 되다."

고젝은 2010년 오토바이 호출 서비스에서 출발했다. 인구 증가와 빠른 도시화에 비해 대중교통 인프라 개발이 더디다 보니 인도네시아 곳곳에서는 항상 이동의 문제가 발생한다. 특히 수도인 자카르타는 하루 종일 교통체증에 시달린다. 인도네시아의 서민들은 오토바이 택시를 즐겨 타고 다니는데 이를 오젝(Ojek)이라고 부른다. 오젝 기사들은 보통 동네 입구에서 손님을 기다리고 이용자들은 암묵적으로 정해진 그곳에서 거리와 요금을 흥정하고

그림 2-20 고젝 창업자 나디아 마카림

타고 다닌다. 고젝의 창업자 나디엠 마카림(Nadiem Makarim)은 오젝의 이용자와 공급자 사이가 매번 대면으로 그때 그때 이루어지는 게 비효율적이라고 보고 전화로 예약과 호출해주는 서비스를 런칭했다. 작은 콜센터와 20명의 오토바이 기사들이 고젝의 시작이었다. 한국의 대리운전 기사를 전화로 연결해 주는 모델과 동일하다.

초창기 고젝은 앱을 기반한 디지털 서비스가 아니었다. 2010년 당시에는 인도네시아의 스마트폰 이용자 수도 적었고 데이터 이용요금도 비쌌기 때문이다. 그러나 시장환경은 빠르게 변했고 우버가 동남아로 진출한 데 이어 2012년 그랩(최초의 앱은 마이택시)이 빠르게 이용자 수를 늘려가는 데 자극을 받은 고젝은 2015년 1월이 되어서야 처음으로 '고젝앱'을 내놓았다. 반응은 폭발적이었다. 고젝이 처음 설립될 때와는 달리 스마트폰 보급률이 크게 올라갔고 그랩이나 우버를 이용해 본 사람들도 늘어나고 있었다. 그렇지만 해외 플랫폼이 오토바이 택시를 연결해주시는 못했기에 고젝앱의 등장과 더불어 교통지옥에 갇혔던 사람들이 이제 스마트폰을 손을 쥐고 언제 어디서나 오토바이나 차량을 불러 타고 다닐 수 있게 되자 열광하지 않을 수 없었다. 가입자가 폭증하면서 앱출시 1년 만에 고젝은 유니콘으로 등극했다. 고젝앱의 등장을 기점으로 생활 속에 디지털 서비스가 온전히 파고 들어갈 수 있는 길을 트게 되었다. 고젝을 인도네시아의 게임체인저라 부를 수밖에 없는 이유이다.

고젝은 서비스 대상 지역을 인도네시아 대도시에서 중소도시로 빠르게 확장시켜 나갔다. 그랩이 말레이시아의 작은 시장을 벗어나 해외진출을 감행해야 했다면, 고젝은 자국 내에서의 지역 확장과 서비스 다양화라는 전략을 택했다. 해외시장에서의 경쟁보다는 2억 8천만 명이라는 아세안 최대 인구와 경제규모를 가진 인도네시아 홈그라운드에서 스케일업을 충분히 이룰 수 있다고 판단했기 때문이다.

고젝은 음식배달 고푸드(GoFood), 장보기서비스 고마트(GoMart), 홈스파 마사지 예약인 고마사지(Go Massage), 청소대행 고클린(GoClean) 등 여러 서비스를 잇달아 런칭시켰다. 그 가운데 가장 눈에 띄는 것은 2016년 내놓은 고페이(GoPay)이다. 전자지갑과 디지털결제를 담은 고페이(GoPay)는 인도네시아에서 가장 편리하고 강력한 거래수단으로 등극했다. 인도네시아의 신용카드 보유율은 극도로 낮은데다 은행계좌도 갖고 있지 않은 사람들이 많기 때문이다. 이커머스를 이용할 때도 대부분의 소비자들이 배송과 함께 현금을 지불(캐쉬 온 딜리버리)하던 상황에서 고페이는 그야말로 디지털 생태계의 변화를 가져왔다. 고페이를 충전해 고젝앱이 제공하는 여러 서비스들을 간편하게 이용할 수 있었고, 고젝 플랫폼과 연결된 수많은 소상공인이나 자영업자 등이 고페이로 거래가 가능해지면서 디지털 경제로의 한걸음 진전을 가져왔다.

서비스 종류가 크게 늘어나면서 2017년 고젝은 플랫폼을 분리하기로 결정한다. 교통수단과 배송 중심의 고젝앱과 다른 여러 서비스를 묶은 고라이프(GoLife)으로 인도네시아에서 생활하는 데 없어서는 안 될 그야말로 '머스트 해브 앱(Must have app)'이 되었다. 등록운전자 수는 1백만 명을 넘어섰고 매달 2천~2천 5백만 명의 활성 이용자가 1천만 건 이상의 주문을 발생시켰다.

인도네시아 슈퍼앱의 자리에 오른 고젝은 해외시장에도 눈을 돌렸고 인수합병을 통한 공격적인 행보에 나섰다. 2018년 베트남과 싱가포르, 2019년 태국에 잇달아 진출해 차량호출과 음식배달 등의 서비스를 런칭했다. 이미 시장을 점령하고 있는 그랩과의 경쟁은 피할 수 없는 상황이 되었다. 고페이를 통해 핀테크의 위력을 실감한 고젝은 카르투쿠(Kartuku)와 미디트랜스(Midtrans), 마판(Mapan) 등 핀테크 기업 세 곳을 인수하였고 POS 기업인 모

그림 2-21 고젝 앱 화면

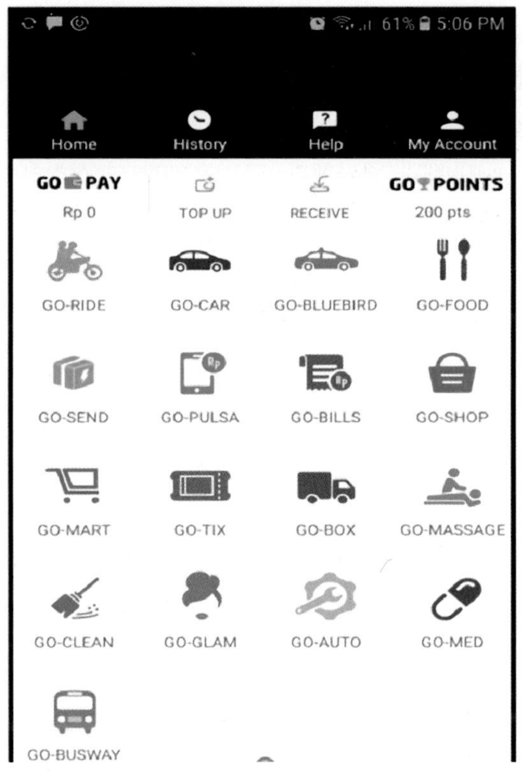

출처: Gojek App

카(Moka)마저 인수했다.

고젝의 과감한 행보는 막대한 투자가 뒷받침되었기에 가능한 것이었다. 아세안 최대 시장인 인도네시아에서 입지를 굳게 다진 만큼 해외투자자들의 펀딩이 밀려들었다. 글로벌 사모펀드인 KKR과 워버그 핀커스, 중국의 텐센트와 JD.com, 구글이 고젝에 투자했다. 구글의 경우 동남아 스타트업에 대한 최초 투자로 기록된다. 글로벌 테크기업들의 투자에 힘입어 2019년 인도네시아 스타트업으로는 최초로 데카콘에 등극했으며, 2020년 진행된 시리즈 F에서는 페이스북과 페이팔도 고젝에 총 375억 달러를 투자했다. 아세안 시장에서 고젝과의 파트너십을 통한 시장확대를 목표로 한 것으로 추정된다.

지금까지 고젝은 눈부신 성장을 이어왔다. 1억 9천만이 넘는 다운로드 그리고 기업가치는 120억 달러에 올랐다. 물론 2020년 팬데믹으로 오토바이와 차량호출이 크게 감소했고 각종 대면 서비스들과 함께 고라이프(GoLife)를 중단시키는 어려운 고비를 넘어야 했다. 그럼에도 불구하고 통합된 고젝 플랫폼에서는 204개의 도시의 3천 6백만 명의 사람들이 매일 3백만건 이상, 매달 1억 건이 넘는 주문이 들어왔고 2021년 중반까지 3년간 전체 거래대금은 1,100배나 증가했다. 그리고 2021년 상장을 앞두고 토코페디아와 전격 합병을 단행했다.

토코페디아는 인도네시아 토종 최대 이커머스 기업이다. 수마트라 출신의 윌리엄 타누위자야(William Tanuwijaya)가 2007년 친구와 함께 전자상거래 업체를 설립해 유니콘으로 키웠다. 윌리엄은 대학 등록금을 벌기위해 인터넷 카페에서 아르바이트를 하면서, 졸업 후에 통신사와 포털에서 경력을 쌓으며 새로운 사업의 가능성을 발견했다고 한다. 토코페디아는 상점이라는 인도네시아어 토코(Toko)와 백과사전 영어단어 엔사이클로페디아(encyclopedia)의 합성으로 만들었다. 창업 초기에 인도네시아의 전자상거래 환경은 녹녹치 않았다. 신용카드 보급률이 낮고 17,000개 섬으로 이루어진 지리적 환경에서 배송은 이커머스의 성장의 걸림돌이 되었다. 그러나 시장의 성장 가능성을 본 소프트뱅크와 글로벌 투자자들로부터 펀딩을 받은 토코페디아는 선점효과와 홈그라운드 이점을 충분히 살리면서 마침내 자국내 1등 커머스로 성장했다.

토코페디아가 인도네시아 1등 이커머스라고 하지만 경쟁은 점점 더 치열해지고 있었다. 방문객 수에서 쇼피(Shopee)가 2021년에는 1위 자리를 뺏어갔고 현지 또 다른 경쟁자 부칼라팍(Bukalapak)과 블리블리(Blibli) 그리고 버티컬 커머스의 성장도 위협적으로 다가왔다. 고젝과 토코페디아 모두 인도네시아 시장을 수성하면서 상장을 앞두고 기업가치를 극대화하기 위해서는 양사가 힘을 합칠 필요에 의기투합했다.

그림 2-22 토코페디아 창업자 윌리엄 타누위자야

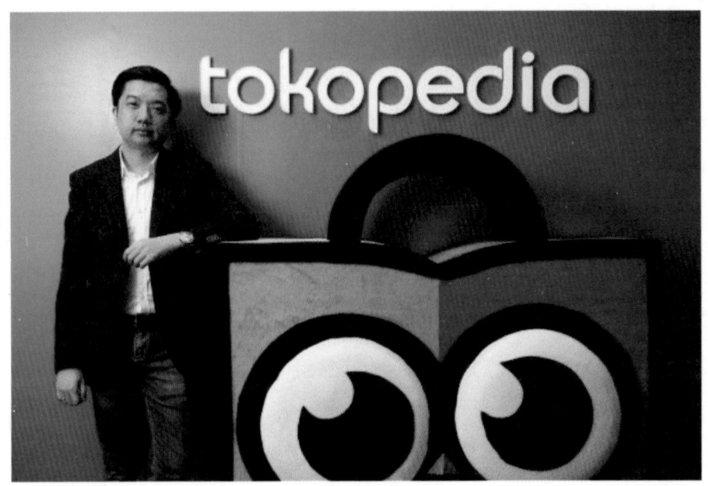

출처: 포브스

그림 2-23 인도네시아 방문자 수 기준 상위 5개 이커머스 사이트

(단위: 백만 명)

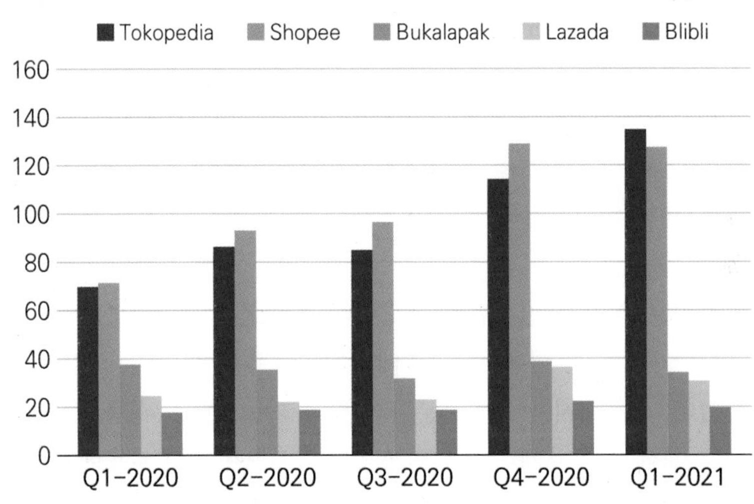

출처: iPrice, Dharma Negara and Endang Sri Soesilowati(2021) "E-Commerce in Indonesia: Impressive Growth but Facing Serious Challenges Siwage" ISEAS Perspective 2021 No.102에서 재인용

성장전략/성공요인

고젝의 성공은 인도네시아의 문제 해결 솔루션 제공, 신속한 전략수립과 대응, 그리고 인수합병에서 비롯되었다고 볼 수 있다. 먼저, 고젝은 사회전반에 혁신 솔루션을 제공한 첫 번째 해결사였다. 오토바이 호출서비스는 매일 교통체증을 뚫고 출퇴근을 해야 하는 도시 서민들에게 필요한 유용한 해결책이었다. 또한 오토바이 하나로 먹고 살아야 하는 사람들에게는 사람을 태우는 것뿐만 아니라 음식배달이나 퀵서비스와 같은 여러 활동이 가능졌으므로 보다 안정적 수입원을 제공한 셈이다. 또한 고페이 덕분에 많은 자영업자와 소상공인의 디지털 플랫폼 안으로 들어와 활동할 수 있게 되었고, 소비자들 역시 불안감을 떨치고 다양한 서비스를 즐길 수 있게 되었다.

두 번째는 서비스 다각화 전략을 빠르고 유연하게 실행에 옮겼기 때문에 고젝은 시장에 안착할 수 있었다. 스타트업인 고젝은 인도네시아 내에서 소비자들의 수요를 재빨리 파악하고 앱에 신속하게 서비스를 추가해왔다. 고페이는 현금결제가 어려운 대다수의 인도네시아 이용자들에게 필요한 서비스였고, 마사지 서비스 제공자와 수요자 사이를 연결한 고마사지도 오프라인 서비스를 온디맨드 서비스로 전환해 성공을 거둔 사례이다. 특히 발리와 롬복, 족자카르타 등 관광객들이 많이 방문하는 지역에서는 외국인들도 고마사지의 편리함에 환호하면서 기대 이상의 반응을 거두었다. 시장의 요구가 증가하는 헬스케어 서비스 고메드(GoMed)와 비디오스트리밍 서비스 고플레이(GoPlay)도 서비스에 추가했다. 반면 에어컨 수리와 세탁서비스 등은 이용자가 생각보다 많지 않고 수익이 발생하지 않자 과감히 폐기하는 결정을 내렸다.

세 번째는 적극적 인수합병 전략이다. 디지털 기반 기업의 성장속도가 빠른 만큼 기술 역시 이용자와 서비스 수에 대응할 수 있는 역량 증가가 필수적이었다. 인도네시아에서 충분한 인력과 기술센터를 확충하기 어려웠던 고젝은 인도에서 총 5개 스타트업을 인수하였으며 방갈로르에 개발센터를 세웠다. 핀테크 시장에서 주도권을 잡기 위해 선택한 전략 역시 인수합병이었다. 고젝은 모카를 포함 모두 4개의 핀테크 업체 그리고 한발 더 나아가 자고 은행(Jago Bank)의 지분을 인수했다. 디지털 뱅킹으로 확장하려면 은행이 필요했지만 은행 설립에 필요한 기준을 충족시키면서 새 은행의 문을 열 때까지 시장이 느긋하게 기다려주지 않을 것이라 판단했기 때문이다. 고젝은 핀테크 기업과 자고 은행을 발판으로 본격적인 디지털 뱅킹과 대출 시장에서 입지를 강화, 확대하고 있다. 고페이의 가치는 별도로 이미 유니콘 반열에 올라선 것으로 평가받고 있다.

고젝+토코페디아, 고투그룹의 플라이휠 효과

합병 후 고투그룹은 세 개의 사업부문으로 사업 포트폴리오를 정비했다. 라이드헤일링부터 퀵서비스, 장보기 등 고젝의 성장 발판이 된 온디맨드 서

그림 2-24 고투그룹 사업 부문

출처: GoTo Group

그림 2-25 고투그룹 플라이휠 효과

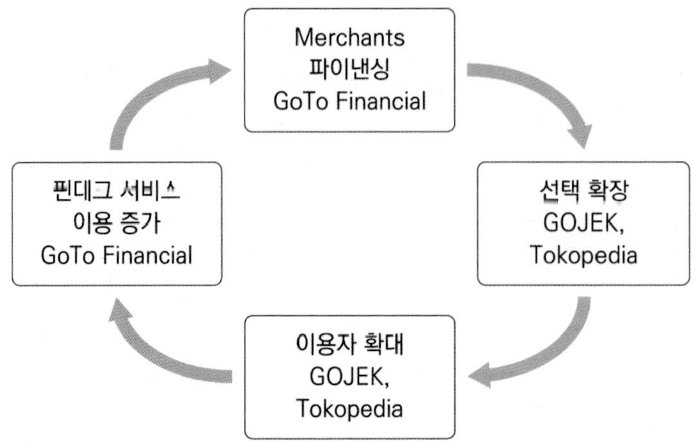

출처: 저자 작성

비스 부문, 토코페디아가 이끈 전자상거래와 솔루션을 묶은 이커머스 부문, 그리고 고페이와 POS(point-of-sales)와 투자, 보험 등 금융 서비스(이후 파이낸셜 테크놀러지 서비스로 변경) 등 세 분야로 정리했다. 라이드헤일링(goride)과 음식배달(gofood)이 주축을 이루는 온디맨드 부문이 17개의 서비스로 종류는 가장 많지만 거래 금액[26]으로 보면 파이낸셜 테크 서비스와 이커머스가 전체 고투그룹에서 차지하는 비중이 가장 크다.

고젝과 토코페디아는 당연히 합병 이전부터 협력관계였다. 고페이가 1등 페이먼트이고 토코페디아는 1위 이커머스 사업자로 양사는 서로가 필요로 하는 존재였다. 토코페디아의 셀러는 결제와 대출의 필요에 의해 그리고 고젝은 토코페디아 사업자들의 데이터에 기반한 대출 서비스와 구매자들에게 BNPL(buy now pay later) 서비스 제공이라는 비즈니스 협력 관계를 맺지 않을 수 없는 관계였다. 이제 이 두 기업이 '고투그룹'이라는 하나의 우산 속에 합쳐졌다. 장벽이 사라졌다는 뜻이다. 세 개의 사업분야가 유기적으로 연결되며 데이터 기반 맞춤 서비스를 제공이 더 용이할 수밖에 없다. 이는

26 Gross Transaction Value(GTV)는 고투그룹 에코시스템에서 거래된 서비스와 상품의 총금액의 합을 뜻한다. GMV(Gross Merchandise Value)와 동일한 의미로 사용되며, 기업의 매출과는 다르다.

그림 2-26 PT GoTo

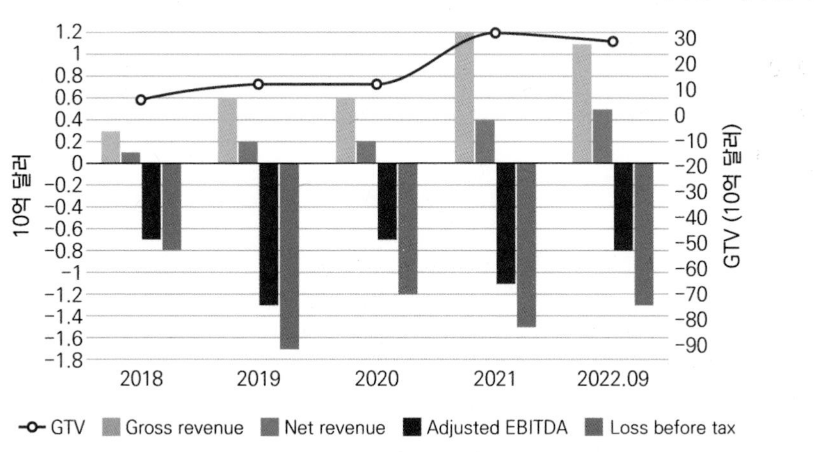

* GTV(Gross Transaction Value)는 고투그룹 에코시스템에서 거래된 서비스와 상품의 총금액의 합을, 총매출(Gross Revenue)은 거래에서 고투그룹에 지불된 금액의 합으로 드라이버나 상인들에게 지불된 인센티브나 소비자 프로모션에 사용된 금액이 조정되지 않은 값임.

출처: PT GoTo Gojek Tokopedia Tbk의 사업보고서, Aditya Hadi Pratama "GoTo Group's financial health in 4 charts"(TechInAsia, 2022년 11월 21일)에서 재인용

고투그룹 생태계 내에서 선순환하는 구조를 이끌어낸다. 고젝과 토코페디아는 각각 막대한 이용자 수를 보유하고 있는데, 금융서비스를 제공하면서 이용자 수와 서비스 참여율을 높이고, 이것이 다시 이용자들을 락인(lock-in) 및 유인요인으로 작용하게 되는 것이다.

고투그룹의 플라이휠 효과는 그 성과를 드러내기 시작했다. 2022년 3분기 총거래금액(GTV)은 161조 루피아로 전년 동기대비 33%, 총매출은 30% 증가했으며, 그 가운데 핀테크 서비스 부문 GTV가 전년 대비 84%, 총매출은 50%가 증가하면서 고투그룹의 성장에 기여했다. 외형적인 성장은 지속되고 있지만 고투그룹은 아직 수익을 내지 못하고 있다.

인도네시아 테크 공룡 고투그룹의 상장은 과연 어디에 상장할 것인지 얼마만큼의 밸류를 받을 것인지 글로벌 자본시장의 주목을 받았다. 그랩과 씨(SEA)가 미국에서 상장한 반면, 고투그룹을 현지 시장에 상장시키기 위해 인도네시아 금융감독원과 증권거래소는 각각 복수 의결권 주식과 신규 상장

그림 2-27 고투그룹 시가총액

(단위: 십억 달러)

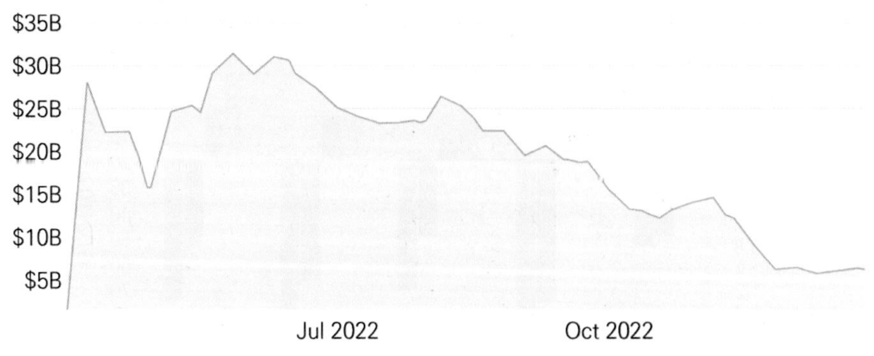

출처: Companiesmarketcap.com(검색일: 2023년 1월 9일)

규정을 마련했다. 그러나 팬데믹이 지나가고 2022년 미국의 이자율 인상 그리고 테크기업들의 기업가치에 대한 기대감이 사그라들면서 고투그룹 역시 밸류에이션에 영향을 받지 않을 수 없었다. 400억 달러의 밸류를 기대했지만 시장상황을 반영해 288억 달러로 낮춰 공모가를 제시했다. 상장 첫날 13.2%의 주가 상승률을 보였지만 주가는 지속적으로 하락해 2022년 12월 26일 기준 56.7억 달러까지 내려왔다.

향후 전망

수익성의 의문을 제기하고 있고 테크기업들의 가치가 하락하고 있지만, 인도네시아는 여전히 매력적인 시장이다. 이커머스의 이용률은 주변국가에 비해 낮고 금융서비스 접근성이 떨어지는 언뱅크드(unbanked) 혹은 언더뱅크드(under banked)[27] 부류에 속하는 사람들이 많이 남아 있기 때문에 성장 기회가 충분히 존재하기 때문이다. 세계 은행과 베인앤컴퍼니 자료에 따르면 인도네시아 인구 81%가 언뱅크드/언더뱅크드에 속한다고 한다. 기존의

---

27 언뱅크드는 인증된 금융기관에 은행계좌가 없어 서비스의 혜택을 받을 수 없는 사람을, 언더뱅크드는 계좌는 있으나 신용등급 등의 이유로 충분한 금융서비스를 이용하지 못하는 사람들을 지칭한다. 세계은행 자료에 따르면 인도네시아 성인 1억 8,100만 명 가운데 언뱅크드가 51%, 언더뱅크드가 26%에 달한다.

그림 2-28 아세안 6개 국가의 디지털 뱅킹 성장성 비교

	15-35세 인구 비중(%)	언뱅크드/언더뱅크드(%)	디지뱅크 '승리 가능성'
			●●●● High ●○○○ Low
	31%	81%	
	34%	75%	●●●○
	30%	54%	
	26%	46%	
	34%	28%	●●○○
	24%	12%	●○○○

* '승리가능성(Right to win)'은 일정 기간 동안 상당한 시장점유율과 수익성 있는 경제성을 확보할 수 있는 능력을 지칭함.
출처: World Bank, Bain 분석, Google, Temasek, Bain & Company(2022) "e-Conomy SEA 2022"에서 재인용.

은행들이 디지털 전환이 느리거나 효율적으로 진행되지 못하는 반면, 테크 기업들의 금융 진출과 이용자 중심의 원앱전략이 금융 서비스를 필요로 하는 이들에게 각종 데이터를 기반으로 훨씬 더 수월하게 다가갈 수 있다는 점을 고려하면 고투그룹의 금융 섹터 성장은 미래가 밝아보인다. 또한 이러한 디지털 금융 플랫폼의 확장은 젊은 세대들이 결제수단을 넘어 보다 친숙하게 보험과 투자상품에 접할 수 있도록 만든다. 구글, 테마섹, 베인앤컴퍼니(2022)가 인도네시아의 디지털 금융 서비스 가운데 보험부문을 2022년에서 2025년까지 매년 51%의 성장을 기록할 것으로 전망하는 이유가 여기에 있다.

핀테크 분야뿐만 아니라 이커머스에서도 인도네시아는 2025년까지 매년 17%의 성장률을 기록하며 빠르게 커나갈 것으로 예상된다. 팬데믹으로 주

춤했던 온라인 여행관련 부문과 교통부문의 성장에 힘입어 인도네시아의 인터넷 경제는 2022년부터 2025년까지 연평균 19%의 성장률을 기록하고, 2025년에는 1,300억 달러, 2030년까지 2,200억에서 3,600억 달러 규모로 성장할 것으로 전망하고 있다.[28]

한발 뒤처져 있던 지역을 디지털 전환을 가져온 일등 공신은 누가 뭐라 해도 고젝이었고, 이커머스의 확장을 가져온 것은 토코페디아의 역할이 컸다. 일상 생활 곳곳에 침투하는 수퍼앱도 고젝이 먼저 만들어냈다. 성장하는 인도네시아 경제에서 거대한 두 기업의 합병으로 탄생한 고투그룹이 새로운 성장 전략을 제시하고 시장에서 비즈니스 모델의 수익성을 증명하고 시장에서 제대로 평가를 받는다면 향후 인도네시아와 이머징 마켓의 디지털 기반 서비스 기업들의 미래에도 긍정적인 영향을 미칠 것이다.

---

28 Google, Temasek, Bain & Company(2022) "e-Conomy SEA 2022"

03 말레이시아

말레이시아는 아세안 10개 국가 가운데 인구규모로는 여섯 번째로 시장규모는 작아보이지만 세 번째로 1인당 GDP가 높은 나라이다. 영토는 말레이반도의 남부를 차지하는 서말레이시아(약 13만km²)와 보르네오섬 북서부의 사라왁 및 사바로 이루어지는 동말레이시아(약 20만km²)로 구성되어 있어, 인구대비 면적이 넓다. 인구는 말레이계(69.6%), 중국계(22.6%), 인도계(6.8%), 외국인 및 기타(1.0%)로 구성된 다종족 국가이며, 종교와 언어가 종족에 따라 분포가 달라지는 특성을 보인다. 국교인 이슬람교가 61%를 차지하는 무슬림 국가지만, 불교(20%), 기독교(9%), 힌두교(6%), 기타(4%)가 공존하고 말레이어(공용어), 영어(상용), 중국어 등이 사용되고 있어 다양한 문화가 공존하고 있으면서 이로 인한 갈등의 소지도 동시에 갖고 있다.

말레이시아는 2001년과 2009년 글로벌 위기를 제외하면 중산층 증가에 따른 내수시장 확대, 대규모 해외투자의 유입, 국제 원자재 가격의 상승 등에 힘입어 2000년부터 2019년 사이 이머징 국가 가운데에서는 최고 8.9%에서 최저 4.4% 사이의 안정적 고성장률을 기록해오고 있으며, 2020년 팬데믹 영향으로 경제성장률이 －5.6%를 기록하며 부진했지만, 2021년부터 내수소비와 수출이 증가하며 2021년 5.7% 성장률로 뚜렷한 회복세를 보이고 있다. 말레이시아의 산업구조는 농업 9.6%, 산업 38.9%(제조업 23%), 서비스업이 51.5%로 서비스업 비중이 가장 크다. 그러나 전기전자, 석유화학제품 등이 수출에서 많은 비중을 차지하고 있어 반도체 경기 호전과 천연가스와 팜오일 등 원자재 가격상승효과에 힘입어 향후 경제성장률에 긍정적인 영향을 미칠 것으로 예상된다. 특히 말레이시아는 반도체 글로벌 공급망 가운데 후공정에서 중요한 역할을 차지하고 있으며 인텔과 인피니온 등 글로벌 반도체 기업들이 생산공장을 현지에서 운영 중이며 지정학적 위기가 고조되면서 안정적인 말레이시아에 생산시설 확충을 위한 투자를 더 확대하고 있다.

세계은행(World Bank)에서 매년 발표하고 있는 'Doing Business' 순위를 살펴보면, 말레이시아는 조사대상 190개 국가 중 12위로 나타난다. 이는 2015년 18위(189개 국가 중)에서 지속적으로 개선된 결과로 보인다. 그러나 세계경제포럼(World Economic Forum: WEF)에서 매년 발표하는 글로벌 경쟁력지수(Global Competitiveness Index: GCI) 평가점수(score)는 74.4점에서 74.6점으로 미미하게 개선되었지만 2018년에는 25위, 2019년 27위로 순위는 두 계단 하락하였다. 다시 마래 말레이시아가 다른 국가들에 비해 상대적 성과가 향상되지 못했다는 뜻으로 해석된다.

말레이시아는 아세안 내에서 반도체와 물류, 금융, 디지털 경제, 의료, 할랄산업 분야의 허브를 지향하고 있다. 말레이시아 수도인 쿠알라룸푸르에서 아세안 역내 모든 지역이 항공편으로 3시간 이내 도달이 가능하다는 지리적 이점과 더불어 영어 사용능력과 제조업 및 디지털 기반에서 주변국들보다 상대적 경쟁력이 있는 것으로 평가받고 있다. 아세안 허브로서의 역량을 보여준 대표적인 사례로 저가항공의 대표적인 사례인 에어아시아 그리고 세계 2위 규모의 병원 그룹 IHH를 살펴볼 필요가 있다.

3.1 에어아시아(AirAsia)

각국에 여러 항공사가 있지만, 아세안 지역의 대표적인 항공사, 저가항공의 신화를 쓴 기업으로는 에어아시아를 꼽을 수 있다. 에어아시아는 말레이시아에서 출발한 항공사이면서 박지성 선수를 영입했던 잉글랜드 축구클럽 QPR의 구단주로도 유명하다. 팬데믹 충격이 오기 전까지 에어아시아는 동남아지역 내 여러 대도시와 중소도시 그리고 미국과 일본 등 장거리 노선을 담당하는 에어아시아 X(AirAsia X)까지 포함해 전 세계 25개국 165개가 넘는 노선을 갖춘 아세안 저가항공의 대명사로 자리 잡고 있었다.

성장 스토리

에어아시아는 원래 말레이시아 정부 소유의 DRB-Hicom의 항공사로 1993년 출범했다. 당시 에어아시아는 몇 안 되는 노선만을 갖춘 일반 항공사였다. 그러나 수익성이 좋지 않아 현금흐름에 문제가 누적된데다 모기업이 부패 스캔들에 얽히면서 경영이 계속 악화되었다. 결국 에어아시아는 2001년 튠 에어(Tune Air)에 매각됐다. 이때 매각대금은 1링깃에 불과했다. 당시 환율로 26센트, 1달러도 안 되는 금액이다. 40,000만 링깃(1,100만 달러)에 달하는 부채를 지고 있었기 때문에 상징적인 의미로 1링깃을 책정했을 뿐이다. 수렁에 빠진 에어아시아를 인수한 이들은 토니 페르난데스와 카마루딘 메라눈이었다. 대표인 토니 페르난데스는 인도 출신의 말레이시아인으로 미국기업 타임워너의 임원 경력을 가진 인물이었다. 그는 타임워너를 떠나면서 그동안 받았던 스톡옵션을 처분한 돈으로 에어아시아를 인수했다.

토니 페르난데스와 카마루딘 메라눈은 인수 직후 에어아시아를 저가항공사로 전환했다. 대표를 맡은 토니는 영국에서 유학할 당시 항공료가 비싸 방학에도 집에 다녀갈 수 없었다며 저가항공사를 세우는 꿈이 있었다고 말한 바 있다. 그는 자신의 꿈꾸었던 대로 초저가 프로모션을 펼치며 에어아시아를 부활시키는데 노력했다. 항공사 경쟁에서 낮은 가격만으로는 충분치 않았고 국내외 노선을 확장할 필요가 있었다. 방콕 노선에 이어 싱가포르와 인도네시아, 마카오, 중국 샤먼과 필리핀 마닐라, 베트남, 캄보디아 등 연달아 해외노선을 확장하는 공격적인 전략을 채택했다. 소득수준이 높이지는 아세안에서 항공 수요는 증가하고 있었던 터라 에어아시아는 가격경쟁과 노선확보에서 승기를 잡았고, 단숨에 선두주자로 떠올랐다.

저가항공사가 저비용 구조를 유지면서 수익을 창출하기 위해서 가능한 모든 영역에서 비용을 감소시켜야만 했다. 에어아시아는 오프라인 지점은 명목상 최소한으로 만들었고, 예약은 콜센터와 메시지로만 가능하도록 만들었다. 지점 수가 적은만큼 인력고용과 사무실 임대 등 고정비와 변동비를 최소화할 수 있었으며, 아시아에서는 최초로 종이 티켓이 필요 없는 시스템을 구축했다. 무서운 확장세를 보인 에어아시아는 인수 3년 만에 2004년 11월 말레이시아 주식시장에 상장하는 기염을 토했다.

쿠알라룸푸르를 중심으로 아세안 대도시와 중소도시를 연결하는 촘촘한 네트워크를 구축한 에어아시아는 2007년 장거리 노선에 도전장을 냈다. 이는 동남아 지역 내 다른 경쟁사들이 넘보지 못했던 영역이었다. 에어아시아 X를 별도의 기업으로 출범시키면서 장거리노선을 전담하도록 하여 에어아시아와 분리시켰으며, 태국과 인도 등 지역별로 이들의 자회사를 두는 멀티-허브 전략을 구사했다. 에어아시아라는 하나의 우산 속에 머물러 있지만 자회사들 사이의 경쟁은 각 지역내 시장점유율을 높이는 데 기여했다. 승객 증가율은 지속적으로 상승했으며, 승객당 부수입은 경쟁사보다 훨씬 높았다. 기내에서 물 한잔도 제공되지 않는 철저한 저비용구조에 기반을 두고 있어 승객들은 음료수나 간단한 식사, 스낵, 이어폰을 원할 경우 전부 구매해야 한다. 일찍 예약할수록 저가에 티켓을 구매할 수 있지만, 예약을 취소하거나 변경할 경우에 위약금을 지불해야 하며 환불은 대단히 어려운 구조로 만들어져 있어 이용자들은 낮은 가격 대신 불편과 위험을 감수해야 했다.

에어아시아는 단거리와 장거리 노선을 두루 갖춘 항공사로 부상하며 2009년과 2010년 스카이트랙스가 주는 세계 최고 저비용항공사에 2년 연속 선정되었으며 말레이시아에서 가장 가치 있는 브랜드로 자리매김했다. 외형적으로 에어아시아의 매출은 증가했지만, 시간이 지날수록 경쟁도 격화되면서 에어아시아의 지위도 위협을 받았다. 노선 확대를 위해서는 비행기를 지속적으로 구매해야 했으며 수익성이 높은 노선은 국내에서는 말레이시아 항공과 해외에서는 말린도 등 외국계 저가항공사들과 자리다툼을 하고 있었다. 관리와 마케팅 운영, 승무원 및 인력 구조 등 모든 자원이 분리된 기업인 에어아시아 X는 브랜드 사용료를 에어아시아에 지불해야 하는 부담도 지고 있었다. 장거리 노선을 취급하는 에어아시아 X가 가격 경쟁력을 확보하려면 극단적인 비용감소를 추구해야 했고 이는 서비스의 질적 저하를 가져올 수밖에 없었다.

항공사에서 디지털 기업으로

에어아시아는 항공사에 머물지 않고 새로운 사업으로 확장을 결정하였다. 아세안의 디지털 경제 전환이 새로운 기회라고 판단한 것이다. 에어아시아는 말레이시아뿐만 아니라 아세안과 아시아 전역에 멤버십을 가진 고객을 보유하고 있기에 이들을 레버리지로 활용하여 디지털 기반 서비스를 론칭, 강화하는 전략을 취했다.

먼저 2018년 자체 전자지갑 및 디지털 결제 빅페이(Big Pay)를 출시했다. 말레이시아에는 이미 여러 핀테크 사업자들이 활약하고 있었지만, 에어아시아는 기존 고객들이 마일리지 점수(빅포인트)를 활용할 수 있도록 하고 각종 공과금 납부가 가능하다는 강점을 내세워 시장을 파고들었다. 기내식을 브랜드화해 식당을 열고 음식배달업에도 뛰어들었으며, 이커머스 물류 사업, 포인트 활용 프로그램과 쇼핑, 차량호출 서비스까지 손을 뻗쳤다. 비행기 예약부터 쇼핑, 송금이 에어아시아 앱에서 다 이용 가능하다. 이처럼 일상생활에 필요한 다양한 서비스를 하나의 앱에 올려놓고 이용자가 아이디 하나로 편리하게 이용할 수 있도록 만든 플랫폼을 슈퍼앱이라고 부른다. 2021년 아세안 대표 슈퍼앱 고젝의 태국 라이드헤일링과 결제 사업부를 5,000만 달러에 인수하기도 했다. 비단 말레이시아에 머물지 않겠다는 선언이면서 스케일업을 위해서는 해외확장이 반드시 필요했기 때문이다.

팬데믹 위기 그리고 변신

그러나 이러한 확장전략은 2020년 팬데믹의 발생으로 큰 타격을 받았다. 그룹의 근간이 된 항공업이 직격탄을 맞았다. 2020년부터 2022년까지도 해외여행은 이전 수준으로 회복되지 못했다. 항공노선을 줄이고 화물운송을 늘렸지만 손실은 눈덩이처럼 불어났고 디지털 사업은 계속적으로 투자가 요구되는 상황이었다. 위기를 맞은 에어아시아는 그룹 구조개편을 단행했다. 그룹 이름을 캐피탈 A(Capital A)로 변경하고 에어아시아를 분리, 상장시켰다. 그룹 CEO 토니 페르난데스는 "에어아시아는 더 이상 단순한 항공사가 아니다. 항공사 외의 수익을 창출하는 것이 이제 에어아시아의 핵심 성장 영역이다"라고 강조했다. 2021년 에어 아시아 CEO 카렌 챈(Karen Chan)은 인터뷰에서 2024년까지 비항공 부문의 매출을 50%까지 확대할 것이라는 야심찬 목표를 내보였다. 캐피탈A는 항공과 여행 그리고 라이프스타일 산업에 투자하는 홀딩컴퍼니로 변신하면서 물류 자회사인 텔레포트(Teleport)를 통해 인도네시아 트럭킹 업체 카고 테크놀로지스(Kargo Technologies)에 투자했으며, 디지털 뱅킹에도 뛰어들었다. 말레이시아 중앙은행은 5개 사업자에게 라이선스를 부여할 계획을 발표했고 29개팀이 신청했다. SK 동남아투자법인은 에어아시아의 빅페이에 700억 원을 투자하고, 빅페이가 주도하는 인터넷 전문은행 사업 컨소시엄에 재무적 투자자로 참여했다. 그러나 기대와 달리 2022년 4월 발표된 5개 사업자 가운데 에어아시아의 빅페이의 이름은 없었다. 디지털 뱅킹 자격 취득에 실패하면서 핀테크 사업의 활로를 다시 모색해야 하는 상황에 이르렀다.

그림 2-29 캐피탈 A의 사업구조

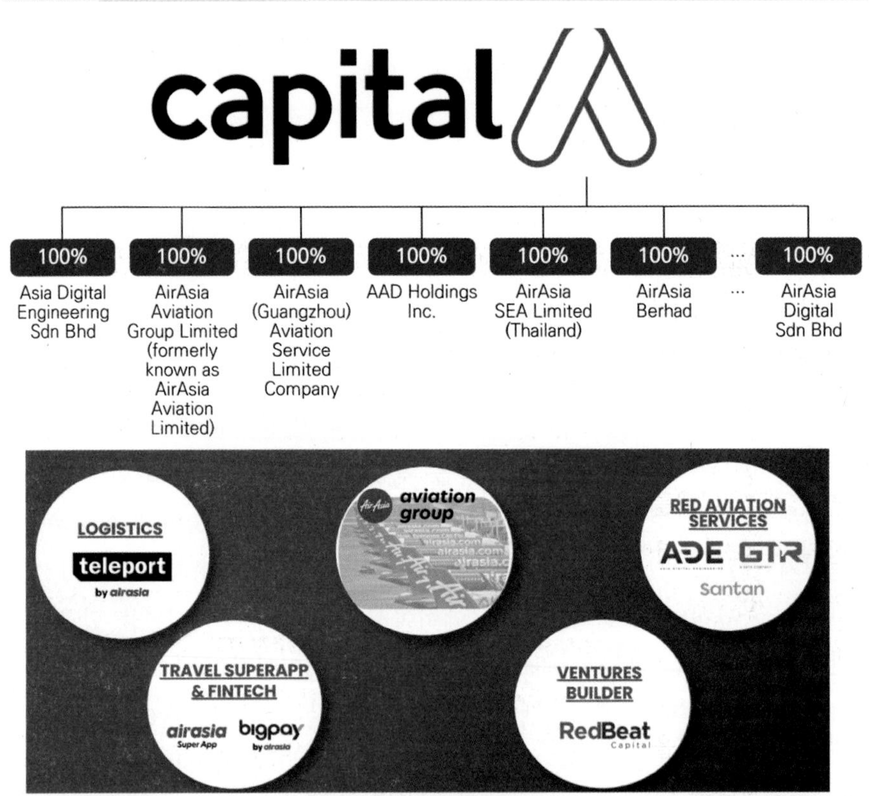

출처: Capital A, Annual Report 2021 및 2022 3Q Presentation

성장전략

에어아시아가 지금은 위기에 처해있지만 아시아 대표 저가항공사로 이정표를 세웠다는 점은 부인하기 어렵다. 에어아시아의 성장전략은 저비용 구조를 바탕으로 한 가격경쟁력을 확보하고, 아세안 내 지역 노선 확보를 통한 매출 극대화였다. 에어아시아는 오프라인 지점을 최소화하고 발권 및 서비스 투입 비용을 최소화하였다. 에어아시아의 토니 페르난데스 대표가 가장 먼저 집중한 지점은 소득 수준이 높지 않은 이들이라도 누구나 비행기를 낮은 가격에 손쉽게 이용할 수 있게 만드는 것이었다. 'Now everyone can fly'라는 슬로건이 이를 정확하게 담아내고 있다. 싱가포르와 브루나이를 제외하면 모두 개발도상국가이고 소득수준이 중간-하위 범주에 속한다. 따라서 가격경쟁력 확보가 최우선 과제였다. 먼저 기내 음료수와 식사 모두 사전에 별도의 비용을 지불하거나 기내에서 구매할 경우에만 제공되도록 설계하여 항공권 가격을 낮췄다. 또한 프로모션 기간에 타사보다 낮은 금액을 제시함으로써 예약 판매를 최대로 늘렸다. 저가 티켓은 환불이나 예약변경이 불가했으므로 이용자가 실제로 탑승하지 않더라도 손실을 최소화할 수 있었다. 이는 아세안 역내 이동 고객들의 경우 2~3시간의 단거리 탑승객들이다보니 서비스보다는 가격 민감성이 높고 예약 이행률이 높았기 때문이다. 또한 티켓 예약은 기본적으로 온라인과 통해서 접근가능하게 만들었으므로 임대료 등 지점운용비용도 최소화했다. 2003년 8월 세계 최초로 항공권 휴대폰 예매를 시작한 항공사도 에어아시아였다. 기내에서 제공되는 제한된 서비스는 턴어라운드 시간을 25분으로 최소화해 비용절감에 일조했다. 이러한 전략을 바탕으로 기존 항공사에 비해 최대 80% 저렴한 가격의 항공권을 내놓을 수 있었다.

두 번째는 Point-to-point 방식의 자체노선 확장전략이다. 먼저 아세안 내 지역거점을 확보에 주력한 이후 한국과 일본 등 중거리 노선을 증가시키는 전략을 취했다. 아세안 내에서의 이주 노동증가와 비즈니스 출장 및 관광객의 증가로 인해 항공수요가 꾸준히 늘어났다는 점도 에어아시아 성장에 유리하게 작용했다. 일반적으로 항공사들이 공동운항이나 전략적 제휴를 통한 네트워크 강화에 집중한 것과 달리 에어아시아는 단독 노선 확장을 고수했다. 이는 해외 노선의 확장을 더디게 만드는 단점도 있었지만 복잡한 비용구조를 만들지 않으면서 수익이 낮은 노선에 굳이 참여하지 않는 장점을 지니고 있었다.

에어아시아의 저비용 구조와 자체 노선 확장 전략은 아세안 내 소비자들을 만족시켰고 항공 수요를 더 크게 키웠다. DRB–Hicom으로부터 인수할 당시 에어아시아는 부채가 무려 1,250만 달러였지만 운항 첫해부터 수익을 냈고 2006년부터 흑자로 전환시켰다. 저비용 고효율 구조의 에어아시아는 Fast Company magazine이 선정한 혁신적인 기업에 선정됐으며, 항공사 브랜드 및 아시아 브랜드로는 유일하게 'Fast 50'에 든 기업이었다. 아시아 태평양 항공센터(CAPA)가 선정한 '올해의 항공사 2007(Airline of the Year 2007)로 선정되었으며 스카이트랙스 월드항공어워드(World Airline Awards)에서 2022년까지 13년 연속 '세계 최고 저비용항공사(Best Low–Cost Carrier)부문에 1위로 등극했다. 스카이트랙스(Skytrax Research of London)는 전 세계 항공사와 공항을 대상으로 하는 서비스 품질 평가 및 리서치를 수행하는 기관이다.

현황과 향후 전망

항공사 에어아시아는 제휴와 협업, 새로운 사업 기회를 찾는 것으로 위기를 타개하려고 분투하고 있다. 인도 타타그룹과 제휴를 맺고 인도 시장으로 확장했고, 라쿠텐과 협업해 일본 시장에 다시 진출했다. 그리고 팬데믹 이후 리오프닝 시기를 맞아 한국과 아세안 내 여러 노선을 재개하면서 시장 점유율을 끌어올리고자 새로운 아이디어를 내놓았다. 바로 에어아시아 항공상품과 자신들의 슈퍼앱을 결합시킨 항공편 구독상품 '슈퍼플러스'이다. 2022년 12월 출시된 슈퍼플러스는 아세안 10개 국가를 대상으로 이용할 수 있는 슈퍼플러스 라이트와, 한국과 일본, 호주, 뉴질랜드 등 장거리 노선을 포함한 모든 국가에 항공권이 이용가능한 슈퍼플러스 프리미엄 두 개의 상품으로 구성되어 있다. 여기에 에어아시아 라이드 무제한 10% 할인과 제휴 호텔 무제한 5% 할인도 제공하고 있다.

그림 2-30 에어아시아 슈퍼앱

출처: AirAsia Super App

표 2-10 캐피탈 A 주요 지표

(단위: 백만 달러)

	2017	2018	2019	2020	2021
매출	2258.32	2636.25	2862.77	779.2	442.96
영업이익	378.97	6.35	18.28	−984.65	−704.95
EBITDA	579.99	151.41	371.58	−491.27	−265.52
순이익	378.82	487.44	−76.22	−1216.42	−721.56
총자산	5813.75	4705.76	6257.11	4938.67	4807.94
총부채	4155.71	3209.03	5545.52	5826.13	6349.68
자본총계	1988.66	1883.71	1099.7	−301.87	−811.88

출처: Nikkei Asia Company Profile

에어아시아는 분명 아시아에서 가장 성공적인 사례를 만든 대표 항공사였다. 그러나 저가항공사들 사이 경쟁 심화와 저비용을 추구하면서도 에어아시아와 에어아시아 X를 분리한 전략은 장기적으로는 효율성과 성과를 침해오히려 궁극적으로는 서비스는 저하시키고 자회사들의 운영이 어려워졌다. 디지털 경제로 방향을 튼 캐피탈A와 에어아시아가 여행과 배송, 라이드를 통합한 라이프스타일 슈퍼앱으로의 전환에 성공할 수 있을까? 현재 상황은 녹녹해보이지 않는다. 슈퍼앱 시장은 후발주자인데다가 본업인 저가항공시장은 낮은 마진율에 시달린다. 캐피탈 A의 전체매출의 80%는 여전히 항공비즈니스에서 나온다는 점을 고려하면 에어아시아의 턴어라운드가 가장 중요하다. 심지어 단거리와 장거리 노선 모두가 팬데믹 이전 수준으로 회복되는 데까지 예상보다 더 오랜 시간이 걸리고 있다. 그러나 경쟁사들 역시 동일한 압박을 받고 있는 상황이라는 점을 고려하면 에어아시아만의 문제라고 볼 수는 없다. 진검승부는 후발주자 여행수요가 회복하고 에서아시아 슈퍼앱의 효능감이 시장에서 평가받을 때 이루어질 것이다.

3.2 IHH 헬스케어(IHH Healthcare)

말레이시아에 헬스케어 분야에서 주목할 만한 성장을 보여주는 기업이 있다는 사실은 잘 알려져 있지 않다. 그러나 말레이시아에 본거지를 두고 글로벌 네트워크를 구축한 IHH 헬스케어(IHH Healthcare Berhard, 이하 IHH)는 규모면에서 IHH는 미국계 HCA 뒤를 이어 세계 2위, 아시아 최대 민간 소유 헬스케어 그룹이다. IHH는 2022년 기준 10개 국가의 80개의 병원을 운영하고 있으며 병상 수는 15,000개 이상을 자랑하는 대형 의료서비스 기업이다.

성장 스토리

IHH는 원래 1970년대 설립된 말레이시아의 사립병원 판타이(Pantai)와 싱가포르의 파크웨이(Parkway)가 그 모태이다. 2000년대 말레이시아의 국부펀드 카자나(Khazanah Nasional Berhard)가 투자하면서 급속도로 규모를 키워나갔고, 말레이시아 정부가 헬스케어를 국가 전략적 섹터라고 주목하면서 카자나는 파크웨이 지분을 전격 인수하는 결정을 내린다. 경제성장과 함께 소득수준이 향상되면 프리미엄(혹은 quality) 헬스케어 서비스에 대한 수요가 증가할 것이라 예상했고, 말레이시아와 싱가포르를 중심으로 메디컬 투어리즘(의료관광) 활성화가 진전되면 시장이 크게 확대될 것이라 내다봤다. 제조업이나 일반 관광업과 비교하면 의료관광 분야는 부가가치가 큰 산업이면서 자국의 의료수준과 관련 산업의 기술적 성장을 도모할 수 있는 기회이기도 하다.

카자나는 IHH를 투자 지주회사로 만들고 파크웨이 판타이의 지분 100%를 소유한 자회사로 편입시켰고, 이를 발판으로 아세안 및 인도와 중동을 넘나드는 포괄적 헬스케어 네트워크를 설립하겠다는 목표를 설정하였다. IHH는 말레이시아와 싱가포르 내에서 꾸준히 병원을 설립하거나 인수하면서 시장점유율을 늘려갔고 동시에 병원 경영에 대한 노하우를 축적해갔다. 말레이시아와 싱가포르에서 경험을 쌓은 IHH는 더 큰 해외시장으로 눈을 돌렸다. 첫 번째 공략 대상으로 튀르키예를 주목했다. 튀르키예 자체가 경제 성장하는 시장이어서 사립병원 수요 증가가 기대되기도 했지만, 인근 지역 배후 시장이 컸기 때문이었다. 튀르키예에서 비행기로 4시간 거리 이내 무려 16억명의 인구가 살고 있었으며 유럽의 의료시스템에서 장시간의 기다림과 서비스 질의 문제가 있었기에 의료 관광수요가 충분히 있을 거라고 판단했다.

IHH는 성공적인 튀르키예 진출 이후 2012년 싱가포르와 말레이시아 주식시장에 상장해 20억 달러의 자금을 조달하는 데 성공했다. 당시 20억 달러 IPO는 세계 3위에 해당하는 엄청난 규모였다. IHH에 대한 카자나의 투자는 신경제 투자(New Economic Investment) 포트폴리오 가운데에서도 가장 대표적 성공사례로 꼽힌다. 신규자금 모집에 성공한 IHH는 튀르키예에 이어 불가리아, 인도와 홍콩, 중국으로 연달아 진출했다. IHH가 목표로 삼은 곳은 대개 인구가 많고 경제 성장 속도는 빠르지만 아직은 이머징 마켓이었다. 선진국 시장을 진출하기에는 자금이 많이 필요하지만 규제도 심한데다 서비스에서 경쟁력을 갖추기 어려웠고 성장기회가 제한적이기 때문이었다. IHH는 그 가운데에서 인도를 주목했는데 14억 인구도 매력적인데다 세계에서 가장 빠른 속도로 성장하는 의료시장이지만 의사와 병원 수가 부족했기 때문이다.

2017년 3월 IHH는 홍콩에 글렌이글스(Gleneagles HK) 병원을 개원했다.

이는 최초의 중국 진출이었다. 이어서 2018년 청도와 상해에도 글렌이글스 병원을 열면서 중국 시장 확대에 박차를 가했다. 튀르키예에서는 아시바뎀 알투니자데(Acibadem Altunizade) 병원 문도 열었다. 그리고 카자나 산하 풀라우 메무틱 벤처스(Pulau Memutik Ventures Sdn Bhd)가 고프린스 코트 메디컬 센터(Prince Court medical centre) 서비스지원 및 운영을 맡았다. 프린스 코트 메디컬 센터는 쿠알라룸푸르 "골든 트라이앵글"이라는 도심 핵심지역에 위치한 최고 수준의 의료기관으로 277개 병상을 가지고 있으며, 2020년 9월 10억 2천만 링깃에 이 센터를 인수,[29] 2022년에는 램세이 사임다비 헬스케어(Ramsay Sime Darby Health care Sdn Bhd)를 인수했다.

그림 2-31 IHH 헬스케어 그룹 구조

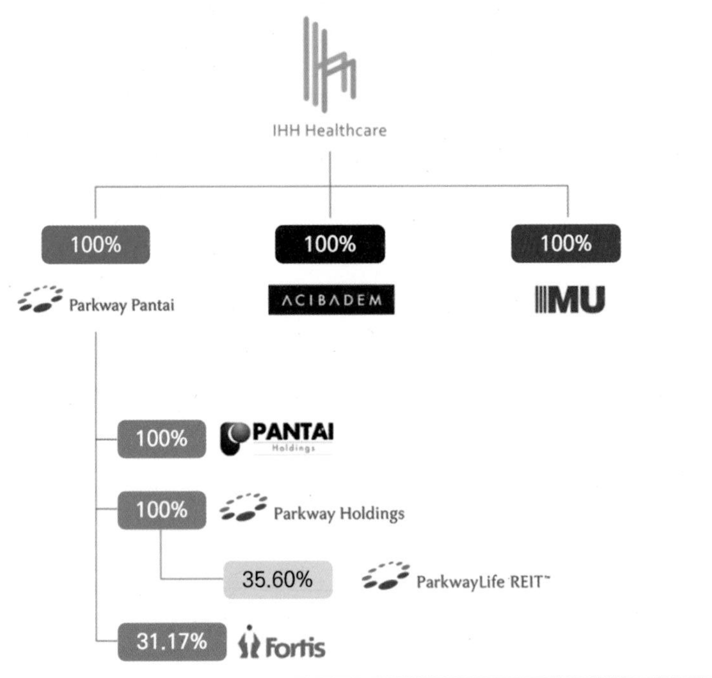

출처: IHH Healthcare Bhd. Annual report 2021

29 https://www.healthcareitnews.com/news/asia/ihh-healthcare-acquires-malaysia-s-prince-court-medical-center-rm102b

중요한 인도시장을 확대를 목표로 2018년 포티스 헬스케어(Fortis healthcare) 인수에 참여해 IHH는 지분 31%를 11억 달러에 취득하면서 최대주주가 되었다. 당시 인도 시장에 진출한다는 소식이 전해지자 투자자들은 기대감을 표출하며 주가가 8.3%가 상승했다. 그러나 지분 28%를 보유한 일본 다이치 산쿄가 포티스 창업자가 사기를 쳤다는 주장을 펼치면서 인도 대법원에 제소한 상황이다. 이 문제 해결되지 않아 IHH는 추가지분을 확보하지 못하고 투자계획을 진행하는 데 어려움을 겪고 있다.

코로나19 발생으로 2020년 말레이시아 경제가 타격을 받았고 병원은 한편으로는 수혜를, 다른 한편으로는 환자가 줄어드는 양면적인 영향을 받았다. 그러나 2021년에는 매출이 큰 폭으로 상승했고, 수익도 팬데믹 이전 2019년 대비 약 4배 가까이 증가했다. 2012년 상장 이후 주가는 2016년까지 지속적으로 상승세를 보였으나 이후 하락과 횡보를 거듭하다 팬데믹 이후 다시 상승하였다. 시가총액은 2020년 119억 5천만 달러에서 2021년 연말 154억 6천만 달러로 약 30% 가까이 큰 폭으로 증가했으나 2022년 12월 10일 기준으로 120억 달러로 다소 줄어들었다. 이는 글로벌 주식시장이 이자율 상승과 불확실성 증대로 동반 하락한 결과이지 IHH의 실적이 반영된 결과로는 보이지 않는다. 2021년 시가총액 기준으로 IHH는 말레이시아에서 세 번째로 큰 기업이었고, 2022년에도 3위를 여전히 기록하고 있다.

표 2-11 IHH 헬스케어

(단위: 백만 달러)

	2017	2018	2019	2020	2021
매출	2591.6	2854.98	3599.45	3189.89	4132.87
영업이익	248.6	298.17	406.88	217.59	587.25
EBITDA	476.09	530.9	734.06	550.11	904.45
순이익	216.6	134.27	111.82	47.36	428.01
총자산	9618.35	10894.33	11028.38	11124.1	10924.21
총부채	3751.77	4555.86	4687.89	4939.56	4894.81
자본총계	5408.98	5322.2	5461.32	5404.55	5382.84

출처: Nikkei Asia company profile

그림 2-32 IHH 헬스케어 주가 추이

(단위: 말레이시아 링깃)

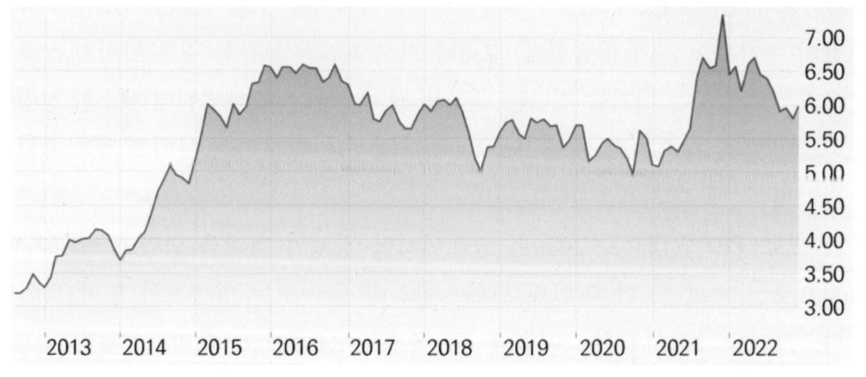

출처: Financial Times(검색일 2022년 12월 12일)

성장전략/성공요인

IHH의 성장은 글로벌한 광범위한 네트워크 구축에 힘입은 바 크다. 이러한 확장에는 투자가 필요한데 새로운 프로젝트에 공격적인 cashflow 투자를 지속해왔다. 기존 병원 확대하면서 동시에 새로운 병원 개원하면서 성장 드라이브를 걸었다. 이는 이머징 마켓의 수요가 증가하는 상황이기에 공격적인 투자가 가능했고 성과도 긍정적이었다. 2017년 홍콩진출은 사실상 중국진입의 교두보를 마련하는 기점이면서 그룹의 게임체인저가 되었다. 2018, 2019년 본격 중국본토 개원이 매출에 기여하였으며, 향후에도 매출의 상당부분을 이끌게 될 것으로 기대된다. 중국은 병원의 외국인 지분율 제한이 철폐되면서 시장진입 장벽이 사라진데다 고품질 서비스를 제공하는 사립병원에 대한 수요가 증가하고 있어서 인도만큼 매력적인 시장이다. 홍콩을 포함한 범중국 권역에서 IHH가 구상하고 있는 모델은 허브 앤 스포크 모델(hub and spoke model)이다. 베이징과 청두, 광저우, 상하이, 선양과 홍콩이 허브의 역할을 하면서 인근 지역의 수요를 감당하게 되는 구조이다.

그림 2-33 IHH의 홍콩 Mount Elizabeth 병원 전경

IHH는 인도에 27개의 포티스 병원, 6개 글렌이글스 종합병원, 3개의 메디컬 센터 등 모두 33개 병원을 운영 중이며, 또 다른 병원 인수에 참여하고 있다. 2024년에는 인도의 인구가 중국을 추월할 것으로 예상되며, 의료비 경쟁력으로 새로운 의료관광지로 급부상하고 있다.

IHH는 장기 비전으로 "One Belt, One Road, One Healthcare' 내세우고 있다. 홍콩/중국, 인도차이나, 인도, 튀르키예/동유럽을 타깃으로 삼고, 적극적 해외 공략을 지속하겠다는 의미이다. 인도와 중국에 집중하면서도, 불가리아, 네덜란드, 세르비아에도 병원을 운영하고 있다. IHH는 인공지능을 도입해 효율적인 진단과 데이터 수집에도 노력을 기울이고 있는데, 10개 국가의 네트워크 속에서 축적된 데이터가 앞으로 IHH의 경쟁력이 될 것으로 예상된다.

그림 2-34 IHH 헬스케어의 해외네트워크와 국가/지역별 비중

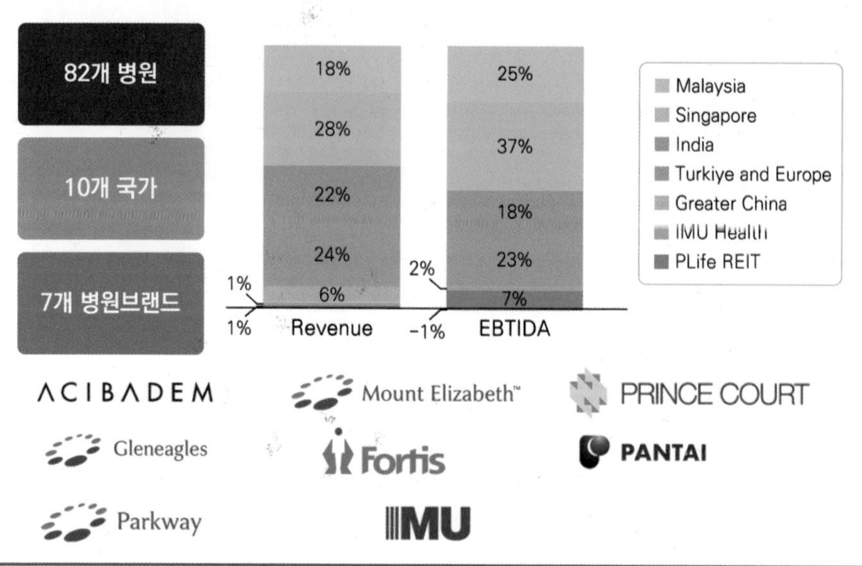

출처: IHH Healthare 2022 Q3 Presentation 자료

향후 전망

글로벌 의료관광 산업은 태국과 싱가포르가 먼저 자리를 잡았으나 말레이시아까지 가세하면서 이들 세 나라가 의료관광시장을 이끌고 있다. 이 세 나라가 의료관광의 중심지가 된 이유는 먼저 의료기술 및 서비스 수준이 선진화되어 있는 반면, 주변국가의 전문 의료수준이 높지 않기 때문에 아세안과 중동지역의 환자들이 찾아오는 경우가 많다. 그리고 지리적으로 가깝다. 동남아 지역 내 이동 시간이 2~3시간 이내로 접근성이 높다. 세 번째는 의료비 부담이 낮고 보험 적용이 용이하다는 점이다. 팬데믹 이전에는 미국과 유럽 관광객들도 자국 내 의료비가 부담스러워 동남아를 찾아왔다. 미국과 비교해서 주요 시술비용이 90~60% 저렴하다. 유럽은 진료대기 시간이 길지만 동남아에서는 관광을 겸한 진료/치료를 신속하게 받을 수 있다. 게다가 보험이전이 용이하다는 장점이 있다. 글로벌 보험사들이 동남아에 진출해있고 대형병원과 연계되어 있기 때문이다. 네 번째는 차별화된 서비스이

다. 의료관광 담당 부처들과 병원이 관련된 정보를 상세하게 여러 언어로 제공하는 웹사이트와 컨시어지 등은 다른 나라에서 쉽게 찾아볼 수 없는 서비스로 고객 유치에 강점으로 작용한다. 말레이시아의 경우 할랄음식과 모스크나 기도실이 잘 마련되어 있어 무슬림들이 선호하며, 말레이어와 영어, 중국어와 일본어, 힌두어, 한국어 등 여러 언어로 환자들과 의사소통할 수 있는 서비스를 제공한다.

팬데믹으로 의료관광이 위축되었다고 하지만 오히려 최상급의 의료서비스를 찾는 이들의 수요나 여유로운 생활을 즐기려는 웰니스(wellness)를 추구하는 노마드 인구는 더 늘어나고 있다. 소득주순이 올라가면서 아세안 전역의 헬스케어 서비스 수요가 증가하고, 선진국의 의료비용도 줄어들지 않는다는 점, 고령인구의 증가와 보험의 해외적용 확대 등을 고려하면 동남아를 찾아오는 의료관광객은 장기적으로는 더 늘어날 것으로 예상된다.

말레이시아의 IHH는 아세안과 중국, 인도, 튀르키에 및 유럽까지 해외시장의 성장기회가 많고, 82개의 병원과 연구소에서 얻은 임상경험과 방대한 데이터가 ICT 기술과 결합되면서 효율적인 맞춤 서비스를 제공할 수 있는 역량을 쌓아가고 있다. 첨단 의료기술과 서비스과 글로벌 네트워크, 그리고 병원 운영 노하우가 IHH의 경쟁력이며, 이 지역에서 이를 위협할 만한 막강한 경쟁자가 아직은 보이지 않고 있다.

04 태국

태국의 인구는 2021년 기준 6,995만 명으로 베트남(2020년 기준 9,851만 명)에 이어 아세안(ASEAN)에서 네 번째로 인구가 많으며, 면적은 513,120km^{2}로 한반도의 약 2.3배(남한의 5.1배)나 된다. 관광업으로 널리 알려져 있지만 지형은 농업환경에 유리하여 풍부한 농수산물 생산을 자랑하고 있고, 지리적으로 동남아시아 말레이 반도와 인도차이나 반도 사이에 위치해 있으며, 북쪽으로 미얀마와 라오스, 동쪽으로는 캄보디아, 남쪽으로는 말레이시아와 국경을 맞대고 있어 주변 국가와의 교역에 유리한 위치를 차지하고 있다.

태국의 경제규모는 2021년 기준 5,460억 달러로 아세안 10개국 중 인도네시아에 이어 두 번째로 크며, 1인당 GDP는 싱가포르, 브루나이, 말레이시아에 이어 세 번째로 높다. 그러나 경제성장률은 베트남이나 말레이시아, 인도네시아보다 낮은 수치를 기록하고 있는데 이는 외국인투자가 베트남으로 급격히 이동한데다 국내 정치의 불안과 수출 부진까지 이어진 결과이다. 특히 2020년 팬데믹으로 국가경제의 주요한 부문인 관광업[30]이 직격탄을 맞으면서 경제 활동 침체 원인이 되었다.

태국의 산업구조는 2021년 기준 서비스업이 56.7%, 광업, 제조업, 건설업을 포함한 산업이 34.8%, 농업이 8.5%를 각각 차지하고 있다. 수출품목은 전자부품, 자동차 및 부품, 기계제품 그리고 천연고무, 금을 비롯한 보석류, 석유화학제품 등이 상위권에 자리하고 있다. 이는 1960년대 이후 일본기업들이 태국에 꾸준히 진출했고 글로벌 기업들의 투자가 이어진 결과이기도 하다. 그러나 쌀, 새우 등 해산물, 돼지고기 등 농수산 식품의 해외수출도 두드러지고 있으며 세계 1위 수출량을 기록한 품목으로는 두리안이 등극했

30 태국 관광산업은 2019년 기준 GDP의 21%를 차지하였다.

다. 총 두리안 수출의 88%를 태국이 차지하고 있는데, 이는 FTA의 효과이면서 중국의 두리안 수요 증가와도 관련이 있다.

태국 경제를 이끄는 산업분야 가운데에서 식품과 유통을 중요하게 살펴보아야 하는 이유는 전지전자 관련 제조업에서 외국기업들이 기여하는 비중이 높고 석유화학은 PTT와 같은 국영기업이 이끌고 있지만 식품과 유통은 태국 로컬 민간기업들이 주축이기 때문이다. 이들 기업들이 비록 내수시장을 목표로 시작했지만 업스트림, 다운스트림으로 확장하고 해외시장을 확대하며 글로벌 시장의 주요 플레이어로 등극했다. 태국을 대표하는 CP 그룹과 타이 베버리지는 태국기업의 경쟁력을 보여주는 대표적인 사례로 살펴볼 필요가 있다.

4.1 CP 그룹

아세안을 발판으로 세계 시장을 누비고 있으면서 세계의 부엌'을 만들었다는 평가를 받는 태국기업이 있다. 바로 짜런 폭판 그룹(Charoen Pokphand Group, 태국어로 เครือเจริญโภคภัณฑ์)이다. 외국에서는 약자로 보통 CP그룹이라고 부른다. CP그룹은 전 세계 식탁에 새우와 닭고기를 공급하는 기업이며, 태국 어느 곳에서나 24시간 불을 밝히고 있는 편의점 세븐일레븐도 CP가 맡고 있다. 농수산물 생산에서부터 유통, 디지털 플랫폼, 자동차, 금융, 부동산 개발, 텔레콤, 제약까지 모두 8개 부문의 사업 포트폴리오로 전 세계 21개국에 진출해 있는 CP그룹은 태국을 넘어 아시아의 전통 강호이다.

성장 스토리

태국 최대 기업집단인 CP그룹 출발은 100년 전으로 거슬러 올라간다. 그룹 총수로 지낸 다닌 체라와논의 아버지치아 엑 초(Chia Ek Chor, 谢易初)와 삼촌 치아 시유 후이(Chia Seow Hui, 谢少飞)는 중국에서 넘어와 1921년 방콕의 차이나타운에서 종자수입상, 치아 타이(Chia Thai)를 차렸다.

그림 2-35 다닌 체라와논의 아버지 치아 엑 초와 삼촌 치아 시유 후이

출처: CP Group 홈페이지

1920년대 태국 경제의 중심은 농업이었고 종자는 당시 상황에 적합한 아이템이었다. 종사자업으로 돈을 번 치아 엑 초는 사업 영역을 양계, 가축사료로 확대했다. 농촌에서는 농사만 짓는 게 아니라 닭도 키우고 돼지도 키우고 있었으므로 대리점이나 소매상들이 같이 취급하기에 알맞은 상품이었기 때문이다. 그는 1950년대 유통기한을 써놓고, 밀봉한 상태의 질 좋은 종자를 판매했는데 당시로서는 질 좋은 상품이라는 점을 알리면서 대단히 획기적인 마케팅이자 판매방식도 혁신적이었다. 종자와 가축사료 사업은 당시 태국 농업과 경제에서 그 중요성이 커서 태국의 국왕이 직접 공장을 방문을 하기도 했다. 치아 엑 초의 네 번째 아들인 다닌(Dhanin Chearavanont)은 1969년 가업을 이어받았다. 아버지 치아는 자녀들에게 어릴 때는 중국학교를 다니게 하고, 중국이름을 쓰고 집에서 중국말을 하게 했다. 다닌은 1952년에는 중국 본토에 가서 고등학교를 다녔고, 홍콩에서 대학을 나왔다. 1958년에 돌아와서 가업에 동참하였던 다닌은 야심가였다. 그는 태국만 바라보지 않았다. 1971년 동남아 최대 현대식 사료공장을 건설했고 CP그룹은 종사-사료-양계 수직계열화를 이루었다. 또한 양계농가와 계약을 맺어 최소 수입을 보장해 주었다. CP그룹은 1970년대부터 태국을 벗어나 더 큰 시장으로 향했다. 1972년 처음 인도네시아 투자를 시작으로 이듬해 일본에 닭고기를 수출하는 등 적극적으로 해외시장에 진출했다. 세계에서 가장 수가 많은 조류 그리고 식용으로 가장 많이 먹는 조류는 닭이다. 종교와 문화의 제약이 가장 적은 단백질 섭취원이다. 가금류 육류 가공 수출이 늘면서 태

국의 전체 수출 증대에 기여했다. 그러던 중 CP그룹의 위상이 몰라보게 달라지게 하는 사건이 1980년대 일어났다. 새우양식이었다. 많은 사람들이 태국 하면 새우를 떠올리게 한 공신이 바로 CP푸드다. CP푸드 손을 한 번 거친 식품은 일본에서 흔히 찾아볼 수 있는데, 태국에서 부분 가공 과정을 거친 제품이 일본으로 건너가면 일본 현지에서 다양한 상품으로 거듭나는 식이다. CP와 일본 편의점, 식품 회사와의 협업이 일본 식탁을 바꿨다는 평가가 나올 정도였다. 공격적인 해외시장 진출에 힘입어 축산물 및 해산물의 식재료와 사료 부문에서 세계 최대 생산자 가운데 하나로 성장했다.

중국 최초 외투기업, CP

CP그룹 사업의 다각화 계기는 1979년 중국 진출이다. 화교 1세대 창업자였던 CP 그룹 가족은 중국 경제가 개방되자 곧바로 중국으로 날아갔고 중국 최초의 해외투자자가 되었다. CP그룹 선전특별경제구역에 외국인 기업 1호로 등록하면서 이름을 중국명 쩡다지투안(正大集团)으로 명명했다. 다닌의 아버지는 중국 유산을 지키며 자녀들에게 태국 이름뿐만 아니라 쩡민, 쫑민, 꾸어민과 같은 중국식 이름을 지어주었고, 교육도 태국과 중국 방식으로 했다. 언젠가 중국으로 돌아갈 계획이 있었기 때문이다. CP 패밀리가 태국인이면서도 중국 본토나 해외 화교와도 잘 어울릴 수 있었던 배경이다.

중국 현지 기업 진린 치아 타이(Ji Lin Chia Tai)와 함께 공동으로 사료 사업을 진행했다. CP그룹의 주력인 사료사업은 이미 충분한 경험과 기술을 축적했으므로 중국에서 연착륙할 수 있었다. 개혁개방 초기 중국정부 역시 해외 중국계 사업가들의 투자가 필요했고, 동남아 지역 화교 기업들은 새로운 시장이 필요했다. 게다가 문 열린 대륙 시장으로 향하는 글로벌 기업들은 독자적인 사업을 하기 어려웠으므로 파트너가 될 수 있는 CP 그룹을 먼저 찾아왔다. CP와 창업자 가족이 중국 정부와 구축한 긴밀한 관계 그리고 견고하게 다져진 중국시장 내 우월적 지위를 활용하고 싶었기 때문이었다. CP는 중국에서 대규모 농축산업장 운영, 혼다 오토바이와 하이네켄 맥주의 라이선스 생산, 상하이 브랜드몰 등 다양한 영역에서의 사업 덕분에 중국 사업장에서 일으키는 매출은 급성장했다. 신세계 이마트가 중국을 떠나면서 매수 대상을 찾았는데, 이를 인수한 기업도 바로 CP그룹이다.

CP는 사업포트폴리오에 부동산개발을 추가했고 편의점 세븐일레븐 매장을 열며 유통업에도 뛰어들었다. 태국의 경제성장과 함께 사업다각화는 그룹 성장에 적합한 성장전략이었다. 1990년대 들어 CP는 성장이 확실시되는 무선통신 분야도 지나칠 수 없었다. 텔레콤아시아(현 트루 코퍼레이션)를 설립해 통신업에 진출했으며, 이를 발판으로 모바일과 인터넷, 케이블TV 등으로 사업을 확대했다. CP 그룹은 통신과 인터넷, 디지털 분야를 '트루(True)'라는 브랜드로 단일화하고 미디어, 콘텐츠, 페이먼트, 이커머스 등 사업 포트폴리오로 구성했다.

CP 그룹의 강력한 후원에도 불구하고 후발주자인 트루는 태국 이동통신 시장에서 2위에 머무르며 성장의 한계를 보여왔는데 반전이 일어났다. 2022년 10월 태국 국가방송통신위원회(NBTC)가트루코퍼레이션과 노르웨이 통신기업 텔레노르의 태국 자회사 토탈액세스커뮤니케이션(DTAC)의 합병을 전격 승인한 것이다. DTAC는 태국 서비스 가입자 수의 21%를 보유한 3위 업체이다. 트루는 DTAC와의 합병 후 시장점유율 55%를 차지하면서 기존 1위 업체 AIS를 제치고 선두 자리를 차지하게 되었다.

그림 2-36 트루 그룹 구조와 주요 사업 부문

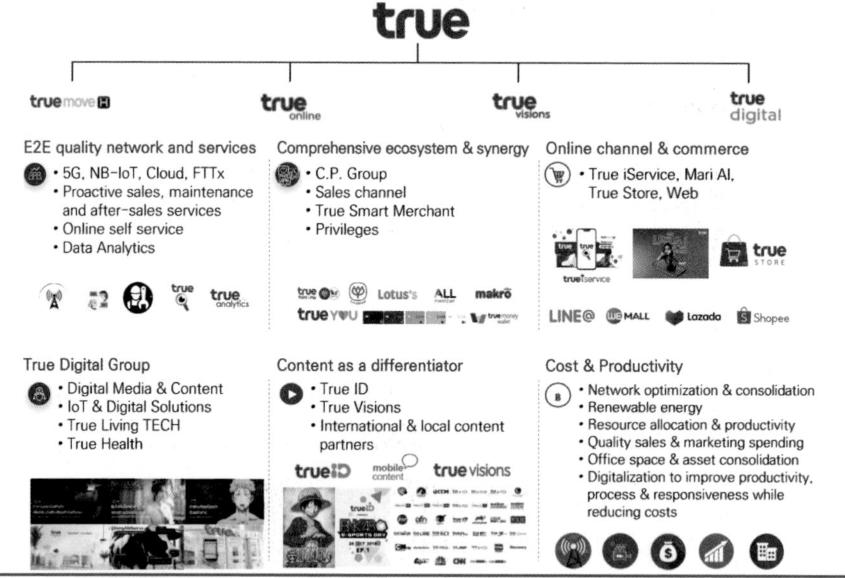

출처: True Corporation

성장전략/성공요인

2020년 기준 CP그룹 전체 매출액은 820억 달러 이상으로 추산된다. 매출 기준으로 태국 상위 10대 기업 가운데 두 곳이 그룹 기업이며 시가 총액 기준으로 상위 30위 안에 그룹의 모태이자 주력 산업을 담당하는 CP푸드, 세븐일레븐을 운영하는 CP올(All), 마트를 운영하는 시암 마크로(Siam Makro)가 항상 포함되어 있다. CP그룹의 성공 비결은 우선 수직계열화와 다각화 그리고 중국 및 해외시장 진출에서 찾을 수 있다. 1950년대부터 종자 수입판매에서 사료와 양계·양돈으로 관련 사업을 확장하면서 효율을 극대화하는 수직 통합 전략을 도입했다. 여기서 얻은 노하우와 기술로 진출한 해외 시장에서 빠르게 자리를 잡을 수 있었다. 중국 시장에서도 창업주가 화교였던 점, 이를 발판으로 한 넓은 인맥이 도움이 됐던 것은 사실이지만,

그림 2-37 CP그룹의 수직 계열화

출처: CP Food 홈페이지

그림 2-38 CP그룹의 비즈니스 구조

출처: CP Group 및 계열사 홈페이지, 저자 정리

농축산업에 대한 축적된 기술과 경험이 없었다면 불가능했던 일이다.

두 번째 비결은 수평적 확장이다. 태국 경제가 성장하면서 CP그룹은 리테일과 부동산 개발, 그리고 디지털경제에 손을 뻗었다. 직접 생산하는 식자재와 유통의 결합, 그리고 부동산과 오프라인 매장은 시너지를 낼 수 있었다. 현재는 자체 온라인 마켓 플랫폼으로 연결되고 있다. 이 외에도 태국 시장에서 벗어나 농축산 및 수산양식업 분야에서 적극 해외로 진출했던 점도 그룹 성장 배경으로 꼽힌다. 자신들의 강점을 십분 활용, 이를 필요로 하는 국가에 진출하는 전략이었다. 중국이나 베트남, 인도, 라오스, 러시아 등지로 진출해 견고한 성장을 이어가고 있다.

향후 전망

거칠 것 없는 CP의 도전과제는 오히려 내부에 있다. 지배 구조 문제와 건설프로젝트 리스크가 대표적이다. 다닌 회장은 4차 산업혁명 시대에 리더는 위험을 감수해야 하고, 변화에 빨리 적응해야 한다며 혈육이 아닌 전문

그림 2-39 CP그룹의 창업주 가족 -지배주주이자 최고경영자

수파낏 체라와논 CP그룹 회장	다닌 체라와논 CP그룹 시니어 회장 창업자 2세	수파자이 체라와논 CP그룹 CEO

출처: CP Group 홈페이지

경영인이 후계자가 될 것이라고 누누이 말해왔다. 그러나 여전히 장남 수파낏이 CP푸드와 리테일을, 삼남 수파차이가 그룹 회장을 맞아 통신 디지털부문을 이끌고 있다. 이들 자녀인 4세대도 경영일선에 참여하고 있는 등 사실상 가족경영에는 변화가 없는 셈이다. 트루코퍼레이션의 체라와논 가족 지분율은 37.2%, CP 푸드는 34.5%이다. CP All 가족지분율은 3%에 불과하지만 CP푸드 지분율이 34%로 간접 소유를 하고 있는 상황이다.

2020년 신종 코로나 팬데믹이 CP그룹을 비켜가지는 않았지만 CP그룹은 태국과 말레이시아의 테스코 인수, 북미 시장 돈육생산기업 인수와 공장 설립 등 식품가공과 리테일 사업의 글로벌 확장을 멈추지 않았다. 투자자들은 CP그룹의 행보와 전망에 긍정적인 반응을 보여왔지만 넓은 스펙트럼을 가진 사업구조가 언제까지 지속될지는 아무도 장담할 수 없다. 2022년 CP푸드와 AP All의 매출은 크게 늘어났고, 영업이익이 회복되기는 했지만 순이익은 제자리에 머물러 있다. 트루코퍼레이션은 DTAC와 합병 이후 시장 1위의 힘이 기대되지만 높은 부채비율과 적자가 어떻게 개선될지가 관건이다.

CP그룹은 새로운 전환점을 만들려고 노력 중이다. 중국의 상하이자동차그룹(SAIC 모터)과 전기차 배터리를 생산하고 충전설비 사업도 추진하고 있으며 한국 현대글로비스와 합작법인을 세워 물류와 자동차 공급망에서 협업을 진행한다는 계획이다. 사료부터 식품, 제조업과 유통, 디지털 플랫폼까지

이미 방대한 사업 포트폴리오를 갖고 있는 CP그룹이 글로벌 확장전략과 더불어 전기차 배터리까지 전방위적인 사업 다각화 전략으로 투자 대비 충분한 시너지를 낼 수 있을지 그 귀추가 주목된다.

표 2-12 CP 푸드

(단위: 백만 달러)

	2017	2018	2019	2020	2021
매출	14779.11	16764.1	17155	18843.59	16013.88
영업이익	257.58	434.19	705.65	1584.22	468.79
EBITDA	883.76	1127.34	1447.67	2489.4	1372.44
순이익	434.56	461.88	575.16	812.27	388.18
총자산	18211.01	19290.25	21167.65	25424.53	25226.18
총부채	11716.94	13035.39	14361.41	17174.24	17079.59
자본총계	4695.15	4623.25	5117.06	5905.76	5989.13

출처: Nikkei Asia Company Profile

표 2-13 CP All

(단위: 백만 달러)

	2017	2018	2019	2020	2021
매출	13882.11	15720.86	17745.35	16804.02	17653.77
영업이익	387.97	414.06	427.62	228.34	132.77
EBITDA	661.35	727.88	779.15	888.16	874.21
순이익	566.59	616.49	687.49	482.48	374.35
총자산	11055.49	11478.55	12539.91	17468.43	27896.79
총부채	9204.63	9024.32	9586.73	14408.15	19727.48
자본총계	1700.63	1993.9	2464.78	2565.07	2521.26

출처: Nikkei Asia Company Profile

표 2-14 True Corp.

	2017	2018	2019	2020	2021
매출	4111.54	5005.69	4540	4416.41	4486.95
영업이익	121.34	631.22	170.74	340.18	387.71
EBITDA	938.32	1470.98	1062.78	1707.59	1810.91
순이익	16.24	217.6	181.56	33.5	−44.61
총자산	14089.67	15220.16	17493.39	20612.41	18707.21
총부채	10156.43	11108.26	13286.26	17754.69	16257.94
자본총계	3912.69	4093.69	4185.38	2840.09	2435.62

출처: Nikkei Asia Company Profile

그림 2-40 CP그룹 주가 추이

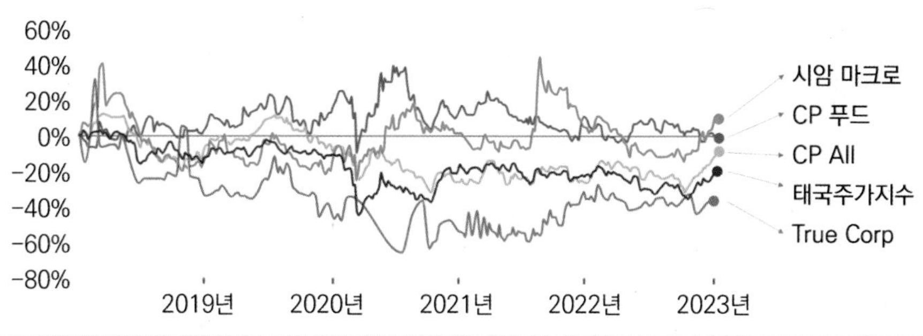

출처: Google finance(검색일 2023년 1월 9일)

4.2 타이 베버리지(Thai Beverage)

로컬 브랜드가 성장해 지역 챔피언으로 등극한 대표적 사례로 타이 베버리지(Thai Beverage)를 빼놓을 수 없다. 태국 맥주기업으로 시작한 타이 베버리지는 사업포트폴리오를 확장하면서 동시에 해외 시장을 적극 공략해 동남아 식음료 제국을 건설하는 중이다. 타이 베버리지라는 회사 이름은 생소하겠지만, 태국 여행을 가본 사람들은 한번쯤 마주쳤을 법한 제품이 창(Chang)

그림 2-41 타이 베버리지의 창(Chang) 맥주

맥주와 오이시 차음료이다. 코끼리 두 마리가 마주한 그림의 유명한 로고가 있는 맥주가 바로 창 맥주이다. 창 맥주만큼 유명한, 동남아 전역에서 팔리는 이온음료 100플러스 역시 타이 베버리지의 대표상품이다. 그 외에도 오이시(Oishi) 브랜드의 각종 차음료와 교자 등 일본 음식 가공식품와 체인 레스토랑, 메콩(Mekhong)이라는 브랜드의 럼주도 모두 타이 베버리지가 생산한다. 태국 국경을 넘어 베트남의 사이공 맥주도 타이 베버리가 인수했으니 마실거리에 있어서 동남아의 맹주라고 봐도 무방하다.

성장 스토리

타이 베버리지는 2003년 방콕의 갑부 짜런 시리와타나팍티(Charoen Sirivadhanabhakdi)[31]가 58개 맥주와 위스키 등 주류 사업을 통합해 출범한 회사이다. 태국 맥주시장의 양대산맥인 분럿 브루어리(Boon Rawd Brewery)[32]

31 중국 이름은 쑤수밍(苏旭明, 蘇旭明, Sū Xùmíng)이며 1988년 태국 국왕으로부터 태국식 성(姓) 시리와타나팍티(Sirivadhanabhakdi)를 하사받았다.

32 분럿 브루어리는 1933년 공식 출범했으며 1934년 Golden Kite, Singha 그리고 Stupa 등 세 개 브랜드

의 맥주가 1933년에 시작된 것과 비교하면 '타이 베버리지' 이름으로는 상대적으로 매우 짧은 역사를 갖고 있다. 그 이유는 분럿이 태국 최초의 현지 맥주 생산자로 자리를 잡은 반면에 1944년생 중국계 이민자 짜런은 훨씬 나중에 주류사업에 뛰어든데다 2003년 이전까지는 여러 양조장을 운영하는 형태에 머물러있었기 때문이다. 짜런의 사업이 수익을 내지 못한 것은 아니지만 1990년대 말까지 태국의 주류 사업은 사실상 정부의 통제하에 놓여있었다. 그러나 국가가 주류사업을 규제하는 상황 하에서 일부 사업자들은 오히려 이익을 향유하기 쉬운 환경이었다. 짜런은 당시 태국 국영 위스키 제조 양조장을 운영하면서 자신만의 주류 생산 라이선스를 취득하였고 사세를 확장하였다. 그리고 1999년 주류 생산시설 양허기간이 끝나갈 무렵 정부는 방침을 바꾸어 주류 시장을 자유화하기로 결정하자 짜런은 새로운 사업 기회가 열릴 것으로 확신하고 주변 양조장을 쓸어 담았다.

타이 베버리지 창업자이자 회장 짜런 시리와타나팍티(오른쪽)와 아들 타빠나(Thapana, 왼쪽). 타빠나가 현재 타이 베버리지 사장 겸 CEO를 맡고 있다.

맥주시장에 뛰어든 것은 1991년 칼스버그와 협업이 계기가 되었다. 분럿이 독식하고 있던 시장에서 짜런은 맥주시장의 가능성을 보았고 칼스버그와

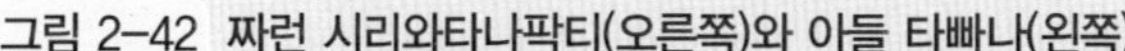

그림 2-42 짜런 시리와타나팍티(오른쪽)와 아들 타빠나(왼쪽)

맥주를 처음 생산하였다.

손을 잡은 경험을 통해 독자적인 맥주 생산 목표를 세우게 되었다. 그러나 타이 베버리지의 대표 제품인 창 맥주는 짜런이 처음부터 만든 맥주가 아니라 그가 인수했던 여러 브랜드 가운데 하나였다. 1995년부터 아유타야 지역에서 생산된 창 맥주는 인기를 얻었고 태국 전역에서 팔리면서 상당한 인지도를 지닌 상품이었다. 맥주 이름 '창'은 태국어로 코끼리를 뜻하며 그래서 코끼리 로고는 창 맥주의 상징으로 사용되었다. 태국에서 코끼리는 역사적으로 전쟁과 각종 공사에 동원되었으며, 현재에도 장수와 신뢰, 왕권과 불교를 상징하는 동물이다. 창 맥주는 짜런의 대표 브랜드로 성장하면서 시장 점유율을 높여갔고, 2003년 칼스버그와 결별하였다. 타이 베버리지의 대표 상품은 맥주뿐만이 아니었다. 짜런은 수십개의 주류업체를 인수하면서 위스키와 태국식 럼인 상솜 등 풍부한 상품 포트폴리오를 갖추고 있었다. 통합 이듬해인 2004년 짜런은 대표상품으로 창 맥주 하나만으로는 시장 경쟁에서 부족하다는 판단하에 젊은이들이 선호하는 상품을 내놓기로 한다. 젊은이들은 기존 맥주보다 낮은 알코올함량의 가벼운 맛을 좋아한다는 기호를 파악해 맥주 아차(Archa)를 선보이는 등 전략적 상품을 계속 출시하면서 시장 확대에 나섰다.

짜런의 또 다른 사업 영역은 부동산 개발이었다. TCC 랜드(TCC Land Co. Ltd)를 설립해 주거용과 상업용 부지 개발, 창고물류, 농업용 개발 사업 등 여러 개발사업으로 사세를 확장했고, 태국을 넘어 싱가포르와 미국, 중국, 호주, 일본까지 사업을 확대시켰다.

주류 사업과 부동산 개발업으로 성장한 짜런은 타이 베버리지 상장을 계획했다. 그러나 불교신자들이 이를 반대하고 나섰다. 태국은 전체 국민의 90% 이상이 불교신자이니 이들이 반대를 무릅쓰고 주식시장에 상장하는 것은 불 속으로 뛰어드는 것과 마찬가지였다. 짜런은 방콕 증권거래소를 포기하고 싱가포르로 발길을 돌려 2006년 싱가포르 주식시장에 성공적으로 데뷔한다. 싱가포르 상장은 오히려 기업의 성장에 더 큰 디딤돌이 되었다. 태국보다 싱가포르 자본시장이 글로벌 투자자들의 관심을 끌기 더 유리하였기 때문이다. 상장으로 얻어진 자금을 바탕으로 짜런 회장은 주류 사업에서 음료시장으로 비즈니스를 확장해 나갔다. 2007년 주류와 식음료를 생산하는 유나이티드 프로덕트와 SPM 푸드 & 베버리지를 인수한데 이어 2008년 레

인기어 음료(Wrangyer Berverage) 기업의 에너지 드링크와 커피 음료부분을 인수했다. 그리고 정부정책에 부응하기 위해 불필요하게 시작된 에탄올 사업은 매각하였다.

2008년 타이 베버리지는 성장의 중요한 발판이 되는 중요한 인수합병을 발표하였다. 바로 오이시 그룹(Oishi Group)의 지분 43.9%를 9,400만 달러에 인수한 것이다. 오이시 그룹은 각종 차음료와 스시 등 일본음식 체인점 등을 운영하는 태국회사이다. 오이시 인수로 타이 베버리지는 주류와 음료 부문에서 본격적으로 식품과 레스토랑 시장에도 진입할 수 있게 되었다. 계속된 공격적 인수합병으로 상품 다각화와 해외시장 확장을 진행하던 타이 베버리지를 아세안 식음료 제왕으로 등극하게 된 또 다른 결정적 계기는 2012년 싱가포르의 프레이저 앤 니브(Fraser & Neave, 이하 F&N) 인수이다. F&N은 1883년에 설립, 140년의 역사를 자랑하는 기업으로 부동산 사업, 유통업과 각종 음료를 생산한다. 100플러스가 대표 상품이고 그 유명한 타이거 맥주도 보유하고 있다. F&N 인수 전에는 타이 베버리지와 인도네시아의 리포그룹이 경쟁을 펼쳤지만 138억 싱가포르달러를 제시한 짜런 회장이 승리를 거두었다. 그러나 타이거 맥주 제조사인 아시아 퍼시픽 브루어리는 46억 달러에 하이네켄에 매각되면서 타이 베버리지 손 안에 들어 오지 못했다.

타이 베버리지는 여기에 그치지 않고 베트남으로 향했다. 베트남 대형 상장기업인 비나밀크(Vinamilk)의 지분을 사들였으며, 유통업체인 메트로 캐쉬 앤 캐리 베트남(Metro Cash & Carry Vietnam)을 인수했다. 그리고 2018년 베트남 1위 맥주업체 사베코(Saigon Alcohol Beer and Beverage Joint Stock Corporation: SABECO)의 매각 딜이 시장에 나왔다. 사베코는 145년 역사를 자랑하는 베트남 맥주기업으로 정부가 소유권을 갖고 있었으나 민영화 계획에 따라 M&A 시장의 초대형 매물로 등장했다. 베트남은 30세 이하 젊은층이 전체 인구의 절반을 차지하고 있어 전 세계에서 가장 높은 맥주 시장 성장률을 기록하고 있었다. 게다가 무슬림이 많은 말레이시아나 인도네시아처럼 음주를 금기시하는 종교적 요인이 없어 '아시아의 마지막 맥주 낙원'이라고 불리는 시장이다. 아시아에서 중국과 일본에 이어 3위의 시장규모[33]를

33 GlobalData 에 따르면 베트남 맥주 판매량은 2007년부터 2019년까지 매년 7.4% 성장해왔다. Statista의

그림 2-43 2016년 기준 베트남 맥주 시장 기업별 시장점유율

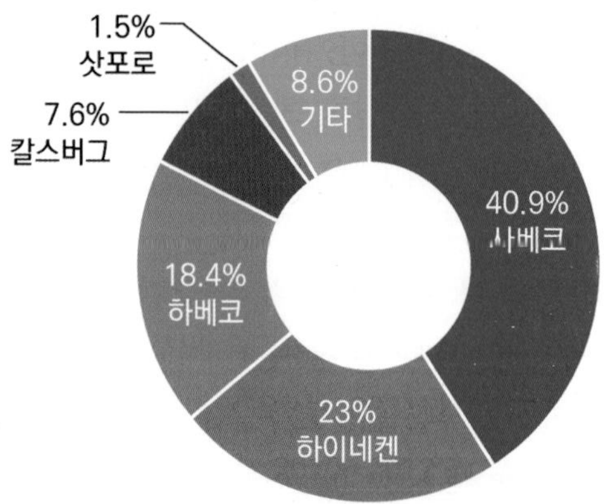

출처: Euromonitor International, Bloomberg "AB InBev, Asahi Among Suitors for Vietnam's Biggest Brewery"(2016년 9월 7일)에서 재인용. https://www.bloomberg.com/news/articles/2016-09-07/ab-inbev-heineken-among-suitors-for-vietnam-s-biggest-brewery#xj4y7vzkg

자랑하며 급속도로 성장하는 베트남 시장에서 "사이공(Sigon)"과 "333(베트남어로 바바바)" 브랜드를 보유한 사베코의 인수전에 대한 관심은 뜨거울 수밖에 없었다. 타이거 맥주를 품는 데는 실패했지만 사이공 맥주는 포기할 수 없었던 타이 베버리지는 인수금액으로 48억 달러를 제시했다. 그리고 마침내 지분 53.59%를 가져왔다.

성장전략/성공요인

타이 베버리지의 성장전략은 두 가지로 요약된다. 인수합병을 통한 시장 확대와 제품 포트폴리오의 다변화이다. 짜런 회장은 국가 독점의 위스키 양조에서 시작했지만 증류주나 맥주 등 다양한 주류 제조업자들을 모으고 합병해서 타이 베버리지를 완성시켰다. 창 맥주 역시 인수한 브랜드 중 하나였다. 타이 베버리지가 출발한 2003년 싱하를 앞세운 분럿 브루어리는 태국

자료에 따르면 2022년 기준 베트남 맥주 시장 규모는 51억 8 달러에서 매년 12.08% 성장해 2025년에는 72억 9천만 달러에 이를 것이라는 전망이다(Statista Research Department, 2021).

맥주시장에서 압도적인 지위를 차지하고 있었고 단시간 내에 추격하는 것은 매우 어려운 상황이었다. 전국적인 인지도를 얻은 창 브랜드를 품었고 마케팅을 집중한 덕분에 분럿의 아성을 흔드는 데 성공했다. 그리고 해외시장을 진출할 때도 역시 인수합병을 진행했다. 오이시와 F&N에 이어 사베코까지 이어진 대규모 인수합병으로 타이 베버리지는 싱가포르와 베트남 등 인근 지역의 시장에 우월적 지위를 얻으면서 진입할 수 있었고, 아세안 FMCG 시장에서 가장 강력한 지역 승부사로 떠올랐다.

두 번째, 주류부터 식품, 레스토랑 체인까지 제품과 비즈니스 포트폴리오 다변화 전략이 타이 베버리지의 빠른 성장에 기여했다. 타이 베버리시 설립 때부터 맥주뿐만 아니라 위스키와 럼 등 여러 종류의 주류 브랜드를 보유하고 있었다. 이는 경기변동에 따라 팔리는 상품 구성을 유연하게 대처할 수 있고 마진율을 높이는 데 기여하였다. 이후 오이시와 F&N의 인수를 통해 음료와 식품, 레스토랑 체인까지 진출하면서 식음료 전분야로 타이 베버리지 비즈니스 영역을 확장할 수 있었다. 주류업의 주요 소비자가 성인에 국한되는 반면 식품과 일반 음료는 가정과 청소년까지 타깃이 확대된다. 또한 팬데믹 기간 음식점을 통한 제품 판매는 부진했을지라도 가공식품 판매는 기업 매출의 버팀목이 되었다.

그림 2-44 타이 베버리지 주요 사업 포트폴리오와 브랜드

출처: Thai Beverage 홈페이지 및 사업보고서, 저자 정리.

현황과 향후 전망

타이 베버리지의 공격적 인수합병과 시장확대 전략은 성공적이라고 평가를 받아왔다. 팬데믹의 여파로 2021년 매출은 주춤했지만 2022년 매출은 회복세를 보이고 있으며, 순이익은 지속적으로 상승해 2022년 8억 7,700만 달러를 기록했다. 공격적 확장 전략에 익숙한 타이 베버리지는 레스토랑 사업을 확장하고 있고 전기차 배터리 충전사업에도 진출할 것이라고 밝혔다. 자사가 보유한 레스토랑과 KFC 매장에 충전소를 설치한다는 계획이다. 타빠나 CEO는 주류업 밖에서 새로운 사업 기회를 찾고 싶다는 것이 신사업 전략의 배경이라고 밝히고 있다.[34]

2022년 12월 29일 기준으로 타이 베버리지의 시가 총액은 132억 6천만 달러를 기록하고 있으며 싱가포르 증권거래소 상장기업 가운데 8위에 해당한다. 주식가격은 2016년 정점을 찍고 하락하고 있는데 베트남 사베코를 인수와 팬데믹 여파가 부정적인 영향을 끼친 것으로 보인다. 대규모 자금을 들여 인수했으나 공기업이었던 사베코의 구조조정이 쉽지 않았고 팬데믹 여파로 인해 기대만큼 매출과 수익 증대를 이루지 못했기 때문이다. 한편으로는 국내 브랜드에 대한 애착이 있는 베트남 사람들이 사베코가 인수된 이후 과거와 같이 사이공과 333 맥주를 선호하지 않는다는 분석도 있다. 홈그라운드인 태국시장에서도 새로운 경쟁구도가 나타나고 있다. 태국 정부가 브루어리 설립에 필요한 최소자본금과생산 능력 규제를 철폐함으로써 수제맥주 시장의 진입장벽이 사라지면서 새로운 시장과 경쟁자들에게 문이 활짝 열린다는 뜻이기도 하다. 리오프닝이 시작된 이후 아세안 시장이 다시 활력을 되찾고 있는 가운데 베트남에서 사베코가 브랜드 파워를 발휘하고 레스토랑 체인 확장 및 무알콜 음료부문의 사업의 성과에 따라 타이 베버리지의 기업가치다 달라질 것으로 보인다. 전기차 충전사업이 오프라인 매장과 연계해 시너지를 낼 수 있을지는 아직 판단하기 어렵다.

34 Kosuke Inoue, Tomoya Onishi "ThaiBev turns to EV charging and restaurants in diversifying from beer" Nikkei Asia, 2022년 11월 30일.

표 2-15 타이 베버리지

(단위: 백만 달러)

	2018	2019	2020	2021	2022
매출	7099.27	8437.22	8120.92	7682.54	7935.69
영업이익	813.41	1027.91	1142.93	1102.79	1140.7
EBITDA	1001.23	1237.28	1353.27	1352.91	1366.83
순이익	554.56	734.42	728.91	787.1	877.21
총자산	12970.44	13374.96	13700.91	14013.18	13498.78
총부채	8162.99	8460.08	8039.23	7801.37	6887.2
자본총계	3740	3787.99	4500.08	5052.84	5454.62

출처: Nikkei Asia Company Profile

그림 2-45 타이 베버리지 시가총액 추이

(단위: 십억 달러)

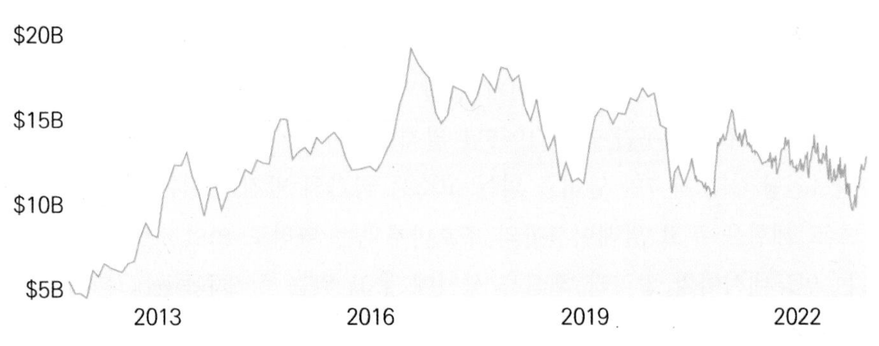

출처: Companiesmarketcap.com(검색일: 2022년 12월 29일)

05 싱가포르

싱가포르는 말레이 반도 끝의 섬나라이자 도시국가이다.[35] 그 면적은 728.6km²이며 한국의 수도 서울보다 조금 더 넓고(1.2배), 부산광역시와 비슷한 크기이다. 인구는 약 6백만에 못 미치며 아세안에서 브루나이에 이어 가장 작은 규모이다. 종족은 중국계가 74%를 차지하면서 대다수를 이루고 있고 이어 말레이계(13%), 인도계(9%)가 차지하고 있다. 언어는 영어(48%), 표준중국어(30%), 말레이어(9%), 타밀어(3%)의 4개 공식언어를 사용하고 있고, 불교(31%), 기독교(19%), 이슬람(16%), 도교(9%) 등 여러 종교가 공존하고 있다. 싱가포르라는 국가 이름도 문화적인 결합의 산물로 산스크리트어 싱가푸라(Singapura)에서 유래했다. 산스크리트어로 심하(simha)는 사자, 푸라(pura)는 도시를 뜻하는 단어가 결합되어 '사자의 도시'가 탄생한 것이다.

싱가포르는 인구가 적고 1965년 말레이시아에서 독립해 그 역사도 짧지만 1인당 GDP가 7만 달러를 넘는 고소득 국가의 발전을 이룬 나라이다. 조호르 해협을 두고 말레이시아의 조호바루와는 다리로 이어져 있고, 남쪽에는 인도네시아와 말라카 해협을 사이에 두고 있는 싱가포르는 그 지리적인 위치의 이점을 살려 중계무역과 임가공, 선박정비로 성장의 발판을 마련했고, 외자유치를 통해 빠른 공업화와 함께 물류, 금융 및 비즈니스의 중심지로 자리잡았다. 따라서 싱가포르는 시장 개방도가 높을 수밖에 없고, 2020년 대외의존도가 320.6%를 기록하며 세계에서 가장 높은 국가 중 하나로 남아있다. 물론 2020년 팬데믹으로 경제성장률이 크게 하락했지만, 2021년 7.2%라는 높은 성장률을 기록하며 완전히 회복하였다. 세계 3대 신용평가사(S&P, Fitch 및 Moody's)에서 모두 국가신용등급 최고등급을 받은 유일한 아

35 싱가포르는 엄밀하게는 섬 63개로 구성된 국가이다.

시아 국가인 싱가포르는 1987년 이후 지금까지 대규모 경상수지 흑자를 기록하고 있다.

싱가포르의 산업구조는 2021년 기준으로 서비스 생산 산업부문이 69.8%, 상품 생산 산업이 26.4%, 기타 3.8%로 서비스업 비중이 압도적으로 높다. 이는 금융 및 보험업과 유통업이 발달하였기 때문이다. 비록 제조업의 비중은 GDP 대비 22%에 불과해 상대적으로 취약한 것으로 여겨지지만 제조업 비중이 2013년 18%에 비해 4%p 상승했다. 제조업의 성장은 정부의 전략적 육성 정책 덕분이다. 정부는 다국적 기업 지원을 위해 세금 감면, 연구 파트너십, 노동자 교육 보조금 등 지원정책을 제시하면서 외국계 대기업들을 적극 유치하고 있다. 반도체, 정밀 엔지니어링, 제약, 의료기기 등 자본·기술 집약적인 첨단분야의 글로벌 기업들이 싱가포르에 투자하면서 고부가가치 섹터는 성장하고 있다. 비록 임금수준은 매우 높지만 로봇 도입으로 자동화를 추진하면서 생산성에서 앞서나갈 수 있기 때문이다. 국제로봇연맹(IFR) 자료에 따르면 싱가포르는 직원 1명당 공장 로봇 숫자가 한국에 이어 세계 2위이며, 제조업의 외국인 취업자 수의 감소가 정부의 지원정책과 자동화 효과를 뒷받침하는 증거이다. 세계은행에 따르면, 싱가포르는 첨단 기술 제품(high tech products) 수출규모에서 중국, 독일, 미국에 이어 세계에서 4위를 차지하고 있다.

싱가포르의 경쟁력은 세계 최고 수준이다. 세계은행(World Bank)에서 매년 발표하고 있는 'Doing Business' 2020년 평가결과를 살펴보면, 싱가포르는 조사대상 190개 국가 중 2위, 세계경제포럼(World Economic Forum: WEF)에서 매년 발표하는 글로벌 경쟁력지수(Global Competitiveness Index: GCI)는 2010년 3위를 기록한 이후 매년 2~3위를 기록하다 2019년 마침내 1위에 등극했다.

싱가포르의 경제성장은 무역과 서비스업의 허브라는 데서 답을 찾을 수 있다. 무역은 단순히 물류의 거점으로만 설명되지 않는다. 부가가치를 더할 수 있는 전략을 지속적으로 구사하면서 시장을 확대했기에 성장할 수 있었으며 그 대표적인 성공사례는 윌마 인터내셔널과 아세안의 대표 슈퍼앱 그랩이 보여주고 있다.

5.1 윌마 인터내셔널(Wilmar International) & 쿠옥그룹(Kuok Group)

2009년부터 포춘지에서 선정한 글로벌 500 기업리스트에 꾸준히 이름을 올린 싱가포르 기업은 윌마 인터내셔널(이하 윌마)이다. 한국에서는 관련 업계 종사자들이 아니면 생소한 이름이지만 윌마는 아시아의 대표적인 애그리비즈니스(AgriBusiness)기업으로 싱가포르 시가총액 상위 10위 안에 드는 가장 큰 제조업체이다.

성장 스토리

윌마 인터내셔널은 1991년 중국계 싱가포르인 쿠옥 쿤 홍(Kuok Khoon Hong)[36] 그리고 중국계 인도네시아인 마르투아 시토루스(Martua Sitorus, 중국식 Thio Seng Hap)[37]가 설립한 무역회사 윌마 트레이딩(Wilmar Trading Pte Ltd)에서 시작되었다. 쿠옥 쿤 홍은 말레이시아와 싱가포르의 유명한 재벌 로버트 쿠옥(Robert Kuok)의 조카이다. 그는 삼촌이 운영하는 회사에서 원유와 곡물 트레이딩을 배웠고 식용유 정제 프로젝트을 담당하다 1991년 마르투아와 윌마를 세우고 독립하게 된다. 인도네시아 수마트라에서 자란 마르투아는 그 지역에서 팜오일과 생선 무역을 하고 있었다. 싱가포르는 섬나라이다 보니 팜오일 원료 공급은 말레이시아나 인도네시아에서 받을 수밖에 없다. 인도네시아 화교인 마르투아와 손을 잡은 것은 자연스러운 일이었다.

윌마 인터내셔널의 사업은 단순히 중개거래만 하는 것이 아니라 자신들의 팜 농장과 정제소를 짓는 것이었다. 첫 프로젝트는 바로 수마트라 서부에 7천 헥타르의 팜 플랜테이션츠로, 아무래도 직접 플랜테이션을 소유, 운영하면서 정제를 하고 물건을 수출하는 것이 수익을 더 많이 남길 수도 있었고 안정적인 공급이 가능했기 때문이다. 이들은 직접 농장을 개발하고 정제 플랜트를 건설, 운영하는 업스트림 전략을 추구했다. 팜은 여러 국가에

36 중국어로 郭孔丰, 郭孔豐.
37 중국어로 吴笙福, 吳笙福

서 매우 중요한 작물이다. 팜나무의 열매에서 추출된 기름은 포화지방산과 불포화 지방산의 비율이 약 1:1인 유일한 천연 식물성기름으로, 요리, 튀김 및 지용성비이타민의 공급원으로 사용된다.[38] 그러나 단순히 식용유로만 사용되는 것이 아니라 마가린이나 제과용유지, 아이스크림, 그리고 화장품, 비누, 치약, 샴푸, 윤활제, 바이오디젤 생산에도 사용된다. 팜오일은 콩기름이나 유채씨, 해바라기씨보다 생산 단가가 낮아 널리 이용되고 있으며, 글로벌 식품기업과 유니레버나 P&D와 같은 생활용품 생산 기업들 전부가 팜오일을 사용한다고 말할 수 있다. 열매만 이용가능한 것이 아니다. 기름을 짜고 난 후 팜열매껍질과 부산물은 화력발전의 원료로, 타고 남은 재는 칼륨비료로 사용된다. 식품부터 바이오디젤 원료까지 사용도가 많으니 팜 농장은 그야말로 황금알을 낳는 거위와 같았다.

윌마는 본격적으로 팜(palm) 농장을 운영해 팜열매를 수확하고, 직접 팜오일 생산했으며, 사탕수수를 재배해서 설탕을 만들었다. 사업을 빠르게 확장시켜 1995년에는 매일 2,400MT의 정제 팜오일을 생산할 수 있게 되었다. 팜오일이 필요한 국가는 비단 동남아에만 있는 것이 아니다. 중국과 남아시아 역시 다량의 오일과 유지가 필요했다. 1993년 글로벌 4대 곡물 메이저회사인 아처 대니얼스 미드랜드(Archer Daniels Midland, 이하 ADM) 그리고 중국 최대 국영농식품 기업인 코프코(COFCO, 중량집단유한공사)의 자회사인 탑글로리(Top Glory)와 손잡고 중국으로 진출했다. 단순히 팜오일만 생산하는 것이 아니라 밀가루와 쌀, 대두유 등 여러 식품 원료를 취급했다. 인도의 대표적 재벌인 아다니 그룹(Adani Group)과 합작법인을 만들어 방글라데시와 인도에 진출했다. 2000년대 들어서 윌마는 본격적으로 아프리카에 진출한다. 인구가 증가하는 시장에서 농산물 가공과 팜오일 산업은 가장 먼저 기회를 맞이하기 때문이다. 남아프리카 공화국와 탄자니아, 케냐, 우간다의 현지 기업들의 지분을 인수하면서 현지에 플랜테이션과 정제소들을 설립했다.

38 윤석후, 2017. "팜기름의 특성 및 식품산업에의 이용" 식품과학과 산업 9월호 pp.70-92.

주식시장 상장과 쿠옥 그룹과의 합병

윌마는 사업 범위를 식품 생산으로 확대했고, 사료와 유지화합물과 같은 산업용 제품, 패키징 등 연관 산업으로 수직계열화를 추진했다. 그리고 스리랑카와 우크라이나, 러시아에도 진출하면서 글로벌 네트워크를 확장했다. 확장전략에 따른 매출과 성과 향상에 힘입어 윌마는 2006년 8월 싱가포르 주식시장에 상장했다. 당시 싱가포르의 상장기업인 이지헬스(EzyHealth)를 인수하는 방식으로 상장했으나 시장에서 큰 반향을 얻지는 못했다. 윌마가 농업 부문에서 상당한 성과를 올리는 기업이기는 했으나 지금과 같은 위상을 갖게 된 도약의 발판은 2007년 쿠옥(Kuok) 그룹의 식용유, 곡물 및 관련 비즈니스 부분과 합병이었다.

쿠옥 그룹은 말레이시아와 싱가포르를 기반으로 성장한 대표적인 중국계 사업가 로버트 쿠옥의 키운 기업이다. 윌마 창업자 쿠옥 쿤 홍의 외삼촌이다. 인도네시아와 말레이시아에 팜과 사탕수수 농장을 보유하고 있고, 부동산개발과 호텔, 물류 등 아시아 전역에서 사업을 하는 자회사들을 보유하고 있었다. 로버트 꾸옥을 슈가킹이라고 부르는 이유는 쿠옥 그룹 성장 발판이 플랜테이션과 설탕 정제, 밀가루 등 농산물 가공이었기 때문이다. 그만큼 애그리비즈니스는 쿠옥 그룹에서 차지하는 비중이 컸고, 아시아에서 가장 많은 농장과 정제소, 그리고 글로벌 네트워크도 보유하고 있었으며 윌마와는 사업 부문이 겹치기도 하면서 협력 관계를 맺고 있기도 했다. 이 두 회사가 합병한다는 것은 아시아 최대의 농업 기업의 탄생이었다. 특히 날로 커져가는 중국과 인도 시장에 대한 기회를 극대화한다는 계획이 있었다. 쿠옥 쿤 홍 회장은 합병을 앞두고 인터뷰에서 다음과 같은 포부를 밝혔다.

"이번 합병은 전적으로 세계 최대의 식용유 소비국으로 부상하고 있는 중국을 향한 것이다. 우리는 중국의 식용유 및 유지 종자의 선도적인 머천다이저이자 가공업자가 될 것이며 지배적인 농산물 가공업자가 될 것이다."[39]

일련의 주식 및 자산 교환을 통해 합병된 윌마는 세계 최대의 팜유 생산 및 정제업체로서 연간 매출 120억 달러, 시장 가치 70억 달러에 도달한다는

---

39 Duog Cameron and Assif Shameen "Wilamr in $4.3bn palm-oil merger" Financial Times, 2006년 12월 15일

목표를 내세웠고, 그 목표는 실현되었다. 윌마는 오늘날 식용유 및 유지, 제당, 제분 및 정제, 함유화학물질, 특수 지방, 팜 바이오디젤 분야의 글로벌 리더 가운데 하나이다. 인도네시아와 인도에서 가정용 식용유 부문에서 최고 브랜드 자리를 차지하고 있다. 동말레이시아에만 63,000헥타르, 인도네시아에 76,000헥타르의 팜오일 농장을 보유한 윌마는 인도네시아와 말레이시아의 최대 팜 농장 소유주이다. 아프리카에도 거대한 팜 농장을 운영하는 윌마는 아프리카 3위의 설탕 생산기업이기도 하다. 호주에서는 빵, 스프레드 및 소스를 제조하며, 러시아에서는 마가린 및 마요네즈, 우크라이나에서는 최대의 식용유 정제 및 특수 지방 생산업체에 등극했다. 특히, 중국 내 최대 식용유 정제사업자이면서 최대 제분 및 정미사업자 가운데 하나로 중국사업체 YKY가 선전 주식시장에 2020년 10월 상장했다.

그림 2-46 팜오일 시장 - 윌마 인터내셔널의 시장점유율

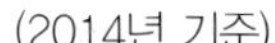

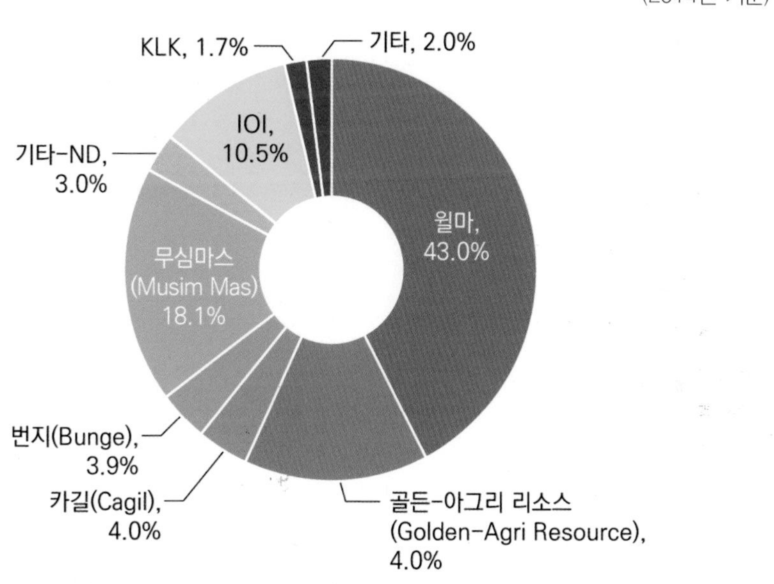

출처: https//chainreactionresearch.com

성장전략/성공요인

윌마가 동남아의 플랜테이션 사업자에서 다국적기업으로 성장할 수 있었던 요인은 지역확장전략 그리고 수직계열화에 있다. 먼저 윌마의 지역확장 전략은 이머징시장을 중점으로 하면서 파트너와의 협력을 통한 해외진출을 특징으로 한다. 인도네시아와 말레이시아에서 팜과 사탕수수 플랜테이션을 시작해 아프리카, 인도, 중국, 호주, 유럽까지 진출했다. 윌마의 주력 제품은 팜오일과 유지, 설탕, 밀가루, 쌀 등 식품이나 생활용품 원료로 인간 생활에 없어서는 안 될 품목들이다. 식량자원이나 원자재 확보도 중요하고 규모의 경제를 이루려면 인구가 많은 시장 진출이 필수적이다. 윌마는 인구가 많은 지역에 누구보다 먼저 진출했으며. 아프리카와 인도, 중국 시장은 시장규모와 소비자들의 수요가 급증하고 있던 시장이었다. 쿠옥그룹과의 합병도 중국을 겨냥했다고 언급했을 정도로 중국 시장의 기회를 잡는 데 사활을 걸었다. 쿠옥그룹은 이미 1974년 홍콩으로 진출해 케리 홀딩스를 설립했기 때문에 케리 홀딩스를 중국 본토 진출의 발판으로 삼았다. 1988년 홍콩 COFCO(중량집단유한공사, China Oil and Food Corporation)와 손잡고 선

그림 2-47 글로벌 팜오일 및 식물성 기름 생산

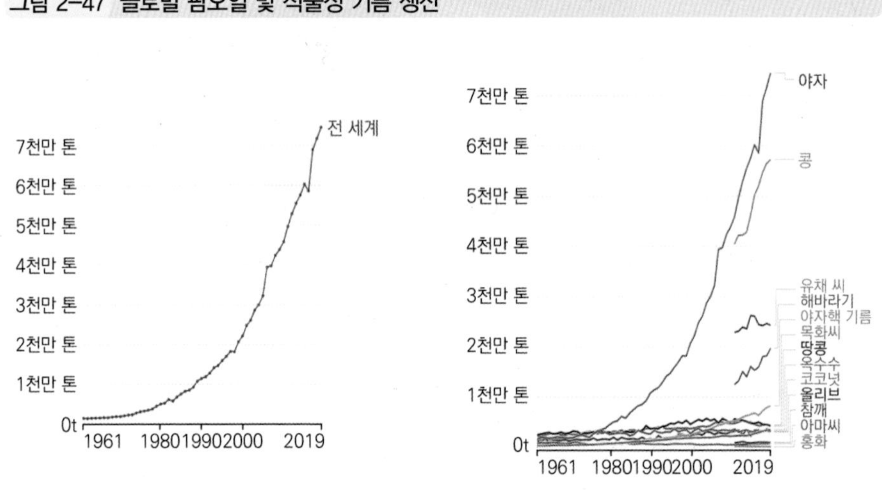

출처: Food and Agriculture Organization of the United Nations, OurWorldInData.org/agricultural-production, https://ourworldindata.org/palm-oil

그림 2-48 윌마 인터내셔널의 글로벌 네트워크

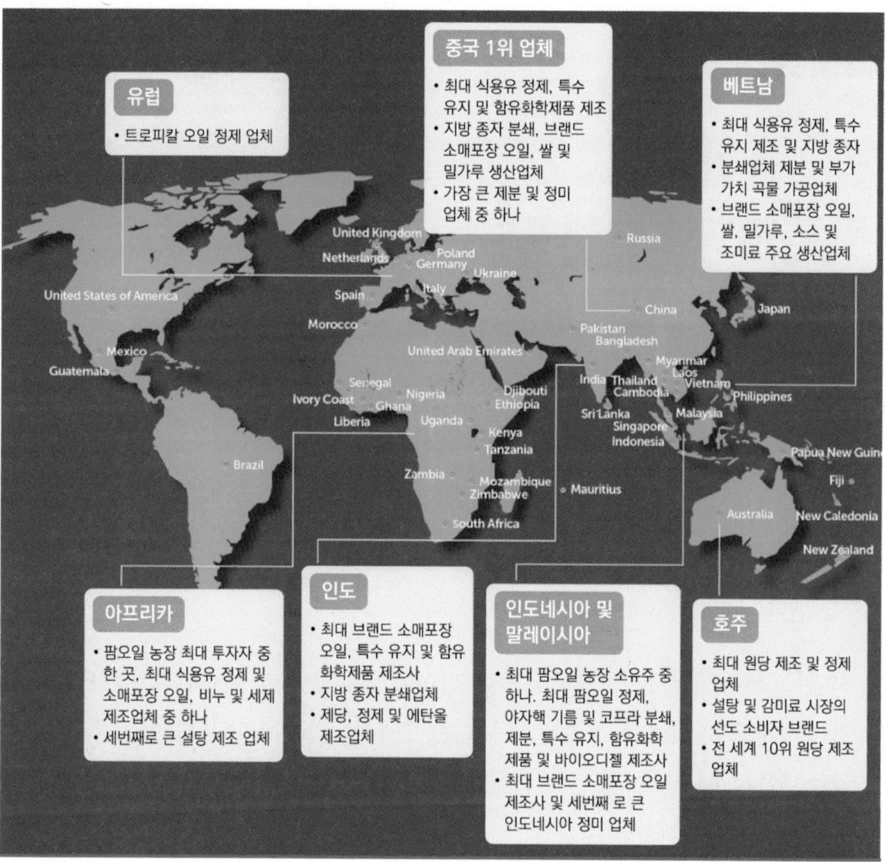

출처: Wilmar International Annual Report 2021

전에 중국 최초의 현대식 식용유 공장을 짓고 아라와나(Arawana)라는 프리미엄 브랜드 식용유를 시장에 출시했다. 결과는 대성공이었다. 이로써 쿠옥 그룹이 중국에서 계속 식용 정제유와 유지 제조업을 추진할 수 있었고 아라와나 브랜드는 프리미엄 시장에서 1등 시장점유율을 차지하고 있다. 그리고 마침내 2020년 10월 이하이 케리 아라와나 홀딩스(Yihai Kerry Arawana Holdings)는 중국 주식시장에 화려하게 데뷔했다.

윌마의 성장에서 눈에 띄는 전략은 현지기업이나 글로벌 기업과의 협력이다. 무엇보다 아처 대니얼스 미드랜드가 윌마의 지분을 취득하며 전략적 파트너십을 맺은 덕분에 기술적 업그레이드가 가능해졌고, 세계 시장으로

그림 2-49 윌마 인터내셔널 비즈니스 수직 통합

(수치는 2021년 기준, 단위: 달러)

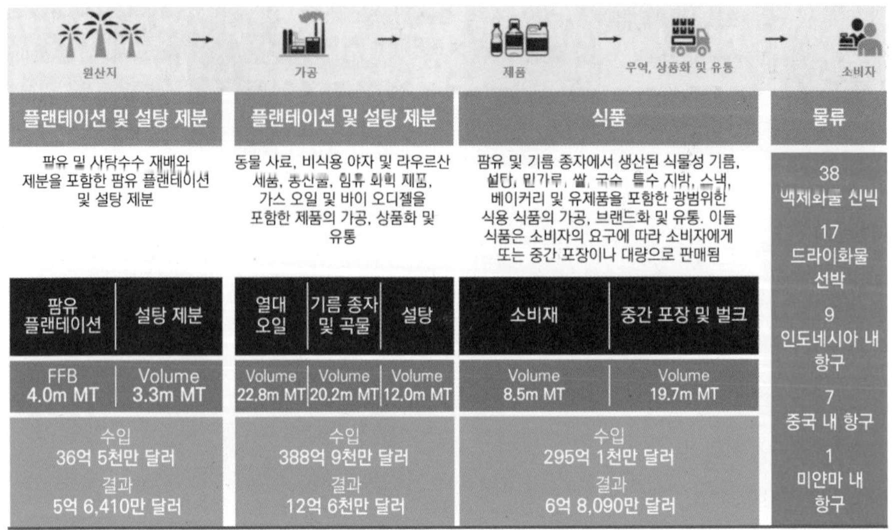

출처: Wilmar International Annual Report 2021

진입이 용이해졌다. 유럽시장으로 나아갈 수 있었고 글로벌 고객사들을 유치하기에도 유리했다. 바이오 디젤 분야에서도 ADM과의 협업이 중요한 역할을 했다. ADM은 윌마의 지분 22.3%를 보유하고 있으며 윌마 이사회에 비상임이사를 파견하고 있다. 아프리카와 인도에 진출할 때는 윌마는 현지 기업들과의 적극적으로 조인트벤처 설립에 나섰다. 인도의 아다니그룹과 손잡은 것이 대표적인 사례이다. 아다니 윌마는 1999년 윌마와 합작회사로 시작해 2022년 기준 인도 전역에 23개의 공장에 자체 생산설비를 갖추고 있다. 인도 시장의 성장에 맞추어 빠르게 침투한 아다니 윌마는 2017년부터 매출이 매년 18%씩 늘어나 2022년 기준 매출 69억 달러를 기록했으며 인도 1위 식용유, 밀가루 2위, 인도쌀인 바스마티 라이스(Basmati rice) 부문에서 3위를 달리는 식품가공업체로 성장했다. 아다니 윌마는 2022년 2월 8일 봄베이 주식거래소에 상장했으며, 2022년 연말 기준으로 시가총액은 97억 달러를 기록했다. 중국시장에서도 중국 최대 국유식품가공업체인 COFCO와 손을 잡았기에 빠르게 시장에 진입할 수 있었다.

두 번째 성공요인은 수직계열화 전략이다. 윌마는 무역으로 시작해 작물을 직접 생산하는 플랜테이션으로 사업을 전환했고, 이후 식품 원료 생산으로 확장했다. 업스트림과 가공식품을 생산하는 다운스트림을 통합해 완벽한 애그리-식품 사업 수직계열화를 이루었다. 업스트림은 원자재 확보 측면에서 안정적인 공급망을 갖추었고 가격변동에도 대응할 수 있는 경쟁력을 배가시켰고, 다운스트림 전략으로 32개국에 1천여 개가 넘는 생산시설을 구축한 윌마는 현지 시장 침투력이 경쟁사들보다 우위에 있었다. 윌마는 판매채널뿐만 아니라 물류사업까지 확장해 자신들만의 굳건한 글로벌 네트워크를 형성하고 있다. 윌마의 주요 고객들은 네슬레, P&G, 유니레버, 힌두스탄 유니레버, 중국 곡물기업 등 글로벌 기업에 유지를 공급하는 B2B 그리고 가공식품을 직접 판매하는 B2C 사업을 모두 운영하며 자신들만의 글로벌 밸류체인을 굳건히 형성하고 있다. 2020년 팬데믹과 2022년 우크라이나-러시아 전쟁으로 원자재 공급망이 흔들리고 식품가격이 상승하면서 윌마의 글로벌네트워크와 현지 시장지배력은 다시 한 번 빛을 발하고 있다.

팬데믹을 거치는 동안에도 윌마 인터내셔널의 매출은 상승했고 영업이익과 순이익도 상승했다. 다만 기업가치는 2020년 225억 8천만 달러에서 2022년 12월 187억 달러로 감소했다. 식품 수요가 팬데믹기간에 늘어나고 원자재 가격상승이 주가에 반영되었다가 점차 제자리를 찾아오는 것으로 추정된다.

표 2-16 윌마 인터내셔널

(단위: 백만 달러)

	2017	2018	2019	2020	2021
매출	43573.92	44497.7	42640.51	50526.79	65793.62
영업이익	1240.63	1416.28	1615.81	2752.08	3528.35
EBITDA	1974.65	2211.93	2492.93	3766.34	4638.33
순이익	1195.66	1150.25	1267.99	1534.1	1890.39
총자산	40932.57	45712.93	47045.14	51019.97	58718.44
총부채	23916.09	28905.12	29122.28	29567	36013.76
자본총계	15963.59	16045.77	16762.5	18882.35	19923.87

출처: Nikkei Asia Company Profile

그림 2-50 월마 인터내셔널 시가총액 추이

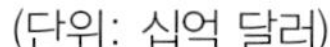
(단위: 십억 달러)

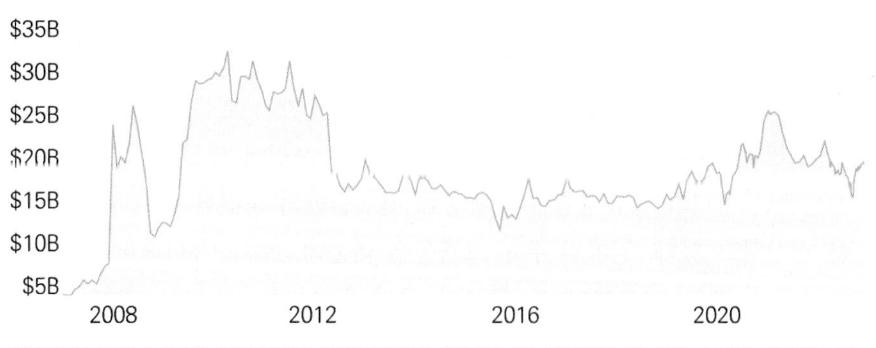

출처: Companiesmarketcpa.com(검색일: 2023년 1월 9일)

쿠옥그룹(Kuok Group)

세계 최대 팜오일 생산업체 가운데 하나인 윌마 인터내셔널과 호텔 체인 샹그릴라, 홍콩 부동산 케리 그룹(Kerry Group) 등은 모두 쿠옥 그룹(Kuok Group)의 지붕 아래에 있다. 글로벌 아시아 갑부 순위에서 빠지지 않고 등장하는 로버트 쿠옥(한국에서는 로버트 퀵이라고 표기하기도 함. Robert Kuok Hock Nien, 郭鶴年; Guō Hènián)이 싱가포르와 말레이시아, 홍콩을 넘나들며 이룩한 제국이 바로 쿠옥그룹이다.

동남아의 많은 민간기업의 시작이 그러하듯 쿠옥그룹 역시 중국에서 건너온 화교에 의해서 시작되었다. 20세기 초반 중국 푸젠성에서 말레이시아로 건너온 쿠옥 가족의 막내 아들 로버트는 일본이 동남아 식민지배를 하던 시절 미쓰비시 산하의 쌀 무역을 담당하는 부서의 사원으로 일했다. 전쟁이 끝난 뒤 1949년 로버트는 두 동생들과 함께 싱가포르 건너편 조호 바루에서 '쿠옥 브라더스'를 차리고 쌀과 설탕, 밀가루 무역에 직접 뛰어들었다. 그의 나이 겨우 26세였다. 이전 회사에서 배운 지식과 경험으로 사업을 빠르게 성장시켰던 쿠옥 형제는 1953년 싱가포르에 사무실을 열었고, 이어서 태국과 인도네시아에도 진출했다.

로버트 쿠옥은 무역에 그치지 않고 설탕 생산에 눈을 돌렸다. 설탕이 중

그림 2-51 쿠옥그룹(Kuok Group) 구조

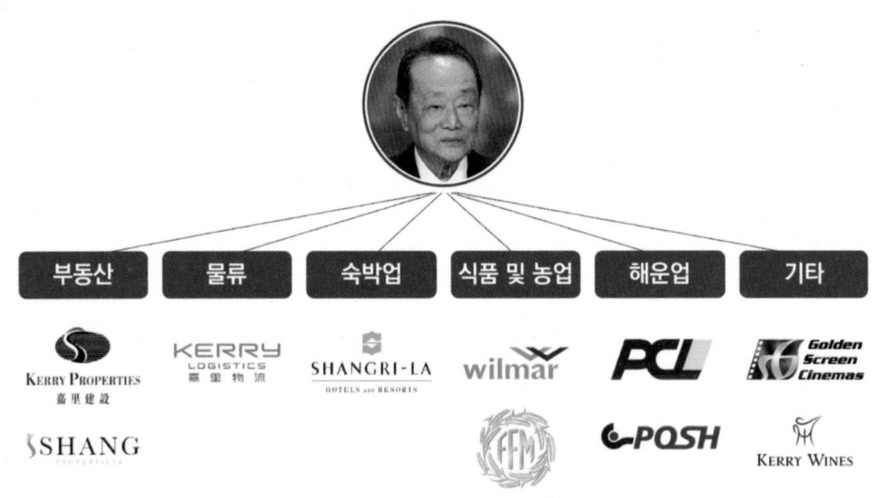

출처: 각사 홈페이지, 저자 정리

요한 상품이 되리라는 판단에 따라 1961년 일본 파트너사들과 함께 공장을 설립해 직접 생산에 나섰다. 그의 예측은 적중했다. 말레이시아 설탕 시장의 80%를 장악했으며, 전 세계 설탕 생산의 10%를 차지하면서 아시아의 슈가킹이라는 별명을 얻게 된다. 이후 FFM(Federal Flour Mills)과 PPB(Perlis Plantations Berhad)를 설립하고 제분업과 대규모 농업투자에도 적극 나섰다. 당시 말레이시아와 싱가포르가 동남아 경제의 중심지로 경제성장이 빠르게 이루어지고 있었다. 쿠옥 형제는 사업기회가 있는 곳마다 손을 대었다. 농장부터 사료까지 수직계열화뿐만 아니라 호텔사업과 부동산 개발 등 사업다각화를 진행했다.

럭셔리 호텔 브랜드로 널리 알려진 샹그릴라 호텔은 1971년 싱가포르에 처음 문을 열었다. 당시 싱가포르에서는 최초의 5성급 디럭스 호텔이었다. 최고급 호텔 체인 가운데 아시아에서 시작해 글로벌 명성을 얻은 호텔은 홍콩의 페닌슐라와 만다린 오리엔탈이 있지만, 전 세계 76개 지역에 100여 개 호텔을 보유하고 있는 샹그릴라가 글로벌 네트워크에서는 앞서 있다. 쿠옥그룹은 1974년 드디어 홍콩에까지 손을 뻗어 케리 홀딩스를 설립했다. 홍콩 진출은 쿠옥그룹의 성장에서 중요한 역할을 했다. 케리 홀딩스를 통한 중국

본토 진출로 쿠옥 그룹은 최초의 외국인 투자자 가운데 하나가 되었기 때문이다. 중국의 농식품 사업 진출은 성공적이었으며 쿠옥그룹의 성장을 이끌었다.

쿠옥그룹 산하의 윌마인터내셔널과 케리 홀딩스, 케리 로지스틱는 시너지를 내면서 동반성장하고 있다. 비록 2020년부터 계속된 팬데믹으로 호텔사업은 비록 어려워졌지만, 식품 관련 상품들 수요가 폭증하면서 PPB 그룹의 이익은 두배가 늘었고, 윌마 인터내셔널의 매출과 순이익도 크게 증가했다. 글로벌 무역의 증가와 이커머스의 폭발로 케리 로지스틱스와 해상운송 사업도 날개를 달았다. K3 벤처스를 통한 미래 사업 투자도 조용히 진행하고 있다. 그랩과 바이트댄스를 비롯해 벌써 400개 이상 스타트업에 투자했다.

흔히 동남아 경제는 화인들이 장악하고 있으며 이들이 얼마나 많은 돈을 갖고 있는지에만 관심을 두는 경우가 많다. 그리고 이들 사이의 네트워크가 부를 축적한 원동력이라고 지적하는 이들도 많다. 로버트 쿠옥은 항상 그런 관심을 받아온 대표적인 사업가이며, 싱가포르 총리를 지낸 리콴유 그리고 말레이시아 총리였던 압둘 라작이나 마하티르와도 친분이 깊은 사람이다. 중국에 투자한 1세대 화인 사업가로 중국의 정치지도자들과도 매우 가까운 관계이다. 그럴 수밖에 없는 게 그가 래플즈 학교를 다닐 때 같이 공부하던 친구가 바로 리콴유이고 아시아 슈가킹으로 동남아에서 가장 영향력 있는 사업가였기 때문이다. 1965년 말레이지아와 싱가포르 분리 소식을 압둘 라작으로부터 가장 먼저 들었던 로버트 쿠옥은 수십 년이 지나 2018년 마하티르가 다시 총리로 복귀했을 때 원로 자문단으로 지명되기도 했다.

5.2 그랩(Grab)

스타트업에서 아세안 슈퍼앱으로

동남아의 기업들을 언급하면서 그랩(Grab)을 빼놓을 수는 없다. 동남아를 방문해본 사람은 적어도 한 번쯤은 그랩을 이용해봤을 것이다. 어디서든 휴대폰만 있다면 앱으로 차량을 호출, 목적지까지 편안히 이동할 수 있다.

현지어를 몰라도 자동번역된 메시지를 받아볼 수 있고, 자동생성된 응답 중 필요한 말을 선택해 운전자에게 보낼 수도 있다. 그랩푸드로 다양한 현지 음식을 주문해 먹을 수 있고 그랩마트로 장을 보고, 퀵서비스는 그랩익스프레스로, 그랩페이로 송금하고 보험가입도 할 수 있다. 동남아 디지털 경제 전환의 선두에 그랩이 있었고, 여전히 아세안 슈퍼앱의 리더이자 혁신 생태계 중심에 그랩이 있다. 그랩은 싱가포르 기반의 성공한 스타트업이지만 처음 시작은 말레이시아의 택시 예약 서비스였다.

성장 스토리

택시잡기도 어려운데다 바가지 요금으로 악명이 높은 말레이시아 쿠알라룸푸르에 2012년 마이택시(MyTeksi)라는 택시호출앱이 등장했다. 안쏘니 탄과 후이링 탄, 두 젊은이들이 하버드 비즈니스스쿨 스타트업 경진대회에서 상을 받은 택시예약서비스 모델을 고향에 돌아와 실제로 런칭한 것이다. 불편함을 해소해주는 앱이 등장했지만 시작이 순탄하지만은 않았다. 택시 잡기도 힘들고 불친절한데다 노후한 택시차량에 불만족을 느끼는 소비자들은 많았지만, 택시기사들의 참여도가 낮았기 때문이다. 이들은 스마트폰으로 서비스를 이용하는 데 어려움을 겪고 있었다. 디지털 기기나 앱사용에 익숙하지 않은 택시기사들의 가입을 유도하기 위해 그랩은 현장으로 다가갔다. 기사들이 모이는 곳곳에 키오스크를 설치하고 이메일 계정을 만드는 것부터 일일이 안내해야만 했다.

효과가 나타나는 데에 그리 긴 시간이 걸리지 않았다. '사용하지 않은 사람은 있어도 한 번 이용해본 사람은 없다'는 말이 돌 정도로, 편리성과 수익성을 경험하자 이용자 수가 가파르게 늘었다. 마이택시는 비슷한 교통문제를 갖고 있는 인근 국가로 시장을 확대했으며 택시뿐만 아니라 일반 차량호출 서비스로 확장했다. 공유경제의 선봉장이었던 우버의 라이드헤일링 서비스가 미국을 넘어 2013년 동남아까지 흘러들어왔기 때문이다. 마이택시는 본사를 동남아의 경제 중심, 싱가포르로 옮겼고, 마이택시라는 이름도 그랩택시(GrabTaxi), 그랩카(GrabCar)를 거쳐 현재의 '그랩(Grab)'이라는 브랜드로 정착했다. 말레이시아와 태국, 싱가포르, 필리핀, 인도네시아에 잇달아 진출

그림 2-52 그랩 vs 우버

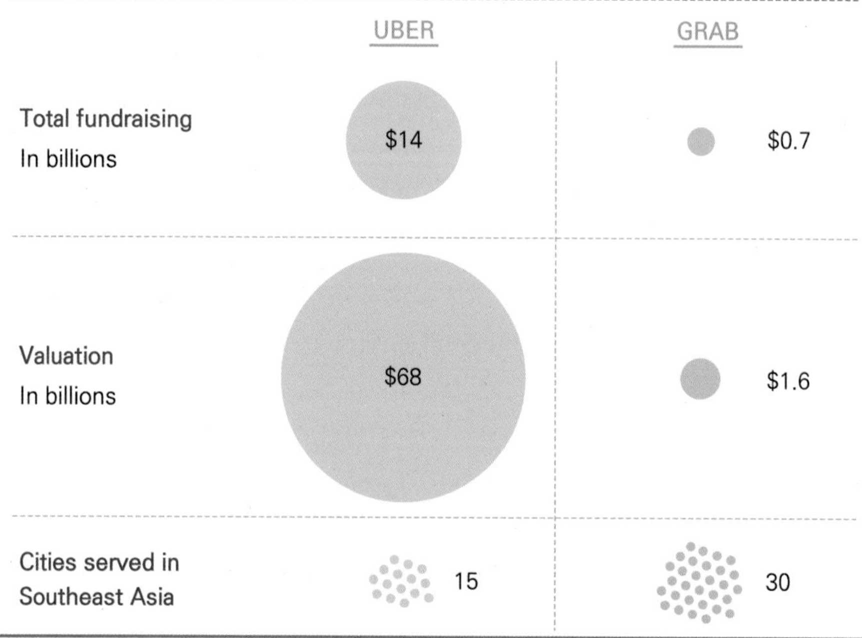

출처: Newley Purnell "Uber Rival Grab Gains Ground in Southeast Asia" The Wall Street Journal. 2016년 7월 4일.

한 그랩은 매달 두 배 이상의 이용자들을 확보하며 빠르게 성장했다. 소프트뱅크를 비롯해 싱가포르의 테마섹, 힐하우스캐피탈 등의 투자를 받으며 기업가치도 크게 올라가 2016년 10억 달러를 넘어섰다. 모든 온디맨드 서비스 스타트업들이 꿈꾸는 J커브의 스케일업을 달성하며 아세안 유니콘이 된 것이다.

이용자 수와 이용횟수가 기하급수적으로 늘어나면서 그랩은 그랩페이 등 다른 서비스들을 가미하기 시작했다. 신용카드 보급률이 낮은 동남아에서 결제수단이자 송금으로 전자지갑과 '페이'가 요긴한 서비스였고 이용자들은 그랩을 이용할 때마다 포인트를 쌓을 수도 있었다. 그랩페이 역시 폭발적인 인기를 끌었고, 편의점이나 프랜차이즈 식당에서도 그랩페이 결제가 사용되었다. 이후 그랩은 퀵서비스인 그랩익스프레스와 음식배달 그랩푸드, 장보기 그랩마트 등을 순차적으로 런칭하며 2018년 마침내 아세안 최초의 데카콘(기업가치 100억 달러 이상)의 자리에 등극했다. 이 과정에서 그랩은 글로벌 강자인 우버를 동남아에서 밀어내는 데 성공했다. 동남아의 다윗이 미국의 골리앗을 물리쳤다는 비유가 미디어를 장식했다.

그랩, 아세안 슈퍼앱이 되다

하루의 시작부터 잠드는 순간까지 "Everyday Everything"

2018년 우버가 동남아를 떠나면서 시장을 장악한 그랩은 지향점을 '아세안의 슈퍼앱'으로 설정했다. 그랩이 그리는 미래는 동남아 지역 누구라도 아침에 일어나서 잠자리에 들 때까지 그랩과 함께 하는 일상이다. 모빌리티와 라이프스타일, 핀테크 등 세 가지 섹터에서 최첨단 디지털 기술로 무장한 플랫폼을 내놓았다. 모빌리티는 차량부터 전동킥보드, 카풀 서비스까지 담고 있으며, 라이프스타일은 온디맨드 배송과 의사상담과 의약품 처방/배송, 핀테크는 페이먼트와 보험, 대출, 투자 등 일상생활과 관련된 다양한 서비스가 앱 하나로 해결이 가능하다.

우버가 동남아에서 물러난 이후 그랩은 슈퍼앱으로 자리잡았다. 인도네시아의 고젝이 있지만, 동남아 전역에서 라이드헤일링, 배송, 쇼핑, 금융서비스와 각종 예약까지 생활 밀착 서비스를 제공하는 1등 앱은 그랩이다. 하나의 아이디와 패스워드로 로그인을 하면 하루 종일 일상생활에서 필요한 모든 것이 그랩 앱에 들어있다. 이것이 슈퍼앱 전략이다. 설립 이후 10년이 된 지금 동남아 8개 국가(아세안 회원국 중 브루나이, 라오스 제외) 480여 개의 도시에서 그랩을 만날 수 있다. 그랩은 모바일 다운로드 횟수는 2억, 127억 달러 규모의 동남아 차량호출 시장의 대략 75~80%를 차지하는 압도적 리딩 사업자이다. 또한 음식배달의 그랩푸드와 디지털결제 그랩페이도 동남아 시장점유율 1위를 차지하는 명실상부 최대 플랫폼으로 자리잡았다. 동남아에 거주하는 사람 20명 중에 한 명은 매달 그랩으로 주문하고 이동하며 결제한다. 그랩 플랫폼을 이용하는 소상공인은 68만 명 이상, 그랩아카데미를

그림 2-53 그랩의 연도별 신규 서비스와 앱 화면

출처: Grab(2022) "Corporate Profile"

이수한 드라이버 파트너가 78만 명이다. 2021년 한 해 동남아 경제 기여도는 89억 달러에 달한다.[40] 아세안 전체 인구가 6억 8,000만 명, 총 GDP가 약 3조 3천억 달러라는 점을 고려하면, 그랩이 미치는 영향이 결코 작지 않다.

40 운전자나 소상공인 등 그랩 파트너들이 2021년 동안 올린 수익(출처: Grab Investor Day presenationa 2022)

그림 2-54 그랩 서비스 지역

출처: Grab Investor Day Presentation 2022

성장전략/성공요인

말레이시아 스타트업으로 출발한 그랩이 어떻게 단기간 내에 1억 명이 넘는 가입자를 유치하고 14억 달러 이상의 기업가치를 자랑하는 아세안 최대 '데카콘'으로 성장할 수 있었을까. 그랩의 성공은 세 가지 측면에서 설명할 수 있다. 먼저 동남아의 교통혼잡과 대중교통 인프라의 부족함을 해결할 수 있는 솔루션을 제공했기 때문이다. 방콕과 자카르타, 마닐라 등 동남아 메가시티는 인구밀집과 쏟아지는 차량증가라는 공통적으로 문제를 안고 있지만, 해결책은 간단치 않다. 금융서비스 접근성이 낮다는 점도 역시 공통의 문제였다. 그랩은 지역의 페인포인트를 정확히 찾아냈고 정확하게 공략하는 솔루션을 제공함으로써 빠르게 이용자들을 끌어들일 수 있었다.

두 번째는 인구가 많은 인근 국가의 대도시로 빠르게 진출하는 시장 확대전략 리저널라이제이션(regionalization)이다. 그랩은 설립 이듬해 2013년 필리핀을 시작으로 싱가포르, 태국으로 나아갔으며 2014년에는 베트남에 진출했고 이어서 인도네시아, 미얀마, 캄보디아로 향했다. 스타트업으로서는 대단히 과감한 선택이었지만 결과는 성공적이었다. 두 달마다 100% 성장률을 기록하면서 폭발적으로 성장했고 그랩 슈퍼앱의 생태계를 구축했다.

세 번째, 그랩만의 하이퍼-로컬라이제이션(hyper-localization) 전략이다. 택시호출에서 일반차량을 부르는 라이드-헤일링 서비스를 추진하면서 글로벌 강자 우버와의 경쟁을 피할 수 없었다. 앞선 기술과 경험, 막대한 자본을 가진 우버에 대항해 그랩은 철저한 현지화로 차별성을 부각시켰다. 메시지 및 현지어 번역서비스, 이동경로 트랙킹, 전화상담이나 운전자 직접대면 등록, 국가 교통현황을 반영해 오토바이나 삼륜차 호출서비스 등은 모두 그랩이 처음 도입한 시스템이다. 온라인연락과 신용카드 결제를 고수하는 등 현지 사정을 고려하지 못했던 우버는 결국 동남아 시장을 그랩에게 넘겨주고 만다. 외신들은 그랩을 다윗에 비유하며 골리앗을 물리쳤다고 보도했다.

현황 및 향후 전망

그랩 역시 신종 코로나 팬데믹의 타격을 받았지만, 이는 위기이면서 동시에 기회였다. 전체 매출에서 가장 큰 부분을 차지하는 모빌리티는 각국의 봉쇄조치로 직격탄을 받아 매출이 크게 감소했지만, 비대면 활동 증가로 인해 그랩푸드와 그랩마트, 그랩익스프레스 이용자와 매출이 급증했다. 구글, 테마섹, 베인앤컴퍼니의 보고서에 따르면 동남아인 3명 중 1명은 팬데믹 때문에 디지털 서비스를 처음 이용해봤다고 한다. 1등 모바일 플랫폼 그랩은 최대 피해자이면서 수혜자가 되었다.

그랩은 2021년 12월 미국 나스닥에 SPAC(a special-purpose acquisition company) 합병 방식으로 상장했다.[41] 450억 달러 가치를 평가받으면서 씨(SEA)를 이어 새로운 동남아 테크기업 스타탄생이 기대되었지만, 이미 나스닥 분위기는 정점을 지나 지나친 밸류에이션에 지쳐가고 있었다. 그랩은 상장 시점에 400억 달러로 기업가치를 낮췄지만 데뷔 첫 날에만 주가가 20% 하락했다. 테크기업들의 수익성에 대한 의문이 제기되었고 그랩의 주가는 계속 하락해 2022년 시가총액 124억 달러로 마감했다. IPO 이후 주가는 70% 가까이 하락했고, 2022년 나스닥 지수가 30% 이상 하락한 것과 비교해도 더 큰 폭으로 떨어지면서 그랩 투자자들은 최악의 시간을 보냈다.

---

41 Altimeter Growth Corp.과 합병함.

표 2-17 그랩

(단위: 백만 달러)

	2020	2021	2022 3Q(YoY변화)
GMV	12,492	16,061	5,080(26%)
MTUs(이용자, 백만 명)	24.5	24.1	33.5(30%)
GMV per MTU	509	666	151(-3%)
매출	469	675	382(143%)
조정된 EBITDA	(780)	(842)	(342)(65%)
순이익(손실)	(2,745)	(3,555)	(161)(24%)

* GMV(Gross Merchandise Value)는 총거래대금, MTU(Monthly number of unique users)는 월 단위로 측정된 실제 이용자를 지칭함.

출처: Grab "Q3 2022 Earnings Call"

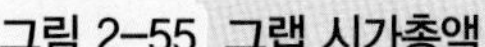

그림 2-55 그랩 시가총액

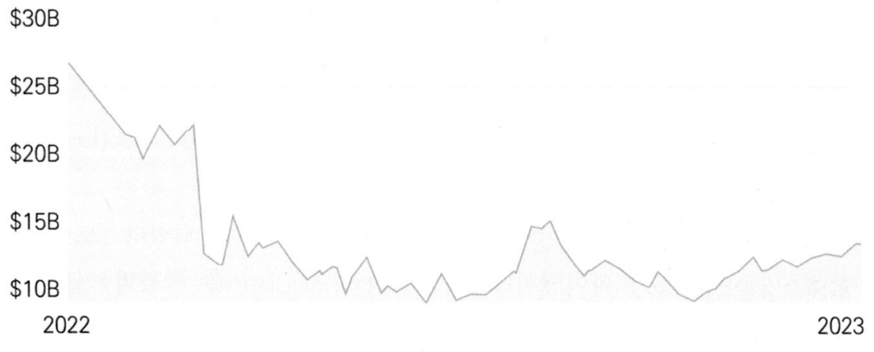

출처: companiesmarketcap.com(검색일: 2023년 1월 9일)

비록 주가는 폭락했고 수익을 내고 있지 못하지만 그랩의 매출은 매년 증가하고 있고, 2022년 3분기 매출도 전년 동기대비 143%나 증가했다. 총거래대금과 월별 이용자 수도 증가하고 있다. 특히 팬데믹으로 크게 줄었던 모빌리티 부문의 매출이 회복하고 있고 파이낸셜 부문의 성장이 가장 기대가 되고 있다. 그랩은 싱가포르와 말레이시아에서 싱텔(SingTel)과 컨소시움

그림 2-56 그랩의 금융 & 디지털 서비스 통합 프레임워크

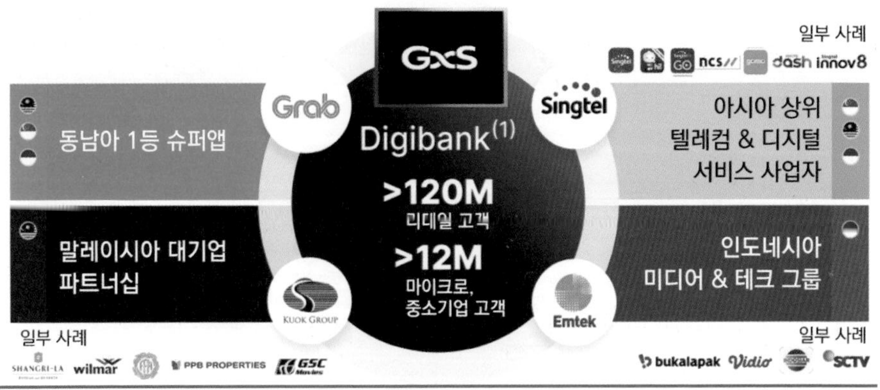

출처: Grab

을 이루어 디지털 뱅킹 라이선스를 받았으며, GXS라는 디지뱅크를 런칭했다. 인도네시아에서는 파마은행(Bank Fama)의 지분을 인수하면서 아세안 최대 시장에 한발 더 나아가고 있다.

그랩의 성장은 하나의 '스타트업 성공 스토리' 그 이상이다. 산업혁명과 정보통신혁명에서 뒤처졌던 동남아 사람들에게 디지털 세상의 편리하고 안전하다는 첫 경험을 그랩이 선사했기 때문이다. 교통솔루션을 제공한 스타트업에서 디지털 트랜스포메이션 혁신리더로 성장한 그랩은 그간 축적한 막강한 데이터를 바탕으로 개개인의 취향까지 저격할 수 있는 초개인화(hyper-personalization) 서비스가 가능한 슈퍼 플랫폼이 되었다. 토요타와 현대, 미쓰비시 UFJ 파이낸셜(Mitsubishi UFJ Financial) 등 글로벌 기업들이 그랩에 투자하거나 파트너십을 맺는 이유이다. 아세안 시장의 현재와 미래를 보고 싶다면, 그랩을 먼저 봐야 한다.

06 필리핀

필리핀은 동남아 국가들 가운데 위도상으로 북쪽에 위치하고 있으며, 바다건너 위로는 중국과 대만, 서쪽으로는 베트남, 남서쪽과 남쪽으로는 대체로 인도네시아와 오세아니아와 마주하고 있다. 7,107개의 섬으로 구성된 군도국가인 필리핀의 영토는 한반도 1.3배의 면적을 갖고 있으나 65%가 산악지대이고 대부분이 무인도이기 때문에 실제 사람이 사는 섬은 약 880개 정도이다. 필리핀의 인구는 2020년 약 1억 1천만 명으로 세계에서 12번째로 인구가 많고, 아세안에서는 인도네시아에 이어 2위 인구대국이다. 전체 인구의 95%가 말레이계로 대부분을 차지하고 있으며, 이외에는 중국, 미국, 스페인계 혼혈로 이루어져 있다.

필리핀의 GDP는 2021년 3,940억 달러로 아세안 국가들 중 경제규모가 인도네시아, 태국에 이어 세 번째로 크지만, 1인당 GDP는 3,549달러에 불과해 중간 소득 국가 중에서도 낮은 편에 속한다. 그러나 외국인직접투자의 증가와 해외송금 유입, BPO(Business Process Outsourcing) 산업의 성장과 건설과 부동산 개발 호조 덕분에 2000년대부터 성장률이 높아지기 시작했다. 2010~2019년 연평균 성장률은 6.4%를 기록하며 고성장 반열에 올랐다. 특히 "Build Build Build"로 대변되는 두테르테 정부의 인프라 대규모 투자 확대가 긍정적인 영향을 미쳤다. 2020년 팬데믹 충격으로 경제성장률이 -9.6%까지 곤두박질 쳤으나 2021년 5.6%를 기록했고, 2022년 역시 6% 이상을 기록할 것으로 전망하고 있다.

필리핀의 산업구조는 2020년 기준 농림업 10.07%, 산업 28.89%(제조업 17.64%), 서비스업이 61.05%이다. 제조업 비중이 2010년 21.92%에서 지속적으로 하락하고 있는 추세인 반면 서비스업은 53.9%에서 꾸준히 증가하였다. 서비스업의 증가 자체는 산업 고도화라고 볼 수 있지만 수출 중심의

BPO(Business Process Outsourcing) 산업 비중이 크다. 수출품목에서 전기 기계 및 장비가 절반을 차지하고 있지만 구리와 보석, 농수산물 등 1차 산업의 수출도 여전히 수출 10대 품목에서 중요한 자리를 차지하고 있다.

세계은행(World Bank)에서 매년 발표하고 있는 'Doing Business' 2020년 평가결과를 살펴보면, 필리핀는 조사대상 190개 국가 중 95위로 2019년 124위를 기록한 것에 비하면 크게 개선된 것으로 보이지만 2015년 95위와 비교하면 여전히 비슷한 수준에 머물고 있다. 이는 건축인허가, 투자자보호 및 세금납부 부문이 크게 개선됐지만 이를 제외한 다른 부문에서 순위가 크게 하락하였기 때문이다. 세계경제포럼(World Economic Forum: WEF)에서 매년 발표하는 글로벌 경쟁력지수(Global Competitiveness Index: GCI) 140여 개의 국가를 대상으로 필리핀의 글로벌 경쟁력은 2010년 85위에서 2015년 47위까지 상승했으나 이후에는 ICT보급, 보건 부문 등의 개선이 상대적으로 뒤처지면서 2019년에는 64위까지 하락했다.

2022년 5월 선거에서 마르코스 전 대통령의 아들 페르디난드 마르코스 전 상원의원(일명 봉봉마르코스 주니어)이 대통령으로 당선되었다. 독재자인 마르코스가 피플 파워(People Power)로 1986년 권자에서 쫓겨났는데 36년 만에 그 아들이 대통령으로 복귀했다. 두테르테는 다시 출마할 수 없는 상황이고 과거 독재의 유산이 선거에 걸림돌이 될 것을 염려한 마르코스 주니어는 서로 손을 잡았다. 두테르테의 딸 사라가 마르코스 주니어의 부통령으로 나선 것이다. 정치적 동맹은 승리했고, 필리핀의 가문정치가 여전히 힘을 갖고 있음을 증명했다. 필리핀의 정치가문들은 단순히 정치에만 국한되어 있지 않으며, 이들과 유력한 경제거물들과의 유대관계는 사업의 필수조건처럼 여겨지고 있다. 영국의 이코노미스트의 2021년 크로니 캐피탈리즘 인덱스(Crony Capitalism Index)에서 필리핀은 4위를 차지했다. 2016년 3위에 비해 한계단 낮아졌지만 여전히 정실자본주의가 강력하게 작용하고 있다는 것이 드러났다.[42] 필리핀의 부호들이 가진 부는 국가 전체 GDP의 10% 이상을 차지하고 있고, 이들 부의 원천에서 무려 80% 이상이 크로니 섹터에

42 Forbes의 전 세계 부호 데이터를 이용해 국가별로 이들 부호의 전체 부(wealth)가 GDP에서 차지하는 비중 그리고 그 분 가운데 크로니 섹터가 차지하는 비중을 계산한다. 크로니 섹터는 "은행, 카지노, 국방, 추출 산업 및 건설과 같이 국가와의 근접성 때문에 지대 추구에 취약한 수많은 산업"으로 정의하고 있다.

그림 2-57 크로니 캐피탈리즘(Crony Capitalism, 정실자본주의) 인덱스

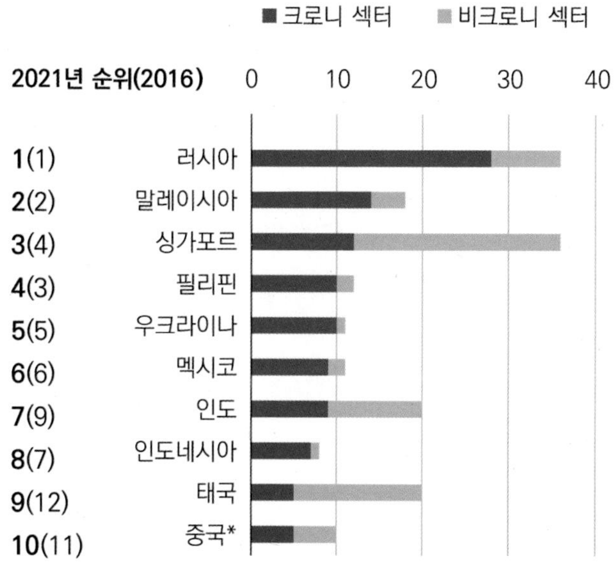

출처: The Economist, https://www.economist.com/finance-and-economics/2022/03/12/our-crony-capitalism-index-offers-a-window-into-russias-billionaire-wealth

서 나온다. 즉 기업의 지배주주 가족과 그 구성원들이 정치권과의 유대로 쉽게 허가권을 얻거나 프로젝트에 참여할 수 있는 산업에서 활발히 활동하고 있음을 알 수 있다.

필리핀 경제에서 막강한 영향력을 행사하는 가족 대기업은 아얄라(Ayala), SM 인베스트먼트(SM Investment), 산 미겔(San Miguel), 얼라이언스 글로벌(Alliance Global) 등이 있다. 이 대기업은 모두 부동산 개발업과 은행을 가지고 있으며, 인프라와 관련된 사업분야도 동시에 갖고 있다. 금산분리 제도가 없기 때문이다. 이들은 은행과 부동산 투자를 중심으로 다각화를 추진하면서 성장해 왔다. 가족소유의 대기업이 중요한 경제 주체로 이들은 대개 중국계 화교의 후손이나 스페인과 미국의 식민지배 시절 정착한 이들로 구분된다. 필리핀의 경제현황과 성장전략을 이해하기 위해 대표 화교계 창업가가 키워온 SM 인베스트먼트 그리고 해외에서 가장 유명한 필리핀 브랜드인 '산미겔 맥주를 보유한 산미겔 그룹이 있다.

그림 2-58 필리핀 대기업집단의 사업분야

*회장&CEO **회장

출처: Aurora Almendral,"Crony capital: How Diterte embraced the oligarchs" Nikkei Asia. 2019sus 12월 4일. https://asia.nikkei.com/Spotlight/The-Big-Story/Crony-capital-How-Duterte-embraced-the-oligarchs

6.1 SM 인베트스먼트 코퍼레이션(SM Investment Corporation) & SM 그룹[43]

필리핀을 대표하는 기업 가운데 빠지지 않는 이름은 필리핀 유통 공룡 SM 인베트스먼트 코퍼레이션(SM Investments Corporation, 이하 SMIC)이다. 필리핀의 대표 쇼핑몰 '몰 오브 아시아(Mall of Asia)'를 비롯해 최대 슈퍼마켓 체인과 백화점 모두 SMIC 소속이다. SMIC는 유통과 은행, 부동산사업을 하는 자회사들의 지주회사 역할을 있으며, 여러 사업 분야에 투자자로서 투자대상 사이의 시너지 효과 극대화를 통해 수익을 창출하고 있다. SMIC를 비롯해 유통과 부동산을 담당하는 SM 프라임 홀딩스(SM Prime Holdings) 그리고 BDO 은행은 필리핀 주식시장에 상장되어 있으며 시가총액 기준으로 상위 1위부터 3위를 차지하고 있고, 이들 시가총액의 합이 필리핀 주가지수에서 30% 이상을 차지하고 있으니 그 위상을 짐작할 수 있을 것이다.

성장 스토리

SMIC의 모태가 된 출발은 작은 신발가게였다. 중국 푸젠성 출신의 헨리 시(Henry S. Sy, 중국이름시치청施至成·94)는 가난을 벗어나고자 하는 부모를 따라 12살에 필리핀으로 이주했다. 헨리 시의 아버지는 생필품과 식료품을 파는 작은 가게를 운영했는데 제2차 세계대전 중에 상점은 화재로 사라졌다. 가족은 다시 중국으로 돌아가지만 그는 대학을 졸업하기 위해 필리핀에 남았다. 헨리는 미국인들을 상대로 수입신발을 판매하다 1958년 Shoe mart 라는 신발 상점을 열었다. 슈마트는 가격이 싸고 다양한 디자인의 구두에서 뉴욕 트렌드를 반영한 수입품까지 두루 갖춘 신발전문점인데다 헨리의 장사 수완까지 더해져 금새 시장에서 명성을 얻게 되었다. 신발 장사로 자신감을 얻은 헨리는 필리핀에서 중국계인 자신이 살 길은 유통업뿐이라는 생각으로 1960년 SM 인베스트먼트 코퍼레이션(SM Investment Corporation)을 설립했다. SM은 ShoeMart의 앞 글자를 따서 붙인 이름이다.

---

43 창업자 Henry Sy의 이름을 따서 Sy 그룹이라고도 불린다.

그림 2-59 슈마트 앞에 선 SM 창업자 헨리 시(1958년)

출처: SMIC 홈페이지

헨리는 필리핀 곳곳에 슈마트 지점을 내고 마닐라 로얄 호텔을 지으면서 사업 영역을 확장했다. 그리고 1972년 마닐라에 SM치아포를 열었다. 일종의 할인양판점인데 모든 매장을 본사가 관리하는 형태로 현대식 백화점이라고 할 수 있다. 백화점은 필리핀 소비자들이 한 공간에서 쇼핑도 하고 외식도 즐길 수 있는 공간으로 인기를 끌었다. 1980년 SM 쿠바오 백화점을 열었고, 마닐라 해리슨에도 문을 열었다. 1985년에는 161,000㎡의 대지에 SM North EDSA 대형 쇼핑몰과 SM 슈퍼마켓을 처음 선보였다. 백화점보다 더 진화된 형태의 쇼핑몰은 영화관과 스케이트장, 테마공원 등 엔터테인먼트가 더해지면서 더 많은 사람들을 불러모았다. SM은 백화점 확장전략 그대로 쇼핑몰에도 적용하면서 6개의 대형쇼핑몰을 잇달아 오픈했다. 이후 SM은 "몰 오브 아시아(Mall of Asia)"라는 필리핀에서 가장 큰 쇼핑몰을 내놓으면서 필리핀의 소매왕으로 방점을 찍었다. 2006년 문을 연 Mall of Asia는 400,000㎡ 면적을 가진 세계에서 7번째로 큰 규모를 자랑한다. SM 리테일은 필리핀 내에 78개의 쇼핑몰을 보유하고 있으며, 총면적은(Gross Floor Area)는 900만 SQM, 1일 평균 110만 명이 다녀가고 있다.

필리핀 유통의 강자로 우뚝 선 SM은 2011년 중국에 첫 발을 딛는다. 샤먼에 첫 번째 SM 쇼핑몰을 지은 이후 지금까지 7개 쇼핑몰을 세웠다. 창업자 헨리가 푸젠성 샤먼 출신이라는 설이 있는데 그런 이유에서인지 샤먼에 가장 먼저 진출했다.

SM그룹의 주축이 유통업이지만 다른 분야에도 적극적으로 진출하면 다각화를 일찍이 추진했다. 1974년 호텔업에 손댄 이후 부동산업에 뛰어들었고 이어서 은행업에도 손을 댔다. 2003년 SM 개발회사(SM Development Corporation)를 설립하고 본격적인 부동산 개발업을 키웠다. 상업용 건물, 레저시설 건설 및 임대 사업뿐만 아니라 호텔 및 컨벤션 부문에서도 활발하게 사업을 추진하고 있다. 2012년 미국 팝스타 레이디 가가(Lady Gaga)의 필리핀 공연이 열린 "몰 오프 아시아 아레나(Mall of Asia Arena)"도 SM 그룹이 소유한 컨벤션 센터이다. 금융분야는 1976년 아크미 저축은행(Acme Savings bank) 인수가 그 출발점이었다. 아크미 은행은 방코 데 오로(Banco De Oro, 이하 BDO)[44]로 바뀌었으며, SM은 2006년 에퀴터블 PCI 은행의 지분을 인수해 BDO와 합병시켰다. 이로써 BDO는 현재 필리핀의 가장 큰 은행으로 자리잡았다. 또한 필리핀 최초의 민간 상업은행 차이나뱅킹 코퍼레이션(China Banking Corporation)의 지분도 보유하고 있다.

SM은 작은 슈마트에서 시작해서 리테일, 호텔과 부동산개발, 은행업 등 다방면에 진출하면서 자회가가 늘어나고 그룹차원의 관리가 필요해졌다. 특히 SM의 사업부문이 광대한 토지와 건물을 소유하는 업종 특성을 갖고 있어서 2013년 헨리 시는 SM 프라임 홀딩스(SM Prime Holdings)로 부동산 부문을 통합하기로 결정했다. 합병 과정에서 Sy가 관리하는 콘도 건설업체인 SM 개발(SM Development), 레저 부동산 회사인 하이랜드 프라임(Highlands Prime) 및 개인 소유의 SM 랜드를 SM 프라임 홀딩스로 통합시켰다. 회사의 규모를 키우기 위해 2014년부터 2019년까지 4천억 페소 규모의 5개년 계획을 세웠으며 쇼핑몰과 상업용 빌딩, 리조트, 호텔, 레지던스 등 다양한 형태의 개발사업을 추진했다. 강력한 확장 전략에 힘입어 SM 프라임은 필리핀 최대의 부동산 회사이자 동남아 최대 부동산 재벌 중 하나로 떠올랐으며,

44 방코 데 오로 저축은행(Banco de Oro Savings and Mortgage Bank)으로 상호를 변경했다. 이후 1994년 BDO 저축은행은 상업은행이 되었고 1996년 방코 데 오로 유니뱅크(Banco de Oro Unibank)로 변경되어 현재까지 사용되고 있다.

중국 시장에도 진출했다.

리테일 분야는 여러 자회사들을 통합, 정리해 필리핀 최대 유통기업인 SM 리테일이 이끄는 구조로 만들었고 현재 SM 마켓(SM Markets), 월터마트(Waltermart), 알파마트(Alfamart), SM스토어(SM Store)가 그 산하 자회사로 속해있다. 금융섹터의 중심은 BDO이다. BDO는 대출 및 예금 규모에서 필리핀 최대 은행이다. 차이나 뱅크는 자산규모 6위로 BDO보다는 규모가 작지만 중소기업 금융부문에 특화된 은행으로 탄탄한 위치를 차지하고 있다.

현재 SM그룹의 사업구조는 SMIC를 정점으로 산하에 리테일, 부동산, 은행섹터가 있으며 그 외 다른 기업들에 SMIC가 지분투자를 하고 있는 형태로 이루어져 있다. SMIC는 투자자 역할을 하며 리조트회사 벨르 코퍼레이션(Belle Corporation), 구리 광업회사 아틀라스(Atlas Consolidated Mining and Development Corporation), 물류회사 2GO, 제빵업 골디락스(Goldilocks), 거주공간 공유 서비스 마이타운(MyTown) 등에 투자했다. 2019년에는 아세안 슈퍼앱인 그랩(Grab)과 조인트 벤처를 결성해 디지털 사업 투자 확대를 꾀하고 있다.

SMIC는 필리핀 전역에 3,336개의 유통아웃렛과 79개의 쇼핑몰 그리고 2,232개의 은행 지점을 갖고 있다(2022년 전반기 기준). SM 리테일의 2021년 매출은 39.99억 달러로 경쟁사 로빈슨이나 퓨어골드보다 많다. SM 그룹의 금융부문을 책임지는 BDO의 총자산은 697억 달러로 경쟁사인 랜드뱅크나 메트로뱅크보다 많다.

표 2-18 SM Investment 자회사와 투자대상 기업 지분 소유율

BDO Unibank	45.30%	Belle Corp.	26.40%
2GO Group	52.90%	Atlas Mining	34.10%
SM Retail Inc.	77.30%	City Mall	34.00%
China Banking Corporation	22.60%	SM Prime Holdings	49.70%
MyTown	63.30%	GrabPay	34.50%
NEO Subsidiaries	95.00%	Goldilocks	74.00%
NEO Associates	34.00%	Air Speed	35.00%

출처: SM Investment Corporaiton 홈페이지(검색일: 2022년 12월 12일)

그림 2-60 SMIC의 필리핀 내 비즈니스 현황(2022년 상반기)

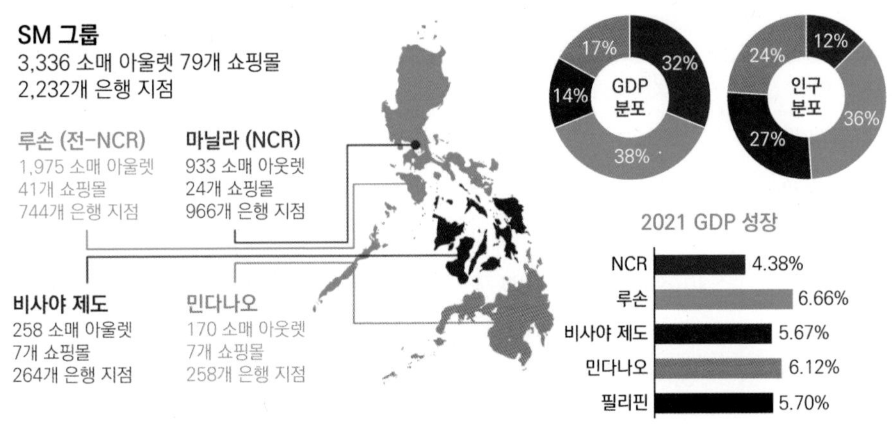

출처: SMIC 1H 2022 Investor Presentation

표 2-19 SMIC

(단위: 백만 달러)

	2017	2018	2019	2020	2021
매출	7563.43	8173.89	9191.33	7603.74	8140.62
영업이익	1179.47	1286.92	1540.96	829.5	1008.25
EBITDA	1457.58	1574.7	1915.05	1207.79	1428.1
순이익	653.05	703.8	860.71	471.56	781.01
총자산	19232.38	20170.05	22591.85	25498.42	26309.49
총부채	10141.59	10808.25	12005.39	13739.02	14299.09
자본총계	6573.17	6720.3	7555.08	8409.06	8558.84

출처: Nikkei Asia Company Profile

표 2-20 SMI 프라임 홀딩스

(단위: 백만 달러)

	2017	2018	2019	2020	2021
매출	1803.48	1975.6	2284.87	1651.17	1669.86
영업이익	805.89	767.17	1094.86	586.16	657.56
EBITDA	983.6	1100.59	1303.91	794.66	877
순이익	546.94	610.69	735.52	363.03	441.96
총자산	10785.6	11488.71	13175.62	15041.78	15774.93
총부채	5519.7	6181.54	7202.35	8571.66	9217.87
자본총계	5187.44	5235.39	5941.67	6440.26	6528.78

출처: Nikkei Asia Company Profile

성장전략/성공요인

헨리가 필리핀에서 학업을 마치고 본격적인 경제활동에 뛰어들 당시의 필리핀은 사람들로 넘쳐났지만 싸고 품질 좋은 상품을 살만한 마땅한 '쇼핑 공간'이 부족했다. 일부 부유한 계층은 아주 다른 생활양식을 영유했지만 서민들은 제한된 주머니 사정을 고려하면서도 믿고 쓸 수 있는 양질의 제품을 원했다. 헨리가 유통업에 미래가 있다고 판단한 것은 시장의 수요를 제대로 파악했기 때문에 가능했다. 온라인 쇼핑이 대세가 되기 이전에는 쇼핑몰이나 백화점의 승패는 접근성이 좋은 위치, 입지가 고객을 끌어모으는 중요한 조건이었다. SM은 유동인구가 많은 요지에 쇼핑몰을 세웠고 토지매입에 들어가는 투자를 집중하는 대신 원가를 낮추고 더 많은 고객을 유치하기 위해 다양한 상품구색을 갖추기 위해 노력을 기울였다. SM이 필리핀 유통의 혁명을 가져왔다고 평가받는 이유가 여기에 있다.

SM의 성장의 또 다른 발판은 인수합병을 통한 금융업 육성이다. 필리핀은 1927년 아시아 최초로 증권시장의 문을 열 정도로 금융산업 발전은 빨랐지만 일부 대기업 소유주 가문들이 독점하는 환경에서 점차 경쟁력을 상실했다. SM그룹 역시 은행업에 진출하지 않으면 성장의 한계에 이르게 될 것으로 내다보고 아크미 저축은행을 먼저 인수한다. 그리고 2001년 다오 행 은행(Dao Heng Bank), 2003년 산탄데르 은행 필리핀(Banco Santader Philippines)과 UOB 필리핀 사업을 인수하고 에퀴터블 PCI 은행을 인수, BDO와 합병시켜 필리핀 3위 은행으로 만들었다. 그 이후에도 GE 머니뱅크(GE Money Bank), 산 후안의 지방 은행(Rural Bank)과 시티은행의 사업부 등을 인수하면서 필리핀 1등 은행으로 키웠다. 은행을 소유하고 있다고 해서 사금고처럼 사용되어서는 결코 안 되지만 필리핀의 민간부문 성장에서 금융업의 발전은 무엇보다 필요한 전제요건이며, 인구증가와 경제성장에 맞춰 경쟁력있는 민간 상업은행에 성장기회는 분명히 있었다. BDO는 전체 SM 그룹의 매출의 44%, 이익의 45%를 차지하고 있다. 금융산업에 뛰어들지 않았다면 SM은 지금과 같은 필리핀 1위 기업집단으로 성장하지 못했을지도 모른다.

SMCI 회장이자 BDO 부회장인 창업자 헨리 시의 장녀 코순 시(Teresita Sy-Coson)는 SM그룹의 성공 비결을 묻는 질문에 다음과 같이 답했다.

"M&A 등으로 무리하게 외형을 늘리기보다 우리가 잘할 수 있는 사업에 집중한 전략이 주효했다. 예를 들어 우리가 BDO뱅크를 인수한 것은 SM그룹 초기에 손님들에게 거슬러 줄 동전이 부족했기 때문이었다. 기존 은행들이 지폐를 동전으로 바꿔주는 일을 귀찮아 해 어쩔 수 없이 소규모 은행을 인수했던 것이다."[45]

은행 인수가 코순 부회장의 답변대로 단순히 동전 바꿔주는 이유만으로 결정될 사안이라고는 누구도 생각하지 않을 것이다. 다만 고객과 종업원들의 페인포인트를 해결하는 노력도 인수 결정에 미약한 영향을 미쳤겠지만, 당시 SM의 유통업과 부동산 개발에서 은행 인수가 중요한 역할을 할 수 있다는 점이 더 크게 고려되었을 것이다. 백화점과 쇼핑몰, 상업지구 개발지역 모두에 은행 지점을 유치할 수 있고, 부동산 개발 자본 동원에도 은행을 소유한 경쟁자들에 비해 불리한 위치를 벗어날 수 있었기 때문이다.

45 매일경제 "신발서 출발 유통 금융재벌로… 한국 금융업 진출" 2013년 5월 21일. https://www.mk.co.kr/news/special-edition/5560543

현황 및 향후 전망

SM프라임 홀딩스는 1994년, SMIC는 2005년 필리핀 주식시장에 상장하였고, 상장 이래 꾸준히 성장했다. SMIC와 SM 프라임의 시가총액은 각각 약 200억 달러, 184억 달러로 필리핀 주식시장의 1위와 2위를 차지하고 있으며, 3위 역시 BDO은행이 97.85억 달러로 3위를 차지하고 있다. 주식가격은 기업의 미래 현금흐름의 현재가치라고 하며, 결국 향후 이 기업이 어떤 사업으로 수익을 창출할 것인지에 대한 평가가 현재 주가에 반영되어 있다. SM 그룹이 전통적인 유통과 은행, 부동산업에만 집중한다면 안정적이라고 생각할 수도 있지만 성장 기회는 크지 않을 수도 있다. SMIC는 테크기업에 대한 투자를 통해 미래 산업의 기회를 찾고 있고, 다른 한편으로는 지오서멀 프로덕션(Philippine Geothermal Production Company: PGPC)을 인수해 발전사업과 신재생 에너지 분야에 진출 준비를 마쳤다. 필리핀 지오서멀은 루손섬 남부와 메트로마닐라 근교에 지열발전소를 운영하고 있으며, 그 외에 여러 지역의 지열발전 개발권을 보유하고 있다. 탄탄한 수익구조를 갖춘 SM이 어디로 뻗어나갈 것인지 신사업의 방향성에 귀추가 주목되고 있다.

표 2-21 필리핀 시가총액 기준 상위 5대 기업

기업	1년간 수익률	시가총액 (단위: 필리핀 페소)	산업
SM Investments	–2.3%	P1.1조	자본 투자
SM Prime Holding	11.0%	P1.1조	부동산
BDO Unibank	11.2%	P6,000억	은행
Ayala Land	–7.7%	P4,610억	부동산
Bank of the Philippine Islands	7.9%	P4,504억	은행

출처: Philippine Stock Exchange(검색일 2023년 1월 6일)

그림 2-61 SM그룹과 아얄라그룹 상장사 주가 수익률 비교

(2013~2023.1.6)

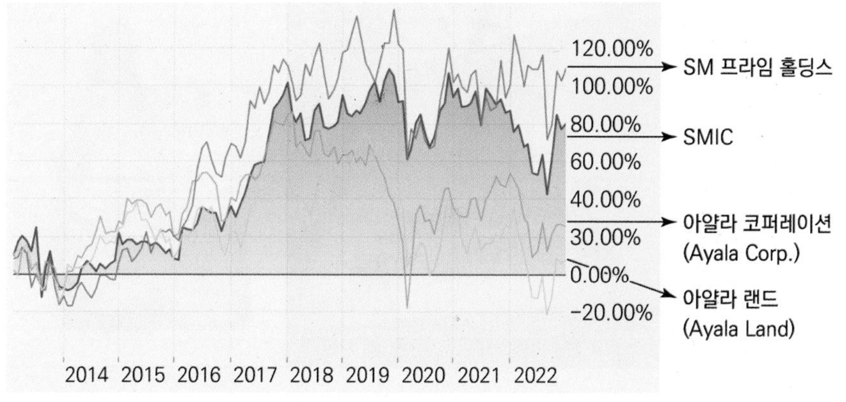

출처: Financial Times(검색일 2023년 1월 6일)

6.2 산미겔 코퍼레이션(San Miguel Corporation)

130년 역사를 자랑하는 필리핀 브랜드

필리핀 기업이라면 잘 떠오르지 않겠지만 우리에게 매우 친숙한 맥주 브랜드인 산미겔[46]이 바로 필리핀 태생이다. 산미겔은 역사와 전통을 자랑하는 필리핀 대표 기업 중 하나이다. 수많은 기업들이 생겨났다 사라지는 맥주 시장에서 '산미겔'이라는 브랜드를 한 세기 넘게 이어오는 것은 쉬운 일이 아니다. 산미겔 맥주는 한국에서뿐만 아니라 전 세계에서도 알아주는 브랜드이지만, 오늘날 산미겔 코퍼레이션이라는 기업은 맥주에서 전력, 인프라 사업으로 그 존재감을 훨씬 더 강력하게 키웠다.

46 과거에는 산미구엘이라고 불리웠으나 정확한 발음으로 '산 미겔'이며 한국에서 점차 '산미겔'로 표기되고 있다.

그림 2-62 산미겔 맥주

출처: San Miguel Corporation 홈페이지

성장 스토리

산미겔은 도대체 얼마나 오래된 회사이고 영향력이 크길래 필리핀 하면 떠오르는 상징이 되었을까. 그 기원은 무려 1890년으로 거슬러 올라간다. 필리핀이 스페인의 식민지였을 당시 마닐라에서 사업을 하던 스페인 사업가의 아이디어에서 출발했다. 엔리케 마리아 바렛토 데 이카자 에스데반(Don Enrique María Barretto de Ycaza y Esteban)은 필리핀에 새로운 주류를 선보이면 잘 되지 않을까라고 생각했고 당시 필리핀에는 없었던 맥주를 선보이기로 했다. 이때 만들어진 회사가 산미겔 브루어리였다. 회사 이름은 마닐라의 산미겔이라는 지역 이름에서 따왔다. 산미겔 브루어리는 동남아 최초의 맥주 양조장이었고, 카톨릭의 성 미카엘 축일에 맞춰 회사를 정식 오픈했다.

처음 맛보는 병에 든 맥주는 반응이 좋았다. 필리핀 사람들이나 필리핀에 거주하는 외국인들에게 산미겔은 인기를 끌었고, 산미겔은 필리핀을 벗어나 상하이와 홍콩, 괌 등 해외 수출에 적극적으로 나섰다. 맥주뿐만 아니라 로얄 소프트 드링크와 매그놀리아 아이스크림 등을 런칭하며 생산품목을 다양화했다. 1920년대 사세 확장의 결정적인 계기가 된 계기는 산미겔이 코카콜라와 계약을 체결한 것이다. 1927년 계약 당시 산미겔은 미국계가 아닌

그림 2-63 1890년 산미겔 브루어리 모습

1890 | La Fabrica de Cerveza de San Miguel
is founded by Enrique Ma. Barretto y de Ycaza

출처: San Miguel Corporation 홈페이지

최초의 해외 보틀러 및 유통 파트너가 되었다. 그만큼 산미겔이 동남아에서 가지고 있던 입지나 시장 지위가 상당했었기에 가능한 일이었다.

설립자는 스페인 사람이었지만, 산미겔이 스페인에 생산기지를 갖고 있지는 않았다. 1953년에 라 세가라(La Segarra) 브루어리가 산미겔의 안드레스 소리아노(Andrés Soriano) 사장에게 "산미겔" 브랜드로 스페인에서 맥주를 생산할 수 있게 해달라는 요청을 했고, 이것이 받아들여지면서 스페인에서 생산된 산미겔 맥주가 등장한다. 이를 '마닐라 합의(Manila Agreement)'라고 부른다. 스페인의 산미겔 브루어리는 후에 마호우(Mahou)가 인수하면서 마호우-산미겔로 이어진다.

다시 필리핀으로 돌아가보면 1963년 산미겔은 브루어리가 아닌 산미겔 코퍼레이션으로 이름을 바꾸고, 신규사업에 눈을 돌린다. 농산물과 가공식품 생산, 육류, 유제품, 코코넛, 주류, 그리고 포장용기로 사용되는 유리병과 박스, 알루미늄 캔 생산에 직접 뛰어든다. 관련사업 다각화를 진행한 것이다. 이 전략은 성공적이었다. 산미겔은 한때 필리핀 탄산음료시장의 거의 전부를 장악했고, 비주류 음료 시장도 절반이상, 주력 사업인 맥주와 알코올부문에서도 막대한 시장점유율을 보이며 필리핀의 대표 기업으로 자리를 굳혔다. 식품 이외에 광산과 신문, 라디오 등 미디어에도 진출했으며 필리핀 항공사에도 투자했다.

이처럼 산미겔을 맥주회사에서 다각화된 포트폴리오를 가진 거대 기업으로 키운 것은 안드레스 소리아노였다. 사실 산미겔 브루어리 회사가 만들어질 때 참여한 주주들은 여러 명이었고, 그 가운데 페드로 파블로 록사스(Pedro Pablo Róxas)가 엔리케 바레토(Don Enrique Maria Barretto de Ycaza y Esteban)의 지분을 인수해 대주주로 자리를 잡았다. 록사스의 손자가 바로 안드레스 소리아노(Andrés Soriano)이다. 그러나 소리아노의 진격이 날이 계속되지는 않았다. 지배구조문제가 불거졌다. 대주주인 소리아노의 사촌이자 아얄라 그룹의 대표인 엔리케 죠벨(Enrique J. Zóbel)이 경영상의 문제를 들어 반기를 들었고, 지분을 에두아르도 코후앙코 주니어(Eduardo M. Cojuangco, Jr.)에게 매각했다. 그는 필리핀의 독재자 마르코스(Ferdinand Emmanuel Edralin Marcos Sr)의 측근이었고 코코넛 산업 투자 펀드를 등에 업고 소리아노를 압박했다. 1986년 아키노 대통령이 당선되자 코후앙코는 마르코스와 함께 하와이로 달아나면서 경영권 다툼 1차전은 일단락되었다. 그러나 복잡한 필리핀 정치사는 다시 코후앙코, 라몬 앙(Ramon Ang), 그리고 죠벨을 다시 무대 전면에 내세우게 만들었다.

성장전략/성공요인

누가 경영을 맡건 간에 산미겔은 여전히 필리핀 경제에서 중요한 기업이었지만 국내외 기업들 사이의 경쟁이 심화되고 있었다. 새로운 돌파구가 필요했다. 산미겔은 해외진출에 전력을 다했다. 주인도네시아의 델타 디자카르타(PT Delta Djakarta)를 포함 주변 국가 6개 회사를 사들였고, 중국과 베트남에 합작법인을 세우며 진출했다. 아시아-태평양 지역을 넘어 1996년에는 영국과 아일랜드로 나아갔다. 주류 사업에서 눈을 돌려 에너지와 인프라에도 도전장을 냈다. 2010년 석유기업 페트론(Petron)의 지분을 인수했고, 엑슨 모빌 말레에이시아의 지분도 사들였다. 내부적으로는 흩어져 있는 각종 자회사를 업종별로 구조조정을 해서 새로 정비했다.

산미겔의 제2의 도약을 불러온 것은 인프라 분야이다. 필리핀은 1억 명의 인구를 가지고 경제성장률을 끌어올리려 애쓰는 국가지만 인프라가 취약하다. 지금까지 모든 대통령이 당선될 때마다 내세운 것도 인프라 확충이었지만 실제 완성된 프로젝트는 많지 않다. 현 두테르테 대통령은 "빌드 빌드 빌드(Build Build Build)"정책으로 인프라 건설을 경제 최우선 정책 전면에 내세웠던 이유도 인프라 없이 외국인 투자도 경제재건도 불가능하다는 것을 알기 때문이다. 산미겔은 딸락에서 라우니온(Tarlac-La Union)을 있는 민자고속도로 사업(TPLEx)에 참여했고, 남부 루손시역 고속도로 사업(SLEX)과 마카티 중심부와 루손 남부지역에서 뻗어나가는 고가 고속도로 사업 스카이웨이 프로젝트를 이끌었다. 이 외에도 여러 고속도로 사업과 통행관리를 맡고 있고, 불라칸 수도공급 프로젝트도 맡고 있다. 보라카이 공항은 이미 완공해 운영하고 있으며 마닐라 신국제공항 프로젝트가 진행 중이다. 이외에도 발전소나 경전철 사업 등 다양한 프로젝트가 준비 중이다. 인프라 프로젝트는 모두 막대한 예산에 자본이 투입되는 대규모 공사이다. 산미겔은 필리핀의 국가정책이 사회기반시설 건설에 집중되는 시기와 맞물려 주력사업으로 인프라부문이 성장했고, 기업 전체 매출에서 차지하는 비중도 크게 증가했다.

그림 2-64 산미겔 사업 포트폴리오

식품 및 음료
San Miguel Foods

맥주
San Miguel Brewery

GINEBRA SAN MIGUEL SINCE 1834

주류
Ginebra San Miguel, Inc.

정유 & 마케팅
Petron Corporation

부동산
San Miguel Properties Inc.

SMC INFRASTRUCTURE

인프라
San Miguel Infrastructure

패키징
San Miguel Yamamura Packaging Corporation

전력&에너지
San Miguel Global Power

그림 2-65 산미겔의 매출 및 영업이익의 분야별 비중

(2021년 기준)

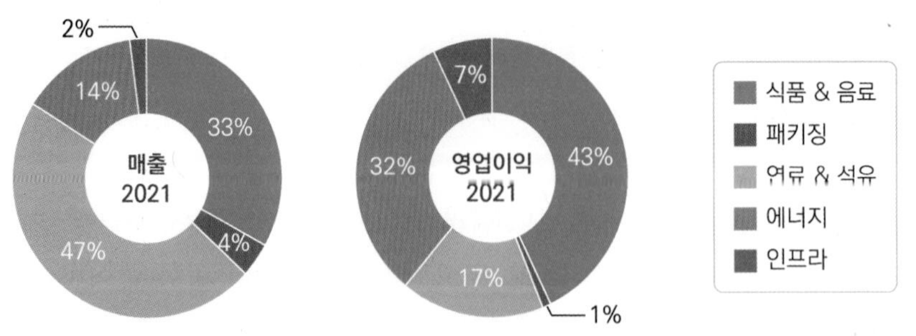

출처: San Miguel Annual Report 2021

현황 및 향후 전망

산미겔은 그룹 전체의 매출이 2021년 기준 필리핀 GDP의 4.9%를 감당하고 있다고 밝히고 있다.[47] 그만큼 필리핀 경제에서 차지하는 비중이나 중요성이 크다. 2020년 팬데믹의 여파로 필리핀 경제도 타격을 입었고 산미겔 전체 매출과 이익도 크게 하락했다. 그러나 2021년부터 전년 대비 확실한 회복세를 보여주고 있다. 전체 매출도 30.5% 증가했지만 영업이익과 순이익은 각각 64.9%, 303.5%나 증가했다. 물론 기저효과의 영향도 있지만, 식품과 정유, 인프라 부문에서 고르게 매출과 이익이 회복되고 있다.

산미겔의 주가는 크게 요동쳤다. 팬데믹 이전에는 주당 175페소를 넘기도 했지만 2022년 연말에는 92페소까지 하락했다. 기업가치도 한때 87억 달러에 달했으나 40억 달러 언저리로 내려앉았다. 매출과 이익이 회복되면서 주가도 다시 올라갈 가능성은 여전히 남아있다. 2022년 산미겔은 이글 시멘트(Eagle Cement)를 인수하면서 인프라 비즈니스를 더 강화하려는 의지를 드러냈다. 경기침체가 엄습하더라도 산미겔의 기존 사업분야가 크게 흔들릴 것으로 보이지는 않지만 인프라가 앞으로 얼마나 기여를 할 수 있느냐에 따라 미래 가치에 대한 평가가 달라질 것이다.

---

47 San Miguel Corporation 홈페이지

표 2-22 산미겔 코퍼레이션

	2017	2018	2019	2020	2021
매출	16385.83	19454.97	19708.27	14632.85	19093.21
영업이익	2206.44	2227.87	2234.72	1441.03	2376.56
EBITDA	2862	2954.47	3066.33	2274.57	3270.13
순이익	559.85	438.03	411.91	59.93	241.83
총자산	27637.08	31884.41	35891.67	39818.15	40234.4
총부채	18151.78	22102.23	24548.58	26762.39	27426.13
자본총계	6015.56	6422.83	6564.43	6802.77	5852.99

출처: Nikkei Asia company profile

그림 2-66 산미겔 코퍼레이션 주가

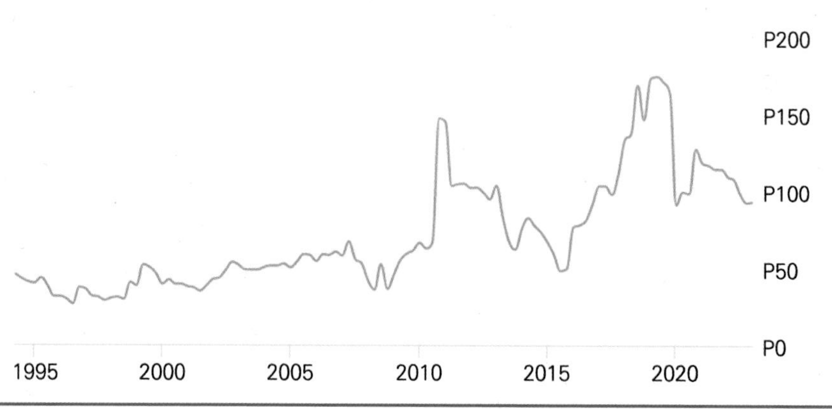

출처: barrons.com(검색일 2023년 1월 6일)

07 베트남

베트남은 한국의 대외 해외투자에서 미국 다음으로 투자액 규모가 크고, 한국의 해외법인 설립 수에서도 1등을 차지하고 있을 정도로 한국과는 매우 밀접한 경제관계를 맺고 있다. 베트남에서도 누적투자액 기준 1위 투자국가가 바로 한국이다. 북쪽으로는 중국, 서쪽으로 라오스, 캄보디아와 국경을 맞대고 있는 베트남은 331,236km^2 면적을 가지고 있어 영토 크기는 한반도의 1.5배이며, 아세안에서 세 번째로 많은 인구를 가지고 있다. 베트남은 사회주의 국가로 다양성을 인식하지 못하는 이들이 많으나 전체 인구의 85%를 차지하는 비엣족(킨족)과 53개 소수민족으로 구성된 다민족 국가이다.

1986년 도이모이 경제개혁이 시작된 이후 시장개방과 산업화 전략을 적극 추진해왔다. 특히 2007년 1월 WTO에 가입한 후 현재까지 외국인직접투자가 급속도로 증가하면서 급속한 경제성장을 견인했다. 2015년부터 2019년까지 5년간 평균 경제성장률은 6.9%로 동기간 아세안 국가 중 가장 높은 수치를 기록했고, 2020년 팬데믹으로 아세안 국가들이 마이너스 성장률을 기록하는 동안에도 2.9%라는 성과를 거두었고 2022년은 8%를 넘을 것으로 예상된다. 베트남의 2021년 GDP는 3,680억 달러로 아세안 10개국 중 4번째 수준의 경제규모를 가지고 있지만, 1인당 GDP는 3,694달러로 6위에 그쳐있다. 베트남의 산업구조는 2021년 기준 농림수산업이 12.36%, 공업 및 건설업 37.86% 그리고 서비스업이 40.95%를 차지하고 있어 서비스업의 비중이 다른 국가들에 비해 상대적으로 낮은 편이다. 제조업 중심의 수출 전략이 국가 경제발전 정책의 핵심으로 작동했기 때문이지만 향후 서비스업의 성장 가능성이 크게 열려있다고 볼 수 있다.

베트남은 '포스트 차이나'라 불리고 있는 떠오르는 제조업 생산기지가 되었고 미국과 중국의 무역갈등에서 가장 큰 수혜를 받은 국가로 떠올랐다.

외국기업들의 투자 열풍이 지속되며 향후에도 6% 이상의 높은 성장률을 기록할 것으로 예상된다. 그러나 성장가능성에서 높은 평가를 받는 베트남의 글로벌 경쟁력은 아직 낮은 편에 속한다. 세계은행(World Bank)에서 발표하는 'Doing Business'에서 베트남은 2020년 전체 190개 국가 중 70위에 올랐다. 2015년 대비 9단계 상승했지만 여전히 높은 순위와는 거리가 멀고, 세계경제포럼(World Economic Forum: WEF)이 발표하는 글로벌 경쟁력지수에서 베트남은 2019년 세계 141개 국가 중 67위를 차지했다. 사업환경 평가에서 건축인허가와 자금조달 부문에서는 25위로 높은 평가를 받았지만, 부도해결 부문에서는 낮은 점수를 받았다.

고도성장기를 거치고 있는 베트남 경제는 외국계 기업들의 수출과 투자가 큰 기여를 했지만 동시에 현지 대기업들의 성장이 주목받고 있다. 사회주의 국가에서 주요 기업들이 국가나 지방정부 소유였지만, 시장경제 시스템을 도입하고 공공부문을 개혁하면서 현지 사기업들의 성장하기 시작했다. 이제는 베트남 경제의 주축이자 혁신 주체로 민간기업의 성장 속도가 빨라지고 있으며 산업의 경쟁력을 주도하고 있다. 베트남 민간기업 대표적인 사례로 빈그룹과 마산그룹 그리고 FPT를 빼놓을 수 없다. 빈그룹과 마산그룹은 각각 부동산개발과 식품기업으로 시작했지만 건설과 유통업으로 사업범위를 확대하였고 빈그룹은 전기자동차로 미국진출 준비하고 있다. FPT는 베트남 경제의 새로운 성장엔진으로 대두한 ICT 업계의 최대 기업으로 미래 성장성이 높다고 평가받는 기업이다.

7.1 빈그룹(Vin Group)

한국과 경제적으로 밀접한 베트남에서 가장 유명한 기업을 언급하자면 대부분 빈그룹(VinGroup)을 떠올릴 것이다. 2019년 북미 정상회담을 앞두고 북한의 경제관련 수행원들이 찾은 기업도 빈그룹이다. 북한측은 하이퐁의 빈패스트의 자동차와 오토바이 생산 라인을 집중적 시찰했다고 한다. 그만큼 빈그룹은 베트남 성장의 상징적 존재이다. 부동산에서 유통, 미디어, 자동차까지 다양한 업종에 계열사를 두고 있는 베트남 최대기업집단 빈그룹은

그림 2-67 빈그룹 창업자 팜 녓 브엉(Pham Nhat Vuong)

출처: VinGroup

고용인원이 41,700명으로 민간부문에서 최대규모를 차지하고 있고 빈그룹의 상장사 2개가 주식시장 주가지수 VN인덱스 10% 이상을 차지할 정도로 그 중요성이 압도적이다. 베트남 전체 GDP의 2.2%를 차지하는 빈그룹은 그야말로 베트남 신경제의 대표주자라고 할 수 있다. 빈그룹 창업자는 베트남에서 가장 부유한 사업가이자 포브스 전 세계 부호 500인에 선정되었다.

성장 스토리

베트남 민간 빈그룹의 창업자 팜 녓 브엉(Pham Nhat Vuong)은 독특하게도 베트남이 아니라 우크라이나에서 처음 사업을 시작했다. 그는 베트남 전쟁이 벌어지던 1968년 하노이에서 태어났다. 가난한 청년시절을 보냈지만 수학에 재능이 있어서 국가 장학금을 받고 러시아(당시에는 소련)로 유학을 떠났다. 그러나 1991년 소련이 붕괴되면서 러시아와 우크라이나 경제는 자본주의가 도입되면서 엄청난 사회 혼란을 겪고 있었다. 그곳에 기회가 있다고 생각한 청년 팜은 1993년 작은 식당을 열었고 현지 주민들에게 좋은 반응을 얻었다. 여기에서 아이디어를 얻은 팜은 테크노컴(Technocom)이라는 식품업체를 설립해 미비나(Mivina)라는 이름의 라면을 생산하기 시작했다. 경제난에 빠진 우크라이나에서 저렴하게 한끼 식사가 되는 신상품 라면은 날개 돋친 듯이 팔려나가며 소위 대박을 쳤다. 팜은 조국 베트남으로 눈길을 돌리고 2000년 고향으로 돌아온다. 곧바로 혼 트로 관광무역회사(현재 사명 빈펄: VinPearl JSC) 설립을 시작으로 리테일 분야의 빈컴과 빈펄 랜드 놀이공원 등을 설립하며 빠르게 기업의 규모와 사업영역을 확장했다. 2007년 빈컴은 호치민 주식시장에 상장되었고, 이후 의료(vinmec)와 교육사업(Vinschool)에도 잇달아 진출하였다. 2014년 빈홈스와 빈마트로 주택사업과 소매업에 발을 딛었다. 베트남 경제가 성장하면서 중산층들이 늘어나 부동산과 주택 수요가 증가하기 시작했다. 빈그룹은 지역 및 도시개발을 진행하면서 아파트를 짓고, 자체 브랜드인 빈마트와 쇼핑몰, 학교, 병원 등 생활기반 시설과 서비스 풀팩키지를 자체적으로 실행할 수 있는 대형그룹으로 자리를 잡았다. 그사이 테크노컴은 글로벌 식품기업 네슬레에 2009년 1억 5천만 달러에 매각하였다.

부동산과 유통에서 보다 기술 기반 비즈니스로 성장하기를 원했다. 2015년 첨단 농업을 선보이는 빈에코와 전자제품 판매 빈프로를 런칭했다. 그리고 2017년 마침내 자동차와 오토바이 사업에 뛰어들었다. 빈파와 빈스마트를 설립해 제약분야와 스마트기기 분야까지 진출했으며 연구개발을 전업으로 하는 빈테크를 출범시켰다. 하노이나 호치민과 같은 대도시나 박닌성이나 하이퐁과 같은 산업단지, 푸꿕과 같은 휴양지 등 베트남 어디를 가던 아파트와 마트, 리조트 등 빈그룹 브랜드를 거치지 않고 지낸다 것은 거의 불가능하다.

빈그룹은 2017년 빈패스트를 설립하고 2018년 처음으로 전기스쿠터를 내놓으며 모빌리티 분야에 뛰어들었다. 1년 뒤인 2019년 베트남 기업으로는 최초로 국산 자동차를 내놓았다. 이륜차 수요가 많고 중산층이 두터워지면서 차량 수요 증가가 예상되었으므로 수입산이 장악한 시장에 빈패스트의

그림 2-68 빈그룹 자산 증가 추이

(단위: 십억 달러)

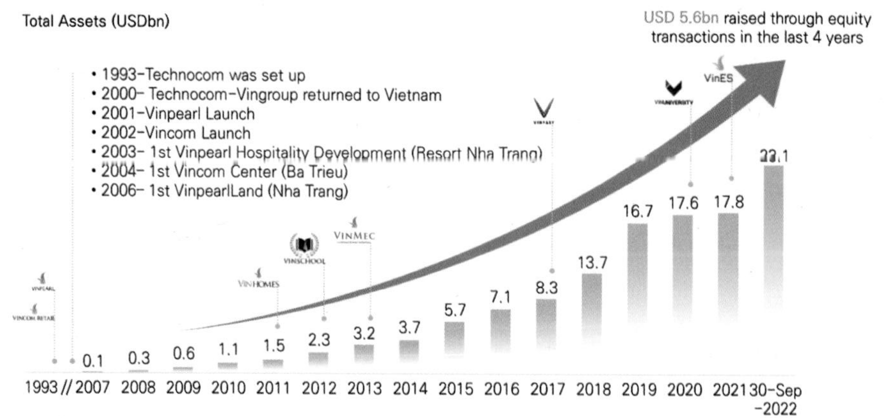

* 총자산 231억 달러(2007년 이래 231배 성장함)
출처: Vin Group Corporation Presentation 2021

도전 자체는 장기적인 관점에서 기회를 창출할 수 있을 것으로 보였다. 시작은 미약했지만 2020년 4분기 매출이 크게 증가해 연간 차량 31,500대 그리고 45,400대의 전기 오토바이 판매고를 기록했다. 빈패스트는 프리미엄 세단과 SUV, 전기 오토바이 부문에서 시장점유율 1등을 차지하고 있다. 정부의 지원과 마케팅 프로모션에 기댄 판매증가라는 비판이 있으나, 막대한 자금이 투입된 빈패스트의 성과는 빈그룹 전체 성장 향상에 기여하였다. 2021년 12월 기준으로 빈그룹은 총매출은 55억 97백만 달러, 우리 돈으로 약 7조원이 넘는다.

베트남 경제 성장률이 고공행진을 하는 동안 빈그룹도 크게 성장했다. 2007년 대비 총자산이 231배가 증가했고, 순이익도 2015년 3조 1,590억 동에서 2018년 6조 동을 넘어섰다.

빈그룹은 부동산과 제조업에서 첨단산업으로 사업구조 다각화를 추진하고 있다. 스마트폰과 TV 사업, 빅데이터와 AI사업에도 진출했다. 또한 베트남에서 자동차를 생산한 빈패스트는 미국 시장진출을 선언했다. 아직 빈그룹의 매출과 이익을 책임지고 있는 것은 여전히 빈홈즈로 대표되는 부동산 개발이다. 글로벌 사모펀드 KKR과 싱가포르 투자기관 테마섹의 컨소시업이

그림 2-69 빈그룹 구조와 주요 산업분야

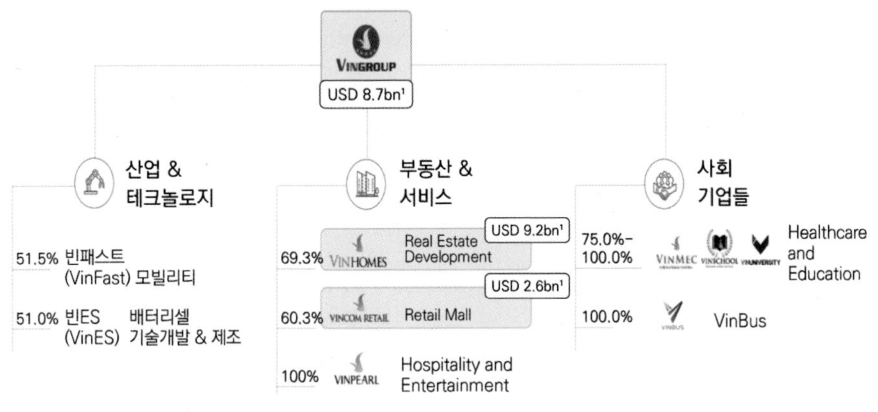

출처: Vin Group Corporation Presentation 2021

빈홈즈의 지분 6%를 6억 5,500만 달러에 인수했다. 글로벌 투자자들이 베트남 시장의 성장성과 부동산 분야의 성장기회에 대한 확신에 기반하고 있으면서도, 빈패스트나 빈그룹이 아니라 빈홈즈의 지분을 인수한 것은 리스크와 수익성을 고려한 선택이다.

현황 및 향후 전망

계속 성장세를 이어갈 것만 같았던 빈그룹도 팬데믹 영향으로 투자와 관광 섹터의 부진으로 2020년 이익이 2019년 대비 43.1%나 감소했으며 2021년에도 손실이 1억 달러가 넘었다. 이는 자동차 사업에 대규모 투자와 부동산 사업의 위축이 동시에 일어나면서 현금흐름과 수익구조가 악화되었기 때문이다. 빈그룹은 2022년 빈패스트(VinFast) 전환사채(CB) 발행, 아시아개발은행(ADB)과 1억 3,500만 달러 기후금융패키지(녹색대출) 조달 등 해외시장에서 7억 6,000만 달러 규모의 자금을 조달해 빈패스트를 지원하고 있다. 빈그룹이 자동차에 사활을 걸었다는 뜻이다. 빈그룹은 중국의 배터리 생산업체 고션 하이테크(Gotion High-Tech)와 합작으로 배터리 생산 공장 건립에 나섰고 빈패스트는 미국 주식시장 상장을 준비 중이다. 라스베거스에서 열

표 2-23 빈그룹 매출과 EBITDA

(단위: 십억 동)

	2017	2018	2019	2020	2021
매출	3933.21	5293.77	5598.29	4755.15	5597.41
영업이익	508.47	306.79	111.72	−143.9	253.25
EBITDA	683.91	722.04	816.30	300.75	903.77
순이익	196.43	166.06	324.86	235.18	−109.6
총자산	9414.41	12421.95	17423.27	18304.07	18797.03
총부채	7100.05	8146.6	12219.31	12418.54	11795.19
자본총계	1394.78	2312.79	3297.76	3430.99	4408.68

출처: Nikkei Asia Company Profile

리는 CES에 2022, 2023년 연달아 대규모 전시를 열고 전기차를 소개했다.

빈그룹의 스마트폰과 TV 사업은 고배를 마셨다. 기술력이 부족과 시장에서도 신뢰도를 얻지 못한채 결국 출시 3년 만에 2021년 5월 생산중단을 선언했다. 빈패스트 자동차를 미국시장에서 판매하겠다는 계획이나 성공적으로 시장에 안착할 수 있을지에 대해서는 아직 확신하기 어렵다. 빈그룹은 2022년 연말 빈빅데이터(VinBigdata)를 통해 빈베이스(VinBase)라는 AI플랫폼을 소개했고, 챗봇과 자동음성 인식과 변환 기술을 개발하고 차세대 SaaS(Software as a Service) 서비스 개발에 역량을 강화할 것을 내세우고 있다. 부동산의 수익을 바탕으로 제조업과 테크 분야로 확장하려는 빈그룹의 전략이 틀렸다고 말할 수는 없지만 단기간에 기술을 개발, 축적할 수 있는 역량을 보여주고 시장에서 인정받을 수 있을지 아직 투자자들에게 확신을 주지는 못하고 있다. 빈홈즈의 주가도 2022년 40% 이상 하락하며 시가총액도 90억 달러로 줄어들었다. 빈그룹 팜 녓 브엉 회장의 순자산도 한때 67억 달러를 넘겼지만 2023년 1월 6일 기준 43억 달러로 내려갔다.

그림 2-70 부문별 매출 비중

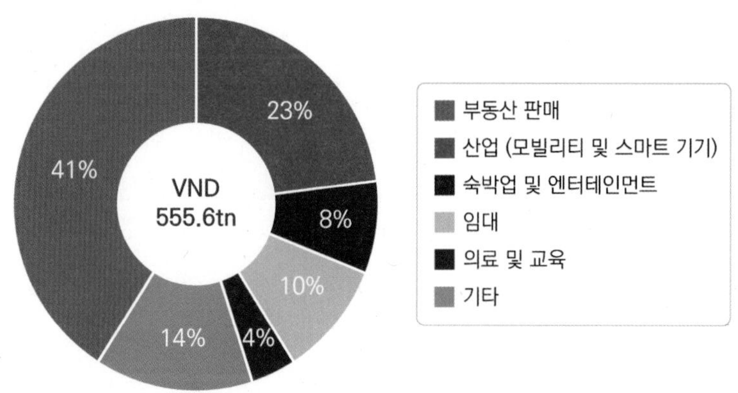

출처: Vin Group Corporation Presentation 2021

그림 2-71 빈홈즈의 주가 추이

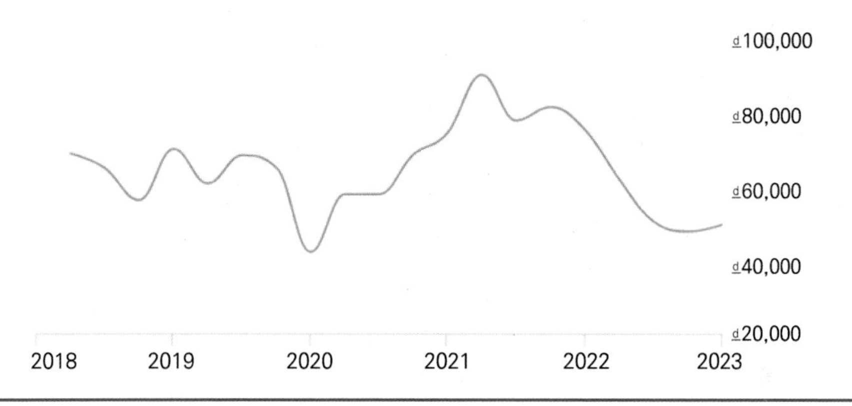

출처: Barrons.com(검색일 2023년 1월 6일)

7.2 마산그룹(Masan Group)

베트남의 식품 및 유통업체의 선두주자로는 마산그룹이 꼽힌다. 마산그룹이라면 생소할 수도 있지만 베트남 음식을 먹을 때 나오는 여러 소스를 만드는 기업이라고 하면 한국인들은 대개 '아하'라는 반응을 보일 것이다. 베트남을 넘어 세계 곳곳의 베트남 식당을 차지한 마산그룹은 베트남 최대 식음료기업이며 포브스가 뽑은 베트남 50대 상장기업에 9년 연속 오를 정도로 안정적인 성장을 이어온 대표 민간기업이다. 2018년 SK가 5,300억을 투자해 9.5%의 지분을 사들인 이후 2021년에 추가로 4,000억을 자회사 크라운X에 투입하면서 한국에서도 유명해졌다.

성장 스토리

마산그룹의 시작은 평범한 무역회사였다. 베트남의 빈그룹이나 비엣젯, FPT 등 유명 기업의 창업자들과 마찬가지로 마산그룹 창업자 응우옌 당 쿠앙(Nguyen Dang Quang) 역시 1980년대 벨라루스에서 유학한 인재였다. 핵물리학 박사학위를 취득한 응우옌은 베트남에 돌아와 과학원에서 연구자로 일했으나 당시 베트남에서 받는 월급은 형편없었다. 돈을 벌기 위해 응우옌은 러시아로 돌아갔고 베트남 음식을 취급하는 무역회사 마산 러스 트레이딩(Masan Rus Trading)을 설립하게 된다. 마산이라는 이름은 베트남어로 강하다는 뜻의 만(Manh)과 밝다는 의미의 상(Sang)에서 글자를 따와서 만들었다. 식품 수출입을 하던 응우옌은 아예 직접 공장을 설립하기로 한다. 라면 생산 이후 소스로 영역을 확장했다. 처음에는 러시아와 동유럽에 있는 베트남 교민과 유학생들이 고객층이었으나 점차 현지인들로 확대하면서 매월 3천 만개의 라면을 생산해 연간 1천만 달러의 매출을 거둘 정도로 성공을 거두게 된다. 러시아에서 돈을 번 응우옌은 베트남으로 돌아온다.

라면과 소스 제조 노하우와 경험을 축적한 응우옌은 베트남에서 소스로 승부를 걸었다. 베트남의 대표 쌀국수와 스프링롤을 먹을 때마다 함께 등장하는 소스 중 하나가 느억맘(nướcmắm)[48]이다. 한국의 액젓과 유사한데 베트남 요리에서는 빠져서는 안되는 중요한 재료이며 베트남 스타일 간장과 매

그림 2-72 마산그룹 창업자 응우옌 당 쿠앙(Nguyen Dang Quang)

운맛 소스 등 다양한 양념장이 거의 모든 베트남 요리에 사용된다. 한국에서 집집마다 직접 담근 장의 맛이 다르듯이 느억맘도 지역별로, 누가 만드느냐에 따라 다른 맛이 난다. 따라서 소스 시장은 한국의 장류 시장만큼이나 규모가 크다.

마산의 소스와 오마치 라면은 출시 이후 빠르게 시장을 장악해 나갔다. 1인당 라면 소비량에서 한국에 이어 2위를 차지하는 베트남의 거대한 라면 시장에서도 2위를 차지하고 있다. 시장조사업체 칸타르에 따르면 베트남의 가구 100 곳을 방문하면 그 가운데 95개 가정집에서 최소 1개 이상 마산제품을 사용하고 있다고 한다. 2009년 마산그룹의 피쉬 소스 시장점유율은 55%에서 2010년 65%로 상승했고, 같은 기간 간장은 69~70%를 차지하면서 업계 1위의 자리를 공고히 했다.

일상생활에서 매일 사용하는 소스와 자주 먹는 라면을 판매하는 마산그룹은 높은 시장점유율과 매출 성장률을 바탕으로 2009년 호치민 주식시장

48 느억맘의 기본재료는 베트남어르 까껌(Ca Com)이라는 생선을 발효해서 만든다. 피쉬소스와는 다르다. 까껌은 청어목 청어과이며 우리말로는 샛줄멸, 제주에서는 꽃멸치라고 부른다. 느억맘이나 피쉬소스, 액젓은 발표식품으로 작은 생선으로 만들어야 발효가 잘 진행되며 지역에 따라 새우나 게를 쓰기도 하고 오징어류를 쓰기도 한다. 느억맘은 역사와 전통이 있는 장류로 중국에서도 널리 이용되었고, 만드는 방법은 까나리 액젓과 유사하지만 북부의 하노이부터 남부 호치민까지 제조법과 맛이 약간씩 상이하다.

그림 2-73 마산그룹의 대표 상품

출처: Masan Group 홈페이지

에 상장했다. 자본시장에서는 베트남 식음료 산업의 성장 기대감과 마산그룹의 경쟁력에 긍정적 시각을 보냈다. 상장 첫 날에만 마산그룹 주가가 20% 상승했다. 주식시장 상장으로 자금의 여유가 생긴 마산그룹은 이때부터 공격적인 인수합병으로 사업을 확장해나가기 시작했다. 2010년 광업외사 누이 파오 코퍼레이션(Nui Phao Corporation)의 지분 70%를 사들이면서 자원산업에 발을 디뎠다(현재 하이-테크 머티어리얼즈[49]). 베트남 북부 타이응우옌에 위치한 누이파오 광산은 세계 최대의 텅스텐 광산이다. 2011년 인스턴트 커피 1등 사업자인 '비나 카페 비엔 호아'(Vina Café Bien Hoa)의 지분 50.3%를 인수하고 본격적으로 음료 시장에 뛰어들었다. 이후 빈 하오 미네랄 워터(Vinh Hao Mineral Water Jsc.)와 푸 엔 맥주음료(Phu Yen Beer and Beverage, 현재 마산 브루어리)를 잇달아 사들이면서 주류시장에까지 손을 뻗었다. 그러나 주류 시장에서 마산의 존재감이 미미하자 외국기업과의 전략적 제휴로 돌파구를 마련한다. 바로 태국의 맥주 시장 1위 업체인 싱하(Singha)와 손을 잡은 것이다. 싱하는 마산그룹에 11억 달러를 투자해 마산 컨슈머 홀딩스 주식과 마산브루어리 지분을 보유하게 된다. 마산의 소스는 싱하의 유통채널 도움을 받아 태국에 진출하고, 싱하는 맥주시장에서 고전을 면치못하는 마산에 브랜드파워를 가져다주면서 양사 모두에게 윈-윈 전략으로 비춰졌다.

49 한국에서는 마산첨단소재(Masan High-Tech Materials)라고 지칭되기도 함.

그림 2-74 마산그룹과 싱하의 전략적 파트너십

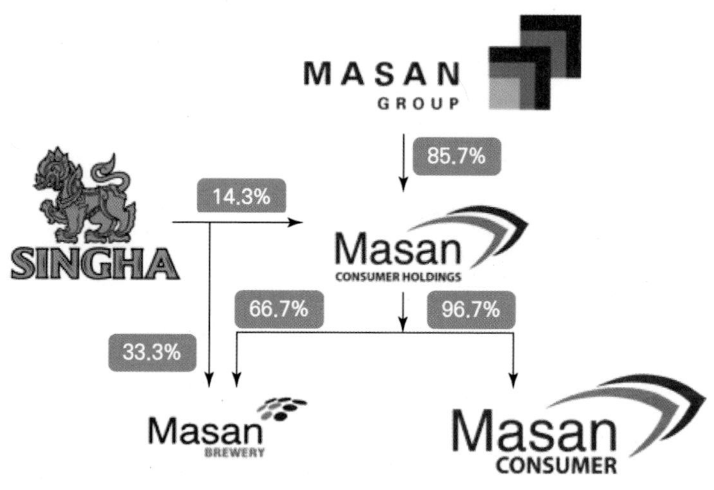

출처: Masan Group Annual Report, 저자 정리

마산그룹 식음료 사업의 수직계열화를 완성하는 데 중요한 인수합병은 2010년대 중반 일어났다. 마산은 2015년 베트남-프랑스 사료업체 프롱콩코(Pronconco)의 지분 52%와 앙코(Anco, Agro Nutrition Company Jsc.)의 지분 70%를 인수했다. 프롱콩코가 주로 소사료를 생산하는 기업이었고 앙코는 돼지사료를 생산했다. 이듬해에는 육류가공업체 비산(Visan)의 지분을 14% 사들였다. 이로써 사료부터 육류생산, 그리고 각종 농식물 원재료를 사용해 만들어진 라면 등 최종 가공식품 생산까지 이어지는 수직계열화를 완성했다. 비산은 주로 돼지고기를 취급하였는데 닭고기를 제품군에 포함시키기 위해 '3F비엣푸드'(3F Viet Food)를 2020년 추가로 인수한다. 육가공 시장 진출은 또 다른 사업기회의 신호탄이었다. 베트남 소득 수준이 높아지면서 육류시장 규모가 날로 커지고 있었기 때문이다. 유통업 진출 역시 인수합병을 통해 이루어졌다. 빈그룹의 소매 및 농업부문 사업을 마산소비재와 합병시키면서, 빈커머스가 거느리고 있던 슈퍼마켓 체인 빈마트와 편의점 빈마트 플러스, 농업 빈에코가 마산의 품으로 들어왔다. 유통까지 갖춘 마산그룹은 세제 등 생활용품에도 손을 뻗었고, 2021년 베트남의 스타벅스라 불리던 푹롱(Phuc Long) 커피 체인 브랜드를 인수했다. 전국에 있는 빈마트에 푹 롱

그림 2-75 마산그룹 비즈니스 구조

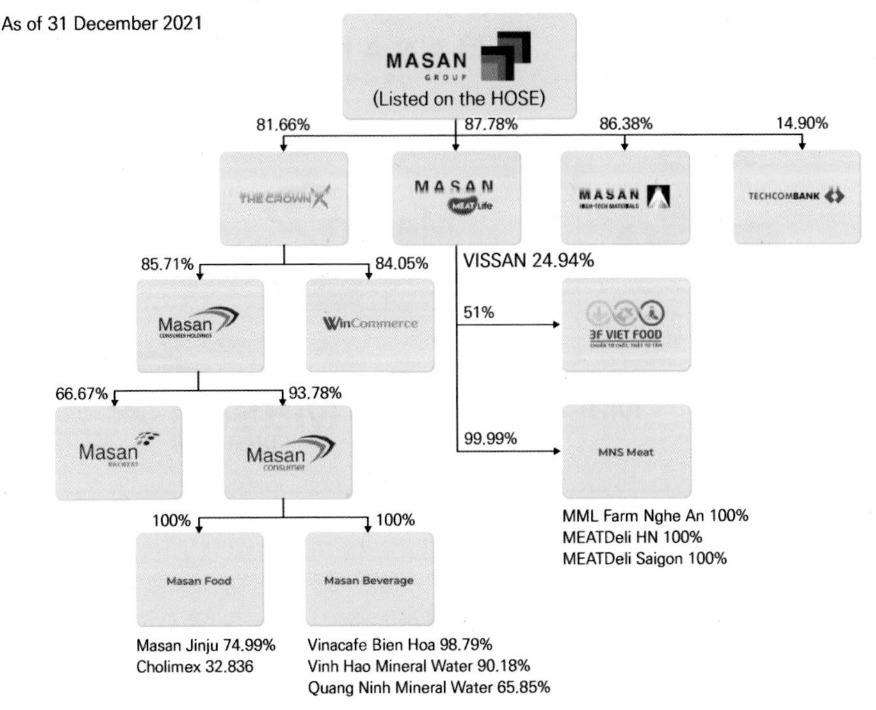

출처: Masan Group Annual Report 2021

매장이나 키오스크를 열고 소비자들과의 접점을 확대해 매출을 늘리려는 계획의 일환이었다.

다양한 사업부문을 갖게 된 마산은 그룹 전체의 구조를 개선하고 사업부문 사이의 시너지 효과를 증대시킬 필요가 있다고 판단했다. 기존의 컨슈머 홀딩스와 윈커머스를 통합하고 2020년 크라운엑스를 출범시켰다. 크라운엑스는 소매 유통의 지주회사와 같은 역할을 하면서 동시에 향후 새로이 추가될 디지털 컨슈머 서비스 등을 연계시키는 플랫폼의 기능도 맡고 있는 것으로 보인다. 레디(Reddi)라는 모바일 서비스를 제공하는 모비캐스트를 인수했다. 마산의 생태계를 조성하는 데 필수적인 금융 부문은 테콤뱅크가 맡고 있다. 테콤뱅크의 호훙안(Ho Hung Anh) 회장은 마산의 창업자와 유학 시절부터 친분을 나눠온 사이로 1990년대부터 양사에 서로 투자하면서 특수관계를 형성하고 있다. 마산그룹 지주회사에 테콤뱅크 회장의 지분이 있고, 이 지주회사가 테콤뱅크의 지분을 14.9% 보유하는 식이다.

성장전략/성공요인

지난해 마산그룹은 89억 동(40억 달러)을 기록했다. 2017년 37조 6천억 동과 비교해 두 배 이상 증가했으며 매년 평균 19%의 높은 매출 증가율을 보였다. 러시아의 무역회사에서 출발해 베트남 1등 식음료기업으로, 그리고 리테일까지 품은 마산그룹은 성장전략은 성공적이었다는 평가를 받고 있다. 마산그룹의 성공요인은 두 가지로 요약된다. 먼저 러시아에서 쌓은 노하우를 쌓은 라면과 소스 시장에 집중한 것이다. 베트남 인구는 약 1억명에 육박하고 누구나 소비하는 식품시장에서 시장점유율을 확대했다. 이후 성장기회가 높은 육류시장에 진입함으로써 식품시장에서 수익성을 끌어올리면서 시너지효과를 극대화했다. 현재 마산그룹은 느억맘 소스의 50% 이상의 시장을 장학하면서 1등 사업자 자리를 유지하고 있다. 두 번째는 사업구조조정 전략이다. 사료 기업을 인수해 수직계열화를 도모했지만 2021년 마산그룹은 동물사료사업부를 네덜란드 동물사료기업 데호이스(De Heus)에 매각했다. 대신 리테일에 집중하는 전략을 추진했다. 빈그룹(Vingroup)의 빈커머스(현 윈커머스, WinCommerce)를 인수하고 슈퍼마켓체인 윈마트(WinMart)와 편의점체인 윈마트플러스(WinMart+) 매장을 크게 늘렸다. 오프라인 매장을 통해 기존의 마산그룹의 식품과 소비재를 판매 거점으로 삼으면서 커피체인 푹롱과 테콤뱅크의 금융서비스를 결합해 온-오프 결합을 추구하고 있다.

사업구조개편은 효과를 거두고 있다. 2021년 영업이익과 순이익이 전년대비 크게 증가한 것이다. 2020 팬데믹 타격을 고려한다고 해도 팬데믹 이전과 비교해서도 80% 이상 늘어났다. 2021년 매출을 사업 부문별로 살펴보면 식품과 유통을 보유한 더크라운X가 58조 동으로 가장 많고, 미트라이프(Masan MEATLife)와 하이테크 머티어리얼즈가 그 뒤를 따르고 있다. 그러나 식품과 유통을 떼어 놓고 매출 비중을 보면 유통이 34%, 하이테크가 15%로 균형잡힌 사업 포트폴리오를 구성하고 있다고 볼 수 있다.

표 2-24 마산그룹

(단위: 십억 동 VND)

	2017	2018	2019	2020	2021
매출	37,621	38,188	37,354	78,868	89,792
영업이익	4,182	6,277	6,013	1,196	11,273
EBITDA	10,185	8,257	7,591	10,348	16,361
순이익	3,608	3,438	5,558	1,395	10,101
총자산	63,529	64,579	97,297	115,737	126,093
총부채	43,303	30,499	45,409	90,706	83,757
자본총계	63,529	34,080	51,888	115,737	126,093

출처: Masan Group Annual Report 2017-2021

표 2-25 마산그룹 매출 구성

(단위: 십억 동 VND)

더크라운X(The CrownX)		58,040
	마산 컨슈머홀딩스(Masan Consumer Holdings)	28,764
	윈커머스(WinCommerce)	30,900
마산미트라이프(Masan MEATLife)		18,891
마산하이-테크 머티어리얼즈(Masan High-Tech Materials)		13,564
합계		88,629

현황 및 향후 전망

마산그룹의 재무적 성과는 크게 개선되었지만 베트남 주식시장의 불확실성이 커지면서 주가도 등락을 거듭했다. 2020년 팬데믹 영향에서 벗어나면서 주가가 상승세를 탔지만 2022년 하반기 베트남 주식시장이 전반적으로 하락하면서 시가총액이 다시 60억 달러 이하로 내려갔다. 마산그룹의 식품사업은 안정기에 접어들었으므로 향후 성장기회는 리테일과 하이테크 머티어리얼즈에 달려 있다. 리테일 분야에서 마산은 윈(Win) 브랜드로 올-인-

그림 2-76 마산그룹 주가추이

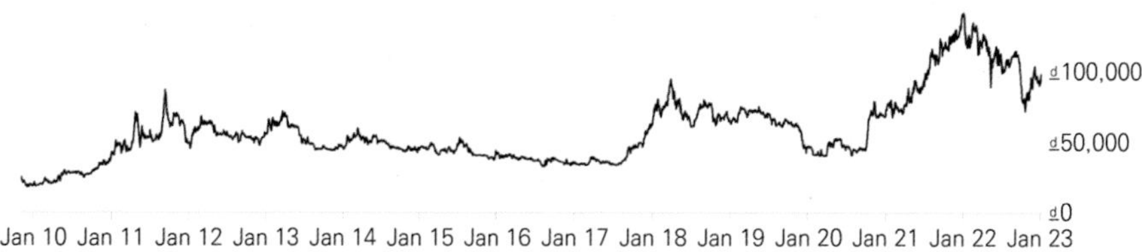

출처: WSJ Markets(검색일: 2023년 1월 8일)

원 스토어(all-in-one stores) 개념의 미니몰을 확대한다는 계획이다. 미니몰은 마산이 보유한 푹 롱의 카페, 약국체인 파노파머시(Phano Pharmacy) 테콤은행 ATM을 모아놓은 형태이며 여기에 온라인 플랫폼과의 결합을 진행 중이다. 텅스텐 광산을 보유한 하이테크 머티어리얼즈는 2022년 영국 급속충전 배터리 제조업체 니오볼트(Nyobolt)에 4,500만 파운드(5,300만 달러)를 투자했다.[50] 이번 투자는 하이테크 머리어리얼즈의 독일 자회사 HC스탁텅스텐분말(HC Starck Tungsten Powders)[51]을 통해 이루어졌고 니오볼트의 지분 15%를 확보했다. 니오볼트는 니오븀(Nb)과 텅스텐(W)을 사용한 배터리 양극재를 개발하고 있는데 하이테크 머티어리얼즈는 이번 투자를 통해 배터리 소재인 텅스텐의 향후 공급과 기술을 얻을 수 있는 발판을 마련한 셈이다. 마산그룹이 지금까지 보여준 경쟁력을 미래에도 발휘할 수 있을지 투자자들의 관심을 보이고 있다.

50 응웬 늣(Nguyen nhut) "마산그룹, 영국 고속충전배터리 제조사 '니오볼트'에 530만 달러 투자" 비나인사이드, 2022년 7월 16일

51 HC스탁텅스텐분말은 2020년 6월 마산첨단소재 자회사 마산텅스텐이 HC스탁그룹의 텅스텐 자회사 지분 100% 인수해 합병한 회사이며 독일, 캐나다, 중국 등 3곳에 현지 생산기지를 갖고 있다.

7.3 FPT

베트남의 대표 IT 기업

베트남은 한국 제조업의 주요 파트너로 이미 깊이 연결되어 있으나 IT 산업, 특히 아웃소싱의 신흥 강자라는 점은 잘 알려져 있지 않다. 그동안 인도와 중국이 IT 아웃소싱(ITO) 및 비즈니스 프로세스 아웃소싱(BPO) 업계 대표주자였지만 이 시장에 베트남이 치고 들어오면서 빠른 성장세를 보이고 있다. 특히 팬데믹을 거치면서 거의 모든 기업들이 디지털화에 사활을 걸지 않을 수 없었고 이것은 아웃소싱 서비스 시장의 규모를 더욱 키우며 베트남에게 더 큰 기회를 열어주고 있다. 2021년 베트남 ICT(정보통신) 산업의 매출은 1,361억 달러로 전년 대비 9.7% 증가했다. 10%에 근접한 ICT 성장률은 봉쇄조치가 강력하게 시행된 탓에 주저앉은 2021년 베트남의 GDP 성장률 2.58%를 훌쩍 뛰어넘는 수치이다. 컨설팅 회사인 A.T. Kearney가 발표한 2021년 글로벌 서비스 로케이션 인덱스(Global Service Location Index)에 따르면 베트남은 인도와 중국, 말레이시아, 인도네시아, 브라질에 이어 6위를 기록하고 있다. 2015년 11위에서 2017년 6위로 올라왔고 그 후 5~6위의 자리를 유지하고 있다. 글로벌 ITO와 BPO 시장에서 다음 목적지로 베트남을 눈 여겨 보고 있다는 뜻이다.

성장 스토리

베트남 ICT 산업을 이끌어온 맏형 같은 기업은 바로 FPT이다. 자고 일어나면 트렌드가 바뀌고 수많은 회사가 탄생과 소멸을 거듭하는 IT 업계에서 30년 넘게 자리를 지켜왔다는 사실만으로도 주목받기에 부족함이 없지만, 베트남 ICT 산업의 발전을 이해하기 위해 필수적으로 살펴봐야 할 기업이기도 하다. 국제 아웃소싱 협회가 발표하는 글로벌 아웃소싱 100대 기업 리스트에서 2013년부터 2019년까지 6년 연속 FPT 이름을 찾을 수 있다.

FPT는 1988년 쯔엉 지아 빈(Truong Gia Binh)이 하노이에 설립한 회사이다. 창업자 쯔엉은 러시아 로모노소프 모스크바 주립대학에서 박사학위를 취득하고 베트남 과학원에서 재직하던 교수였다. 베트남 개혁개방 정책 도이머이가 시작된 1986년부터 신경제 모델이 세워지고 창업 분위기가 무르익으면서 쯔엉은 과학을 계속 하면서 돈을 벌고 싶다는 열망이 타올랐다고 한다. 1988년 여름 러시아 과학원에 컴퓨터를 납품하기 위해 보조금을 받았고 기술 수출입과 이전 비즈니스에 눈을 뜨게 되었다. 마침내 1988년 9월 국립기술연구원이 푸드 프로세싱 테크놀로지 컴퍼니(Food Processing Technology Company) 설립을 결정하고 이사로 쯔엉 지아 빈을 선임했다. 이 회사 이름의 영문 이니셜 FPT라는 회사의 이름이 되었다. 자본도 자산도 없이 젊고 야심찬 13명의 과학자만 있는 회사가 새로운 도전에 첫발을 내딛었다. 그것이 FPT의 시작이었다.

1990년대 초반 FPT의 주요사업은 컴퓨터 보급이었는데 시장에서 주요 사업자로 단시간 내에 자리를 잡았다. 그러나 당시 미국의 엠바고 때문에 제3국을 거쳐서 거래가 이루어질 수밖에 없었고 거래 규모도 적을 수밖에 없었다. 쯔엉은 IBM이나 컴팩 등 대형 제조사와 직거래를 하면서 비즈니스 규모를 키우고 싶었다. 때마침 1994년 미국의 엠바고가 해제되면서 글로벌 컴퓨터 기업들이 베트남 시장에 진출했다. FPT는 이 기회를 잡아야만 했다. 당장 찾아가서 자신들을 공식 에이전트로 삼아 달라고 설득했다. 효과가 있었다. IBM이 FPT를 베트남 파트너로 선택했다고 발표한 것이다. 그 뒤로 컴택과 HP 등 여러 테크 기업들이 FPT 손을 잡았다.

글로벌 기업들과의 계약으로 회사의 덩치는 커졌지만 컴퓨터 유통/판매사로 머물 수는 없었다. 새로운 사업과 도약을 노리던 FPT에게 다시 한 번 기회가 주어졌다. 1997년 인터넷 네트워크 인프라 구축의 장비 공급자와 인터넷 서비스 제공자(ISP)로 선정된 것이다. 덕분에 FPT는 베트남 3대 텔레컴과 ISP 사업자로 우뚝 설 수 있게 되었다.

현재 FPT 주요 사업부분으로 자리를 차지하고 있는 아웃소싱은 회사 설립 10년이 지난 후에야 시작되었다. 1997년 발생한 아시아 금융위기로 인해 베트남 경제도 타격을 입었고 회사는 새로운 비즈니스를 개척할 필요성을 절감했다. 글로벌화가 진행되는 과정에서 소프트웨어 아웃소싱 서비스가 눈에 들어왔다. 1998년 FPT는 소프트웨어 아웃소싱이 향후 10년의 전략 사업임을 선포했다. 이 전략적 선택은 옳았다. 2000년 영국 고객사를 위한 첫 번

그림 2-77 FPT 코퍼레이션의 사업구조

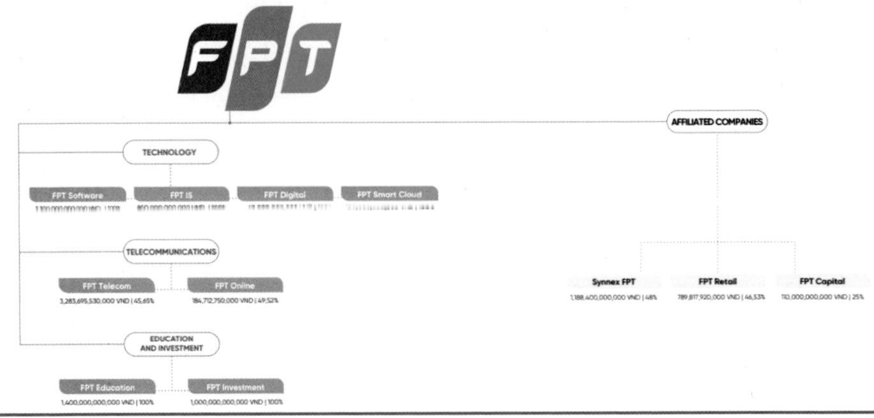

출처: FPT Coporation Annual Report 2021

째 오프쇼어 개발센터를 설립했고 일본에서 처음으로 고객을 유치했다. 이후 일본 고객사들이 늘어나면서 2004년에는 토쿄 사무소를 정식 오픈했고 이듬해 FPT 소프트웨어 일본 지사를 설립했다.

FPT는 2001년부터 2005년 사이 매년 평균 70% 매출이 신장되며 베트남 최대 IT 기업으로 성장했다. 그리고 2006년 드디어 주식시장에 모습을 드러냈다. 호치민 거래소에 상장되던 날 하루만에 150%가 오르면서 단숨에 시가총액 1등 기업으로 등극했다. FPT는 클라우드 컴퓨팅 서비스를 도입하는 등 새로운 영역으로 전진했지만 핵심 비즈니스는 여전히 IT 서비스이며 해외 시장에서 승부를 걸어야만 했다. 해외시장에 보다 공격적인 행보를 보인 첫 사례는 2014년 슬로바키아의 RWE IT 인수이다. RWE를 통해 유럽 내에서 FPT 존재감이 확실이 커졌고 기업가치도 증가했다. IAOP에 의해 2014 탑 100 글로벌 아웃소싱 기업 중에 57위에 진입했다. 그리고 2018년 미국시장에도 발을 내딛었다. 기술 컨설팅 회사 인텔리넷(Intellinet)의 지분 90%를 사들인 것이다. 전 세계에서 가장 큰 시장에 도전해 글로벌 IT 기업으로 도약하겠다는 FPT 포부를 선언한 셈이다.

글로벌 IT 산업의 팽창은 FPT에게 성장기회를 가져다주었지만 문제는 소프트웨어 엔지니어 인재 확보가 어렵다는 점이었다. 해법으로 직접 인재양성에 나서기로 결정했다. 1999년 국제 프로그래머 훈련 센터를 만들고

2006년에는 아예 FPT 대학을 설립했다. FPT 대학 출신은 거의 전원이 졸업 후 6개월 이내에 직장을 찾았다. 교육 이외에 2012년 FPT 스토어와 이커머스 센도(Sendo.vn)를 런칭하면서 리테일 분야에도 손을 뻗쳤다. 그러나 B2C는 FPT에게 적합한 사업분야는 아니었다. 결국 2017년부터 유통과 증권투자 부문 일부 자회사 지분을 매각하면서 사업 포트폴리오를 재정비했다.

성장전략/성공요인

팬데믹을 거치면서 FPT 그룹은 한걸음 더 나아갔다. 2021년 전체 매출 35조 7천억 동, 15억 5,400만 달러를 기록했다. 이는 전년대비 무려 27%나 증가한 것이다. 영업이익과 당기순이익도 각각 46%, 41% 증가했다. 시가총액은 2020년 46조 3,300억 동에서 2022년 4월 주가가 11만 1천 동을 돌파하면서 100조 동을 넘어서기도 했다. FPT의 성장은 두 가지 전략을 바탕으로 이루어졌다. 먼저 ICT와 BPD 아웃소싱 사업에 집중한 것이다. 아웃소싱 사업은 기본적인 기술력과 더불어 가격경쟁력이 필요하다. FPT가 처음 사업을 시작하던 1990년대 베트남의 1인당 국민소득은 1천 달러에도 미치지 못했으며 2011년에 처음으로 2천 달러를 돌파했다. 따라서 낮은 인건비 대비 높은 생산성으로 시장에서 가격경쟁력을 유지할 수 있었다.

표 2-26 FPT 코퍼레이션

(단위: 백만 달러)

	2017	2018	2019	2020	2021
매출	1877.84	1008.14	1193.26	1283.8	1554.71
영업이익	139.39	135.57	178.52	198.17	236.1
EBITDA	185.15	186.15	283.89	262.32	307.78
순이익	119.69	103.84	123.07	138.84	171.79
총자산	1100.87	1282.9	1441.11	1808.05	2356.2
총부채	517.9	645.91	716.13	1001.99	1416.4
자본총계	503.28	537.75	602.61	682.14	787.22

출처: Nikkei Asia Company Profile

그림 2-78 2021년 FPT 코퍼레이션의 지역별 매출 비중

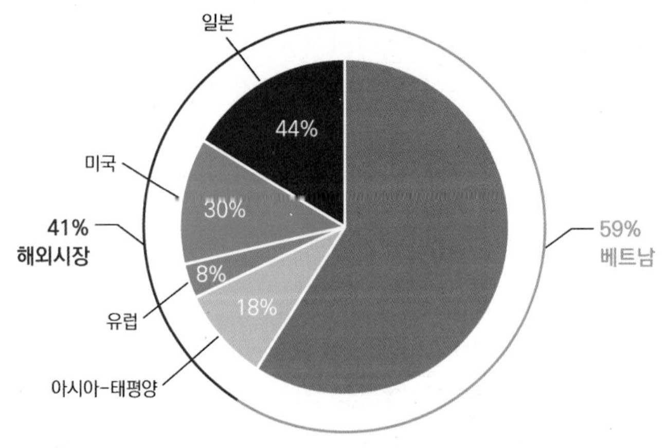

출처: FPT Coporation Annual Report 2021

두 번째는 해외시장을 적극 공략한 글로벌 전략이다. 2021년 전체 매출에서 해외시장이 차지하는 비중이 40%가 넘는다. FPT가 베트남 시장에만 집중했었다면 성장의 한계와 동시에 국내 경쟁 심화에 따라 이익률의 저하를 맛봐야 했을 것이다. IT 서비스에서 일본 시장을 공약한 전략도 주효했다. 해외 매출에서 일본이 44%로 가장 큰 비중을 차지하고 있고, 미국이 제2위의 시장으로 30%를 차지하고 있다. 글로벌 IT 서비스 시장은 계속 성장하고 있어 FPT 역시 해외 투자를 늘려가고 있다. FPT 텔레콤도 국내 시장뿐만 아니라 캄보디아와 미얀마에 진출해 활동하고 있다.

현황 및 향후 전망

현재 FPT의 사업구조에서 IT 부문이 매출의 58.6%를 차지하면서 가장 크게 기여하고 있고 텔레콤이 34%를 차지하고 있다. 디지털 콘텐츠와 투자, 교육 부문의 매출 기여도는 각각 1.7%와 9.1%로 IT서비스와 텔레콤에 비해 상당히 낮은 편이다. FPT가 IT 서비스 의존도가 기존의 아웃소싱에서 벗어나지 못한다면 성장을 지속하기 어려울 수도 있다. 아웃소싱의 대체지역이나 경쟁기업이 많고 베트남 인건비도 크게 상승하고 있기 때문이다. 따라서

FPT는 디지털 트랜스포메이션과 클라우드와 인공지능, 블록체인 분야로 확장해 기술과 사업 고도화를 추진하고 스타트업 Base.vn을 인수하며 SaaS 서비스에도 진출했다. 또 FPT 텔레콤은 베트남 최대의 데이터센터를 짓고 기업의 디지털 전환 시장에서도 성장기회를 찾고 있다. 2022년 FPT 소프트웨어 자회사로 FPT 반도체를 설립하고 자체 설계한 반도체 웨이퍼를 출시했다. 베트남 기업으로는 FPT가 최초로 반도체 설계를 해냈다. FPT반도체는 한국에서 제조되었으며 의료기기에 주로 사용되지만 다양한 분야로 확대하면서 반도체 공급망을 구축한다는 계획이다. 베트남이 중국을 제치고 제조업 허브로 부상하면서 칩 수요가 증가하고 있는데다 전자제품뿐만 아니라 에너지와 통신, 자동차 거의 대부분의 산업분야에 칩이 사용되면서 필수재로 간주되는 만큼 FPT반도체는 또 다른 성장 발판이 될 것으로 기대된다.

그림 2-79 FPT 섹터별 매출과 이익

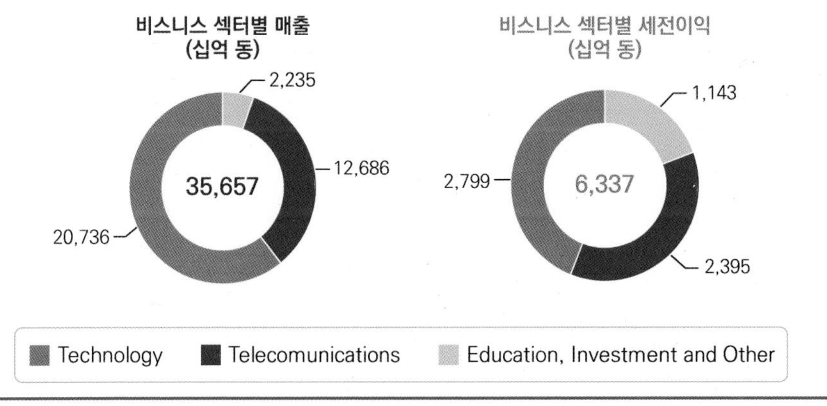

그림 2-80 FPT 코퍼레이션 주가

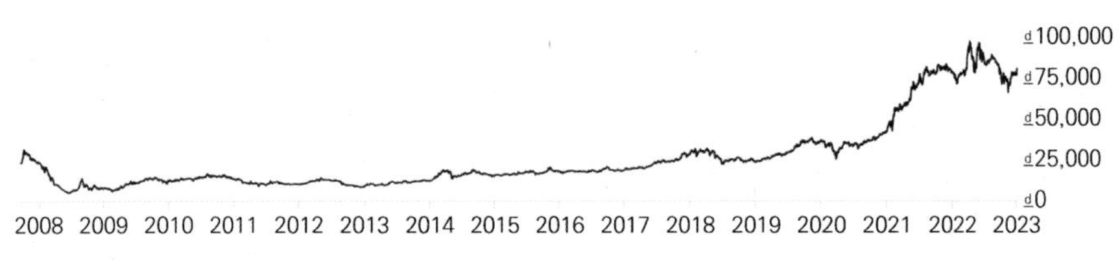

출처: WSJ Markets(검색일: 2023년 1월 8일)

CHAPTER

03

7UPs의 글로벌 기업들

01 유니레버

인도네시아와 인도에 현지기업으로 자리 잡은 대표적인 다국적 기업 가운데 하나는 유니레버이다. 유니레버는 200여개 국가에 400개 이상의 브랜드를 보유하고 있는 명실상부 세계 최대 FMCG 기업 가운데 하나이다. 양국이 식민지 지배를 받던 1930년대에 진출한 유니레버는 글로벌 브랜드이면서 현지 시장을 대표하는 소비재 기업으로 자리잡았다. 무엇보다 FMCG 제품 생산에서 지역 원자재와 공급자와의 협업을 통한 현지의 밸류 체인을 구성했으며, 외국기업임에도 현지 주식시장에 상장해 인도네시아와 인도 경제에 기여하는 최대 기업으로 성장했다. 2022년 12월 기준으로 인도의 힌두스탄 유니레버와 유니레버 인도네시아는 모두 시가총액 상위 10위 이내의 기업으로 평가받고 있다.

1933년부터 시작된 글로벌 경영의 오랜 역사

오늘날 우리가 익숙하게 듣는 이름 유니레버의 시작은 1930년으로 네덜란드의 마가린 유니(Magarine Unie)와 영국의 비누회사 리버 브라더스(Lever Brothers)의 합병에서 비롯되었다. 경제매거진 이코노미스트가 유럽 역사상 가장 큰 산업 융합 가운데 하나라고 기록할 정도로 당시에는 거대한 기업 사이의 화학적 결합 사건이었다. 합병 이전의 리버 브라더스는 세계 최초로 브랜드가 달린 비누를 생산 판매한 기업이었다.

"Sunlight" 브랜드의 비누가 영국의 식민지 인도에 처음 선을 보인 때는 1888년 여름이었다. 콜카타 항구에 도착한 비누에는 "Made in England by Lever Brothers" 문구가 붙어 있었다. FMCG 마케팅 해외마케팅의 시작이었다. 시장을 키워나가던 리버 브라더스는 생산에 필요한 식물성 기름과 동물성 유지 확보를 위해 1890년대부터 해외진출을 감행하였다. 영국이 아메리카와 아프리카 식민지를 경영하고 있었으므로 리버 브라더스도 주로 이 길을 따라 인도 및 해외 각지로 나아갔다. 인도는 영국에게는 중요한 식민지이자 시장이었다. 리버 브라더스는 에이전트를 통해 자사의 비누 제품을 판매했고, 1925년 노스웨스트 비누 회사(North West Soap Company)를 인수하기도 했다. 1900년대 리버 브라더스의 비누와 세제는 날개돋힌 듯이 팔려나갔지만, 원료인 유지를 구하기 위한 경쟁이 치열하게 전개되었다. 이를 극복하기 위해 남아프리카와 태평양으로 진출했고, 1906년 솔로몬 섬에 팜(Palm) 플래테이션을 건설했다. 마가린 유니 역시 원료를 확보하기 위해 1910년대 동인도와 남아메리카 등지에 농장과 오일 생산 정제소를 만들었다.

인도와 인도네시아에 직접 진출해 생산하기 시작한 때는 1930년대 초반으로 마가린 유니와 리버브라더스가 합병해 유니레버로 탄생한 직후이다. 1931년 처음 인도 자회사인 힌두스탄 바나스파티 제조사(Hindustan Vanaspati Manufacturing Company)가 설립되었으며, 이후 리버 브라더스 인디아(Lever Brothers India Limited)와 유나이티드 트레이더스(United Traders Limited)가 연달아 세워졌다. 1933년에는 인도네시아로 진출해 자바섬 자카르타 북부에 Lever Zeepfabrieken N.V.(이하 유니레버 인도네시아로 표기)를 설립했다.[1] 자바섬은 당시 네덜란드의 식민지였다. 인도네시아는 세계 최대 팜 오일 생산지 가운데 하나로 유니레버 역시 비누와 식품 생산에 필요한 유지도 확보함과 동시에 현지 시장에 비누를 판매하기 위해 진출하였다.

인도 내에 설립된 세 회사가 각자 운영되면서 효율성이 떨어지기 시작했다. 유니레버는 3개 기업의 경영진을 동일하게 재구성하고 마케팅은 개별적으로 진행하게 했다. 관리자들은 유럽인이 아닌 현지인으로 교체해나가기 시작했다. 이어서 유니레버는 1941년 에이전시 시스템을 거두고 본사가 직접 판매를 관리하기 시작했고 생산시설을 확대했다. 1956년 마침내 3개의 인도 자회사를 합병해 힌두스탄 유니레버를 탄생시켰다. 인도에서 인구와 수요가 증가하면서 매출이 급증하였고, 인근 국가로의 수출도 늘어났다. 인

1 인도네시아가 독립하면서 정부의 통제를 받은 적도 있으나 1967년 유니레버에 반환되었다. 1980년 사명이 PT Unilever Indonesia로 변경되었다가 1997년 PT Unilever Indonesia Tbk로 변경되었다.

도의 유니레버 공장에서는 다양한 원료가 생산되었는데, 이는 유니레버 전체 공급망에서 사용되었다.

유니레버 인도네시아는 1936년 럭스 브랜드 비누를 출시하고 현지 시장에 유니레버 브랜드의 존재감을 키워갔다. 그 이후 비누를 비롯해 샴푸와 같은 퍼스널케어, 화장품, 세제를 포함한 홈케어와 여러 가공식품 등 유니레버 본사가 갖는 다양한 브랜드의 제품을 생산, 판매해 왔다. 제품에 들어가는 여러 원료를 현지기업과 농장에서 조달하면서 인도네시아 내에 밸류체인을 구축했다. 인도와 인도네시아 유니레버의 본사의 인수합병뿐만 아니라 지역 내 공격적인 인수합병의 힘을 받았다. 유니레버는 펩소던트(Pepsodent), 버드 아이(Bird Eye), 립톤(Lipton)과 브룩 본드(Brooke Bond), 폰즈(Pond's), 아이스크림 매그넘(Magnum), 식품회사 크노르(Knorr) 등 여러 브랜드를 인수합병하면서 다양한 분야에 진출, 유명 브랜드에 힘입어 시장점유율을 높여왔다. 그 가운데 브룩 본드는 유명한 PG Tips 브랜드 차를 생산하는 기업으로 영국와 인도 차 시장의 삼분의 일을 담당하고 있었다. 립톤은 1898년부터 인도에서 차를 생산한 토마스 립톤(1848~1931)이 자신의 이름에서 따온 브랜드이자 식료품 판매회사의 이름이다. 인도 시장 안에서는 가장 막강한 경쟁자인 타타 오일 밀스 컴퍼니(Tata Oil Mills Company: TOMCO)를 인수하면서 라크메(Lakmé) 브랜드 화장품까지 껴안았다. 미국계 킴벌리 클라크(Kimberly Clark Corporation)와 합작회사를 설립해 하기스 기저기와 코텍스 생리대를 판매하기도 했다. 모던 푸드(Mordern Food) 지분 74% 및 현지기업 비자이칸트(Vijaykant Dairy and Food Products Limited)의 아이스크림과 냉동식품 부문을 인수했다. 아말감 그룹(Amalgam Group)의 식품부문과 여성용품 브이워시(VWash)를 사들여 시장 확대했으며 2020년 GSK 소비자 헬스케어를 합병해 사업확장을 계속 추진하고 있다. 인수합병을 통한 확장전략은 인도네시아에서도 그대로 이행되었다. 2000년에는 아누그라 인다 펄랑이(Anugrah Indah Pelangi)와 아누그라 레버(PT Anugrah Lever)를 설립해 간장과 칠리소스 등을 생산하고 있다. 또한 2002년에는 텍스켐 리소스(Texchem Resources Berhad)와 테크노피아 레버(PT. Technopia Lever)를 설립해 도메스토스 노모스(Domestos Nomos)브랜드 상품을 수출입, 유통을 맡고 있다. 2003년에는 PT크노르 인도네시아(PT Knorr Indonesia)를 인수했으며, 2004년

그림 3-1 유니레버 인도네시아 기업 구조

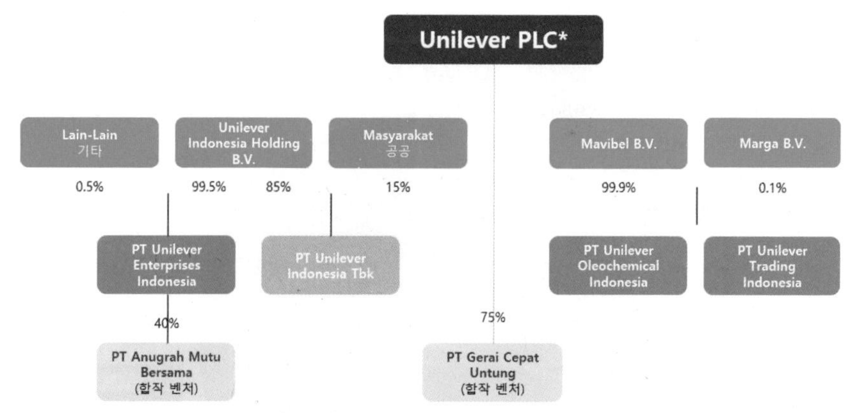

출처: PT.Unilever Indonesia Annual Report 2021

에는 PT KI와 합병하였다. 2007년 울트라(Ultra)로부터 과일음료 브랜드를 사들이기도 했다.

유니레버는 현재 인도와 인도네시아의 최대 FMCG(Fast-moving consumer goods, 일용 소비재) 기업이다. 힌두스탄 유니레버는 소비자에게 가장 잘 알려진 50개 이상의 브랜드 아래 여러 종류의 제품을 생산하고 있으며, 10가구 중 9개 가구는 유니레버 제품을 최소 1개 이상 사용하고 있을 정도이다. 인도 소비자들만을 위한 브랜드 Fair & Lovely(2020년 Glow & Lovely로 변경)와 아유르베다 상품 라인도 보유하고 있다. 인도 전역에 29개 공장의 생산시설을 운영하고 있으며 21,000명을 고용하고 있다. 인도네시아 유니레버 역시 자와라 칠리 소스와 같이 다른 국가에서는 생산되지 않는 인도네시아 소비자만을 위한 브랜드와 제품을 런칭해 현지화를 이룬 글로벌 기업의 성공사례로 기록되고 있다. 매출로 보면, 홈케어 및 퍼스널케어 제품 그리고 식품이 각각 75%와 25%를 차지하고 있다. 인도네시아의 소비지출이 증가함에 따라, 유니레버의 매출도 매년 증가하고 있다. 시장이 확대됨에 따라 2조 루피아를 투자하여 9개의 생산 기지 설비확장 및 신축 사옥을 짓는다고 발표했다. 2022년 기준 9개의 공장을 운영하면서 5천명 이상의 임직원을 고용하고 있다. 현재 생산공장은 자바 서부의 찌까랑(Cikarang)과 동부의 수라바야(Surabaya)에 위치하고 있으며, 2개의 자회사를 보유하고 있다.

그림 3-2 힌두스탄 유니레버 제품 구성 & 브랜드

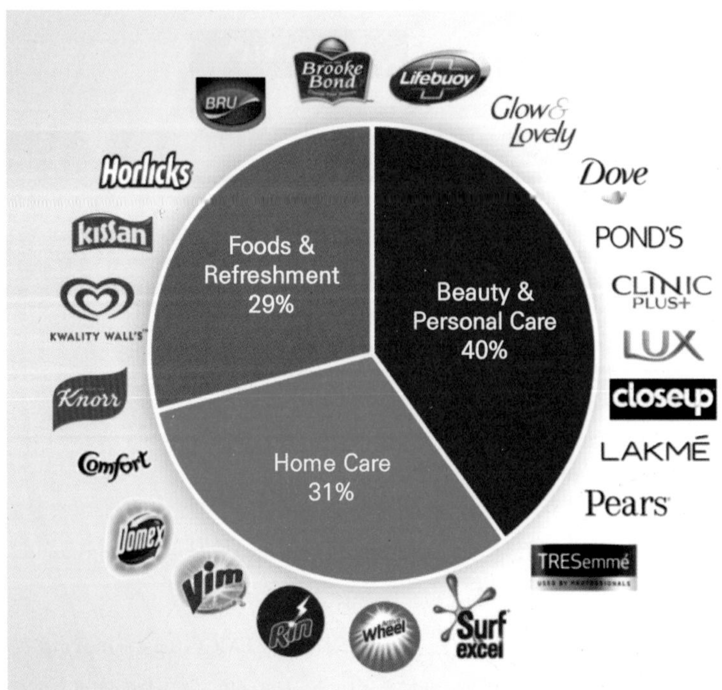

출처: Hindostan Unilever 자료

표 3-1 힌두스탄 유니레버

(단위: 백만 달러)

	2018	2019	2020	2021	2022
매출	5487.07	5595.58	5586.55	6320.46	7020.03
영업이익	1074.36	1182.53	1245.87	1429.37	1585.83
EBITDA	1155.02	1263.31	1387.18	1574.05	1732.25
순이익	808.48	865.56	952.81	1077.11	1190.98
총자산	2738.65	2689.13	2663.93	9404.11	9306.1
총부채	1619.24	1550.92	1573.93	2880.85	2828.1
자본총계	1116.34	1135.61	1087.75	6520.52	6474.56

출처: Nikkei Asia Company Profile

표 3-2 PT. 유니레버 인도네시아

(단위: 백만 달러)

	2017	2018	2019	2020	2021
매출	3079.14	2936.2	3035.19	2955.12	2766.44
영업이익	711.45	671.54	740.71	656.51	546.5
EBITDA	760.33	745.25	820.57	732.39	621.83
순이익	523.43	637.86	522.77	492.62	402.81
총자산	1393.5	1413.55	1487.43	1461.53	1337.9
총부채	1012.2	900.08	1106.96	1110.12	1034.71
자본총계	381.3	513.46	380.46	351.41	303.19
부채비율	527.57	573.24	613.01	575.17	552.79

출처: Nikkei Asia Company Profile

성장전략/성공요인: 글로벌 기업의 브랜드 그리고 현지화 상품과 마케팅의 결합

1982년 자카르타 주식시장에 상장한 이래 유니레버 인도네시아는 상장기업 가운데 시가총액 기준으로 가장 큰 FMCG(fast moving consumer goods) 기업으로 10권 내의 자리를 지켜왔다. 2022년 1월 기준으로 기업가치는 113억 달러에 달한다. 힌두스탄 유니레버는 1995년 주식시장에 상장했으며 2022년 1월 기준 기업가치는 770억 달러이다. 양사가 FMCG 1등 기업의 자리를 유지하고 자본 시장에서도 높은 평가를 받을 수 있는 요인은 강력한 브랜드의 힘과 현지화 전략이다. 약 90년 가까운 오랜 역사의 유니레버 인도네시아와 힌두스탄 유니레버는 외국기업이라기 보다 현지 기업으로 인정받고 있으면서도 세계적으로 유명한 유니레버 브랜드의 강점을 그대로 살렸다.

단순히 현지 진출의 기간이 길다고 해서 저절로 현지화가 이루어지는 것은 아니다. 유니레버는 생산 현지화에서 관리의 현지화, 제품과 시장전략의 현지화 통해 인도네시아 기업으로 성장했다. 인도네시아와 인도에 처음 진출할 당시 유니레버는 원료확보가 필요했고 현지 생산시설을 운영함으로써 비용을 줄였다. 내수시장도 있었지만 그 규모는 크지 않았고, 인도네시아와

그림 3-3 유니레버 1회용 제품

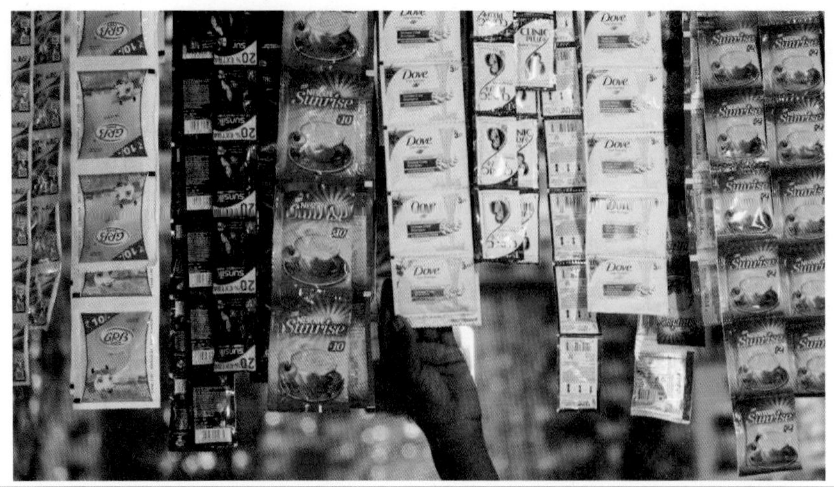

출처: Unilever PLC 자료

인도의 경제 성장이 본격화되면서부터 FMCG 시장이 폭발적으로 성장하면서 유니레버도 수혜를 받았다.

20세기 초부터 해외 경영을 시작한 유니레버는 관리의 현지화 필요성도 빠르게 깨달았다. 본사의 경영방침과 철학이 해외법인과 자회사에 적용되지만, 현지 인력을 단지 생산뿐만 아니라 경영의 책임을 맡기는 것이 궁극적으로 회사의 역량을 강화하고 성장에 기여한다고 믿었다. 1940년대부터 유니레버는 인도인을 관리자로 육성한다는 계획을 수립했다. 유럽인들이 관리자 역할을 하던 식민지 당시로서는 파격적이고 혁신적인 의사결정이었다. 1951년 프라카쉬 탠돈(Prakash Tandon)이 최초의 인도인 이사로 취임하였으며, 1955년 전체 관리자 가운데 65%가 인도인으로 채워졌다. 1961년 프라카쉬는 최초의 인도인 회장으로 선출되었고, 205명의 관리자 가운데 191명이 인도인이었다.

현지인 관리자와 경영진들은 자국 내 소비자 분석을 통한 시장이해도가 높았다. 이머징 마켓에서 글로벌 브랜드 제품이 시장점유율 확대의 장벽은 가격이다. 소득수준이 향상되고 있지만 현지 기업에 비해 가격경쟁력이 약했고, 작은 상점 위주로 짜인 유통채널도 고려하지 않을 수 없었다. 인도와 인도네시아에서 유니레버는 "낮은 가격, 적은 마진, 대량 판매(low price, low margin, high volume)" 전략으로 대응했다. 대용량제품은 소매상의 진열대에 놓기 어려울 뿐만 아니라 소비자들이 선뜻 구매하기에는 가격이 부담스러웠기 때문이다. 소비자 구성을 분석했을 때 인도와 인도네시아에서 결국 다수의 고객이 소득수준 하위(Bottom of Pyramid)에 속해 있으므로, 기업은 이들의 행태에 맞는 제품과 마케팅에 주력했다. 글로벌 베스트 셀링 브랜드 제품을 소량 사이즈 혹은 1회용 제품으로 만들어 시장에 내놓았다. 결과는 성공이었다.

유니레버는 인력과 저가 소량제품 현지화에서 한발 더 나아가 R&D에 투자를 시작했다. 1957년 유니레버 특별위원회는 힌두스탄의 리서치 활동을 승인했고, 연구팀(Research Unit)이 뭄바이 공장에서 활동을 시작했다. 1967년 마침내 리서치 센터가 뭄바이에 설립되었고 1997년 International Research Laboratory와 지역 혁신 센터(Regional Innovation Centres)가 문을 열었다. 세계 최대 무슬림 국가인 인도네시아에서는 할랄 제품을 연구하기 위한 무슬림 센터(Uniliver Muslim Center of Excellence)가 출범했다. 현지 연구개발의 활성화는 이 시장 소비자들의 취향과 니즈에 맞는 제품의 탄생으로 이어졌다. 'Fair & Lovely' 제품 라인이나 아유르베다 센터(Ayurvedic health & beauty centre)와 아유쉬 테라피 센터(Ayush Therapy Centres) 모두 인도인에 맞춤전략에서 비롯된 것이다. 인도네시아에서 무슬림 여성을 위한 썬실크 히잡 제품과 히잡 프레쉬(Hijab Fresh) 브랜드 런칭도 현지시장에 조사와 연구개발의 결과이다. 또한 다양한 소스와 식품이 출시된 배경에도 2억 7천만 명의 소비자의 니즈를 충족시키기 위한 전략적 선택이 있었다.

유니레버가 시장 선두주자이면서 강력한 현지 브랜드의 힘을 얻게 된 또 다른 요인은 지역사회에 대한 공헌과 ESG(Environmental, Social, Governance) 활동이다. 2020년 S&P 다우 존스 지속가능성 인덱스에서 유니레버는 총 90점을 받으며 개인 용품(Personal Product) 섹터에서 산업 리더의 자리를 차지했으며[2] 가트너 공급망 상위 25(Gartner Supply Chain Top 25) 가운데 최상위 마스터 부문에 선정되었다.[3] 글로벌 시장에서의 높은 평가는 이머징 시장

2 Dow Jones Sustainability Indices Report 2020

3 Gartner Supply Chain Top 25. 과거 10년 동안 상위 5위 안에 최소 7번 이상 순위에 오른 기업을 Masters로 평가.

그림 3-4 인도네시아 시장 전용 퍼스널케어 제품 - 히잡 프레쉬

출처: PT Unilever Indonesia

에서의 활동도 포함된다. 인도와 인도네시아에서 유니레버는 다양한 사회공헌 활동을 펼쳐왔다. 힌두스탄 유니레버는 통합 지방 개발 프로그램(Integrated Rural Development Programme)을 통해 저개발된 지역의 공장을 중심으로 농부 및 축산업 종사자들 교육, 위생보건 인프라 개발을 지원해왔다. 또한 주요 고객이지만 인도 사회에서 차별받는 여성에 관심을 두었다. 인도 전체 노동력 가운데 여성이 차지하는 비중은 18.6% 밖에 되지 않는다. 2011년 통계에 따르면 1억 4,980만 명 여성 노동자 가운데 1억 2,180만 명이 도시가 아닌 지역에 살고 있었다.[4] 샥티 프로젝트(Project Shakti)는 주민이 2,000명 이하인 작은 마을의 여성들을 대상으로 교육과 경제적 자립의 기회를 제공하는 프로그램이다. 2001년 시작된 샥티 프로젝트의 지원을 통해 12만여 명의 여성들이 마이크로-창업자(micro-entrepreneurs) 샥티 암마스(Shakti Ammas)로 거듭났다. 이들은 현재 한달에 10~14달러 정도의 안정적인 수입

4 Ministry of External Affairs, Economic Diplomacy Division. https://indbiz.gov.in/hul-project-shakti-is-empowering-women-of-new-india-2/

그림 3-5 힌두스탄 유니레버 유니레버 인도네시아, 그리고 유니레버 PLC의 주가 비교

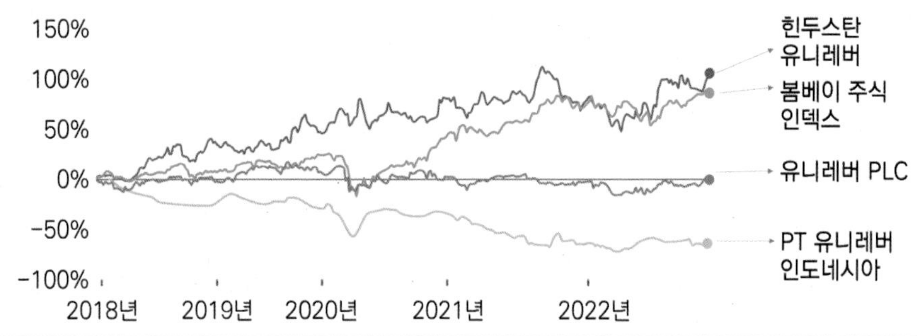

출처: Google Finance(검색일: 2022년 12월 12일)

을 얻고 있는데, 이는 평균 가구 수입의 두 배가 되는 금액이다. 인도네시아에서도 학생과 농민들을 위한 위생 보건교육 프로그램이 꾸준히 실시되어 왔으며, 치위생 환경이 열악한 지역을 위해서 치과의사들이 메신저 왓츠앱을 통해 편리하게 상담받을 수 있는 온라인 방식도 도입했다. 유니레버 재단을 통해 저소득 농민과 중소기업에 기술 지원과 자체 공급망 참여 기회도 제공하고 있다. 특히 검은콩(Black Soybean)과 차(tea)는 농장관리와 경작방식, 품질이 친환경 및 지속가능성에 부합하도록 지원하고 이를 유니레버가 매입한다. 학업성적이 우수한 여자 청소년들에게 상위권 대학에서 공부할 수 있도록 장학금(Glow & Lovely Bintang Scholarship)을 지급하고, P2P 대출 플랫폼 PT 아마르타 마이크로 핀텍(Amartha Mikro Fintek)과 손잡고 여성들을 위한 창업 및 금융 리터러시 기회를 제공하고 있다(Sunglight x Amartha Women Empowerment Programme). 썬라이트 프로그램은 2017년부터 5년간 5백만 명의 인도네시아 중소영세기업(Micro, Small and Medium Enterprises) 여성 사업가들에게 필요한 재무교육과 펀딩을 받고 더 크게 성장할 수 있도록 지원하는 데 그 목표를 두고 있다.

유니레버는 꾸준히 진행되어온 현지화 전략과 소비자 니즈를 충족시키는 공격적인 인수합병, 그리고 현지 지역사회에 공헌활동과 적극적인 ESG 정책 추진의 결합이 글로벌 브랜드의 힘과 맞물려 거대한 시너지를 창출했다. 글로벌과 로컬이 합쳐진 글로컬, 일반적인 현지화를 뛰어넘은 슈퍼로컬 혹

은 하이퍼로컬 전략과 접근의 결과가 힌두스탄 유니레버, 유니레버 인도네시아의 지금 위치를 만들고 유지하게 만든 경쟁력이다.

그러나 이러한 전략 및 성과에 대한 평가는 인도와 인도네시아에서 갈라지기 시작했다. 여전히 PT 유니레버 인도네시아는 시가총액 10위로 상위에 올라있지만 지난 5년간 주가 수익률이 64%나 낮아진 반면, 힌두스탄 유니레버는 100% 이상 성장했다. 인도와 인도네시아의 주가지수를 고려하더라도 유니레버 인도네시아는 지수보다 낮은 성과(underperform)를, 힌두스탄 유니레버는 지수보다 높은 성과(outperform)를 거두었다. 인도시장 내 중산층이 증가하면서 퍼스널케어와 식품에 대한 수요가 커지고 있는 데 반해 인도네시아에서는 경쟁이 더 치열해지고 있음을 반영하고 있다. 유니레버 인도네시아가 지금의 지위를 유지하고 투자자들의 신뢰를 회복하기 위해서는 새로운 전략이나 돌파구가 필요한 시점으로 보인다.

02 마루티스즈키(Maruti Suzuki)

인도 자동차 시장 부동의 1위

외국 자동차 회사의 직접 진출이 막혀있던 인도시장을 뚫고 인도 국민 자동차로 등극한 기업이 있다. 바로 일본의 스즈키(Suzuki Motor Corporation)이다. 한때 승용차 시장점유율 최고 83%를 차지하는 등 스즈키의 마루티 800은 그야말로 인디아 대륙을 질주하였다.

일본 기업 스즈키의 역사는 20세기 초반부터 시작되었다. 1909년 설립된 스즈키 방직기 제작소[5]라는 이름에서 알 수 있듯이 처음부터 오토바이와 자동차를 만드는 기업은 아니었다. 창업자 미치오 스즈키는 방직업이 번성한 일본 엔슈지방에서 체크무늬 패턴을 쉽게 직조하는 방직기를 만들어 판매하면서 사업가로서 첫 발을 딛었다. 스즈키가 오토바이로 눈을 돌리게 된 계기는 제2차 세계대전 이후 일본에서 일어난 모터사이클 유행이었다. 1952년 스즈키는 36cc 엔진을 단 자전거 '파워프리'를 출시했는데 당시 큰 인기를 끌었다. 스즈키는 1954년 스즈키 자동차 공업사로 사명을 변경하고 90cc 엔진의 코레다COX를 츨출시하고 이어서 360cc의 경차 스즈라이트를 내놓았다. 일본 내 경차의 시발점이었고 스즈키는 소형차와 경차의 대표 기업으로 자리잡게 되었다. 이후 소형 오토바이부터 슈퍼바이크까지 다양한 출력의 오토바이크를 선보였다. 스즈키의 오토바이는 성능뿐만 아니라 디자인 측면에서도 소비자들의 환영을 받았다. 이륜차와 자동차, 자동차 부품 등에 이어 1974년 전동 휠체어를 출시하면서 의료장비 시장에도 진출하였다.

해외진출은 캐나다에 이어 1974년 합작회사를 통해 인도네시아에 진출

---

5 1920년 스즈키 방직기 주식회사로 사명이 변경됨

하였고 파키스탄에서 처음으로 조립생산을 시작하였다. 1981년 제너럴 모터스(GM) 및 이스즈(Isuzu)와 함께 미국시장에 진출한 데 이어 1982년 인도시장으로 나아갔다. 1981년 인도 정부가 국민차 프로젝트를 발표했기 때문이다. 당시 스즈키 사장인 오사무 스즈키(Osamu Suzuki)는 "아무도 인도에 가려고 하지 않았기에 그래서 우리에게는 기회가 있었다. 일본 제조업체 순위에서는 하위에 랭크되어 있었지만 다른 지역에서는 일등이 되기를 원했나" 라고 말했다.[6]

확실히 1980년대 초반 인도시장은 외국기업들이 주목하지 않은 시장이었다. 당시 인도 자동차 시장은 힌두스탄자동차, 프리미어오토모빌, 마루티 우디요그가 장악하고 있었다. 외국 기업의 자동차 산업 진출이 금지돼 있었기 때문이다. 그러나 인도 정부는 해외 자동차와의 협력을 통해 경쟁력 있는 자동차를 개발하겠다는 방향으로 선회하였다. 스즈키는 인도 시장의 변화와 기회에 주목했고, 단독 진출이 어려운 상황에서 1981년 설립된 국영회사 마루티 우디요그(Maruti Udyog)와 손을 잡았다. 합작법인 마루티 우디요그(Maruti Udyog Limited)에서 스즈키의 지분은 26%에 불과했다. 외국인 지분율은 최대 40%까지 정해져 있었지만 인도시장의 리스크를 최소화하면서 중요 경영 의사결정에 영향을 미칠 수 있는 지분에 맞춘 것이었다.

"큰 미래를 향한 소형차(Small Cars for a Big Future)"

시장 수요는 증가하는 데 공급이 따라가지 못하는 상황에서 유일한 외국인 사업자 마루티는 소형 승용차 시장에서 스즈키 Fronte(1979년 출시된 모델)를 기본으로 한 마루티800을 내놓으며 소위 대박을 터뜨렸다. 1983년 12월에 첫 출시된 마루티 800은 이듬해 34.1%의 시장점유율을 기록하며 단숨에 마힌드라와 프리미어, 힌두스탄 등 경쟁사를 따돌리고 1위에 올랐다. 2004년 단종될 때까지 270만대가 팔려나간 마루티 800은 최고의 베스트 셀링 자동차로 기록되고 있다. 이 소형차는 소득수준이 높지 않지만 새 차를

---

6 Kazuyuki Motohashi(2015) "Suzuki Motor's Expansion in India" Global Business Strategy: Multinational Corporations Venturing into Emerging Markets, p.228

구입하려는 소비자를 타깃으로 하였다. 처음에는 부품을 일본에서 수입해 조립, 생산하는 방식이었는데, 당시 인도 내에서 스즈키의 품질 기준에 맞는 부품을 제조할 만한 기업이 없었기 때문이다. 자국내 자동차 부붐사업을 키우고자 하는 인도 정부 방침에 맞추어 미루티스즈키는 타이어와 배터리는 인도 내에서 조달하였고, 점차 조달과 공급망을 현지화하였다. 딜러들은 국영기업이 참여한 미루티스즈키를 신뢰하였고, 차량과 모토사이클을 같이 판매하거나 수리전문점을 동시에 운영하기도 하였다.

마루티는 이후 마루티 옴미(Omni), 집시(Gypsy)와 세단 등 여러 종류의 차량을 출시하며, 인도 자동차 시장의 선두주자로 자리를 잡았다. 1997~1998년은 마루티의 전성시대로 시장점유율이 무려 83.1%에 달했다. 이후 시장점유율은 50%대로 줄어들긴 했으나 마루티는 여전히 판매대수 1위를 자랑하는 최강 카메이커의 자리를 유지했다. 2003년 미루티스즈키는 인도 봄베이 주식시장에 상장했다. 2003년 7월 9일 데뷰 첫날 공모가 125루피에서 164루피로 32% 상승했다.

인도 시장에서 경쟁 우위를 지켜나가기 위해서는 현지의 공급망과 밸류체인 구축이 관건이다. 인도 정부 역시 외국기업에 대한 요구 사항도 자국내 현지조달 비율을 높이라는 것이었다. 마루티스즈키는 구자라트(Gujarat) 플랜트에서 연간 24만대의 엔진 생산 설비를 갖추고 있으며 디젤엔진과 변속기를 생산하는 별도의 법인 '스즈키파워트레인 인디아(Suzuki Powertrain India Limited)'를 설립하였다. 마그네티 마렐리 파워트레인(Magneti Marelli Powertrain SpA)과 후타바 인더스트리얼(Futaba Industrial Co Ltd) 등 외국 기업과 합작으로 핵심 부품 제조사를 설립했으며, 인도 기업들의 공급망 참여 비중도 높였다. 더 나아가서 R&D 센터도 구루그람(Gurugram)과 로탁(Rohtak)에 세워 현지 연구개발에도 투자했으며 드라이빙 훈련과 연구기관(Institute of Driving Training and Research)을 설립해 운영하고 있다.

자동차 판매에 수반되는 중요한 자원은 금융이다. 소비자들이 구매하는 품목 가운데 주택을 제외하면 가장 비싸다고 할 수 있는 상품이 자동차이므로 할부나 대출 등 금융접근성이 매출에 영향을 미칠 수밖에 없다. 마루티스즈키는 쉬리암 시티 유니온 파이낸스(Shriram City Union Finance Ltd)와 같은 금융기관들과의 협업으로 자동차 할부금융을 키워 중소도시 및 농촌지역까지 고객 저변을 확대시켰다.

표 3-3 1991~2011 마루티 스즈키 연도별 매출과 이익

(단위: 백만 달러)

	매출	판매비용	GS&A	순이익	자산	종업원 수(명)	부채	R&D
1991	704	–	–	12	362	3,993	271	–
1992	744	–	–	13	400	4,042	287	–
1993	890	–	–	27	672	4,141	537	–
1994	1,323	–	–	79	1,141	4,840	933	–
1995	1,423	–	–	128	1,005	4,968	696	3
1996	–	–	–	–	–	–	–	–
1997	–	–	–	–	–	–	–	–
1998	1,851	–	–	124	999	5,719	381	3
1999	2,150	–	–	76	1,118	5,848	450	7
2000	1,956	–	–	–59	1,077	5,770	510	10
2001	1,905	–	–	22	990	4,627	435	10
2002	1,476	–	–	30	1,151	–	499	–
2003	2,045	–	–	122	1,348	3,334	505	6
2004	2,446	–	–	196	1,523	3,453	502	8
2005	2,733	–	–	276	1,916	–	666	9
2006	3,273	2,724	111	352	2,423	–	802	12
2007	4,508	3,697	156	446	3,176	7,090	1,015	16
2008	4,524	3,903	182	269	2,765	7,159	884	15
2009	6,247	4,912	–	554	–	–	–	20
2010	7,586	5,314	210	551	–	–	–	22
2011	7,688	6,925	207	500	–	–	–	–

출처: Compustat Global Data, Maruti Suzuki Annual Report

2002년 매출이 급감한 시기도 있었지만 2010년 연간 1백만대 판매와 2011년 누적 1천만대 차량 생산의 기록을 세우며 꾸준히 성장했다. 업계 1위를 유지하는 동안 가장 큰 위기는 노사갈등에서 비롯되었다. 2002년 실적 중심 인센티브 도입과 연금 증액에 반대하는 노조는 파업으로 맞섰고, 이는 88일간 지속되었다. 이 과정에서 92명의 노동자가 해고되었고 정규직 2천명이 계약직으로 전환되었다. 최종적으로는 노조가 사측의 제안을 수용하면서 일단락되었으나 갈등의 씨앗이 완전히 사라진 것은 아니었다. 2005년에 노조 활동 노동자 해고 이슈가 다시 불거지자 사측은 해고와 자발적 퇴사로 대응했다. 2011년 마네사르 공장 노동자들이 독립 노조 설립을 요구했으나 원만히 해결되지 않았고 결국 파업으로 치달았으며 2012년 협상과정에서 다시 물리적 충돌이 발생했다. 이 두 차례의 노사갈등으로 인해 자동차 판매량이 급감했다. 마루티스즈키의 경쟁사들이 이 틈을 노리고 공격적인 마케팅을 펼쳐 시장점유율이 30%대로 추락하기도 했다.

위기를 벗어난 마루티스즈키는 다시 시장에 집중했다. 국내 시장뿐만 아니라 수출 비중도 늘렸고, 소비자 눈높이에 맞는 판매채널과 서비스를 향상시키면서 시장의 주도권을 다시 가져왔다. 2022년에도 여전히 인도 자동차 시장 부동의 1위 자리를 차지하고 있다.

마루티스즈키의 브랜드 파워와 시장 영향력이 과거 50~80%를 점유하던 시절과 같은 수준은 결코 아니다. 인도 내수 시장 자체는 지속적으로 성장하고 있으나, 외국 업체들의 진입과 더불어 경쟁이 치열해졌고, 인도 중산층들이 더 큰 차나 스포츠유틸리티(SUV)와 같은 차종을 원하는데 스즈키의 차종은 이 부문에서 경쟁력이 뒤떨어졌기 때문이다. 마루티스즈키의 50% 이하로 낮아졌고 2021년 5월 월별 판매량이 현대차와 기아차 합산보다 낮아지기도 했다.[7] 비록 현대기아차의 부상 속에서 스즈키의 약세가 진행 중이기는 하지만, 인도시장에 외국기업으로 처음 진출해 줄곧 과반 이상의 시장점유율을 기록한 스즈키의 성과는 대단한 것이다. 글로벌 사례연구로서 손색이 없을 뿐만 아니라 한국기업의 신흥시장 진출에도 짚어볼 대목들이 많다.

---

7 2021년 5월 인도 내 현대차 · 기아 판매량은 3만 6,501대, 마루티스즈키는 3만 2,903대를 판매하였음.

성장전략/성공요인

스즈키의 성공은 크게 진입전략과 생산효율 극대화, 그리고 현지 소비자의 니즈를 맞춘 현지화를 추진한 결과이다. 먼저 소형차를 앞세운 진입전략이 주효했다. 스즈키는 1980년대 인도 진출을 타진하면서 철저한 시장조사 끝에 중산층 타깃으로 연비가 좋고 가격이 저렴한 소형차를 현지에서 생산하기로 결정했다. 인도 정부가 국민차 사업을 입찰에 응모할 당시 스즈키는 자체 조사 결과를 근거로 낮은 가격에 연비 좋은 소형차가 생산되어야 한다는 점을 강조했다. 결국 시장 조사 없이 중형차를 제안한 프랑스 르노를 제치고 사업 파트너로 선정되었다.

처음 출시한 마루티 800은 소비자가 기꺼이 지불할 수 있는 금액의 자동차로 이륜차를 대체할 수 있었다. 800cc 이하의 소형차 가격이 19만 루피 내외(한화 약 320만 원)였기 때문이다. 마루티 800은 당시 인도 자동차 시장의 혁신의 상징과도 같았다. 기존의 국내 차들과 달리 현대적인 디자인과 높은 연비, 일본 기술력을 갖추고 있는데다 가격도 낮았기 때문이다. 특히 물류가 열악한 인도에서 선도적으로 유통망을 개척하고 브랜드를 알림으로써 독점적 우위를 확보했고, 인도 중산층 인구가 늘어나기 시작한 시점에서 폭발적인 판매고를 올릴 수 있었다.

인도는 인구규모와 경제성장에 힘입어 성장기회가 큰 시장이라는 점은 모든 기업들이 알고 있었지만 투자 대비 리스크가 컸다. 스즈키 역시 인도 진출에 가장 큰 위험요소 역시 불확실성과 생산관리 문제였다. 외국기업으로서 정부의 제도적 변화나 정치적 위험, 그리고 현지 경쟁자들의 견제에 대비해야 했다. 10억이 넘는 인구가 있는 거대한 시장이었지만 자동차 대중화의 시점도 전망하기 어려웠기에 투자금을 막무가내로 쏟아 부을 수도 없었다. 스즈키의 대응은 위험 최소화 진입전략 그리고 효율 극대화를 통한 제조업체로서의 시장 안착이었다. 정부의 국민차 프로젝트인 만큼 국영기업과의 합작회사는 정치적 리스크를 최소화할 수 있었으며, 합작회사의 지분도 가능한 낮게 26%만을 보유했다. 그러나 그 이면에는 또 다른 장애물이 있었다. 국영기업의 느슨한 관리에 익숙한 임직원들은 생산성에 둔감했고 사기업의 경영과 생산시스템에 필수적인 규칙이 지켜지지 않았다는 점이다.

카스트 제도가 뿌리 깊은 인도에서 수직적 관계나 제조업 경시 풍조와 같은 인도의 특수성이 발목을 잡았다. 스즈키의 경영 및 생산 시스템을 현지에 이식하기 위해서는 시간과 교육, 훈련이 필요했다. 차별이 만연한 사회에서 직원들의 자존감을 북돋우기 위해 생산직부터 사장까지 모두 회색 유니폼을 입도록 했고, 출퇴근 시간을 엄수하도록 사원식당을 건립해 식사를 제공했다. 식사를 하려면 10~15분 전에 출근해야 했기 때문이다. 일본식 품질경영(TQM)을 도입했고, 팀 활동 및 업무 관련 훈련프로그램도 실시했다. 공급사와 하청업체들에도 기초적인 규율 준수와 생산성 향상기법을 교육함으로써 전반적인 품질향상과 효율화를 추진했다. 또한 마루티스즈키는 일본-인도 제조 연구원(Japan-India Institutes for Manufacturing)을 설립해 자체 인력을 양성하고 있기도 하다. 산업에 필요한 역량과 기술력을 갖춘 인력 부족한 상황에서 스마트 교실과 최신 장비들을 갖추고 매년 약 400명 청년들 훈련시키고 있다.

그러나 위험 최소화 전략으로 선택한 합작회사 형태가 계속 원만히 유지되지는 못했다. 1991년 인도 정부가 외국인 지분 상한선을 완화하면서[8] 스즈키 지분은 50%로 늘었지만 정부측과의 갈등이 발생했다. 결국 스즈키는 2007년 마루티 우디오그의 남은 지분을 인수하고 사명을 마루티스즈키로 변경하였다.

한 기업이 30년 동안 시장점유율 1위를 지키기는 대단히 어렵다. 시장환경도 변화하고, 소비자의 니즈와 취향이 변한다. 그 변화를 잘 집어내고 적절하게 대응한 기업만이 이룰 수 있는 성과이다. 인도의 경제가 성장하면서 차량을 구매하려는 주요 연령대도 달라지고 원하는 자동차의 종류와 스타일도 변한다. 13억명 인구, 28개 주와 8개 연방직할지로 구성된 인도는 소득수준과 지역에 따른 소비자 세그먼트가 각각 다른 성격을 띠고 있다. 하나로 묶어서 볼 수 있는 시장이 아니다. 자동차 시장을 보면 고소득층 세그먼트에 속한 소비자들이 선호하는 브랜드는 독일 명품이지만, 중위소득계층과는 차이가 크다. 생애 첫차 구매자 대다수는 고소득계층이 아니며, 주요 연

8 자급자족 경제를 추구하였던 인도는 외환 및 재정 위기 심화를 타개하고자 미국과의 관계 개선을 도모하면서 경제정책으로는 1991년 '신산업정책'을 채택, 추진하였다. 주요 핵심 내용은 외국인투자 확대와 시장경제 원리 도입이었다.

그림 3-6 마루키스즈키의 연도별 신차 모델

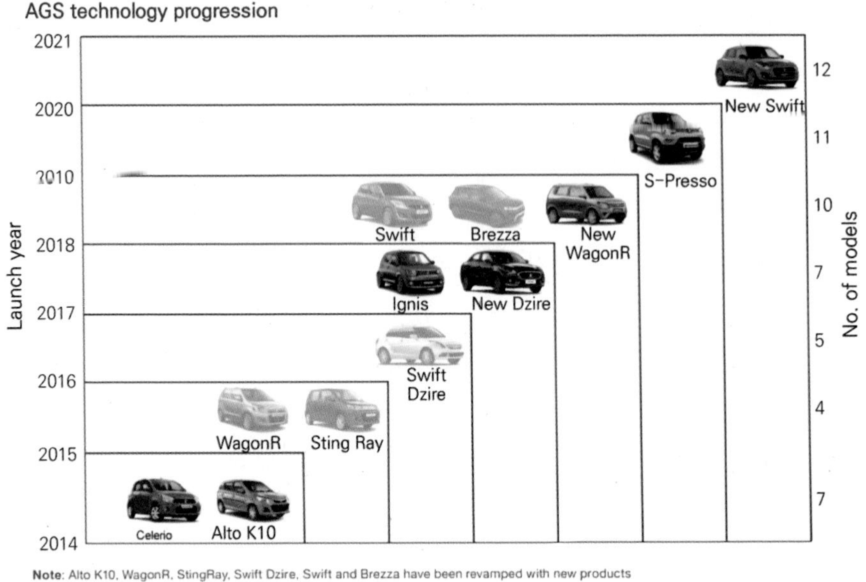

출처: Maruki Suzuki India

령대는 과거 30~35세에서 점차 낮아져 20~25세가 되었다. 젊은층이 첫차를 선택할 때 가격만큼이나 영향을 미치는 요소는 디자인이며, 디지털 세대로 변화하면서 기술과 경험도 영향을 미친다. 인도 소비자들은 자동차 구매 시 에어백, ABS, EBD와 같은 안전성, 향상된 기능 및 편리함을 고려하는데 이는 모두 기술과 경험에 관련된 것이다. 차량의 가격과 유지 비용이 너무 높지 않는 선택 범주에서 미루티스즈키는 시장 트렌드를 적시에 파악해 고객의 니즈에 맞는 신모델을 지속적으로 출시해왔다.

마루티스즈키의 성공신화를 만든 첫 작품 마루티 800, 생산된 첫차는 누구에게 갔을까. 당시 총리였던 인디라 간디였다. 국영기업이 참여했고 국민차 프로젝트와 마찬가지였기 때문이기도 하지만 마케팅의 시각에서도 총리가 탄 자동차라는 이미지는 인지도와 신뢰도를 높여주었다. 마루티스즈키가 마치 인도 현지기업으로 인식되는 이유는 현지화 덕분이다. 마루티는 모두 3개의 생산시설을 갖추고 있으며, R&D 센터도 2곳에 설립하였다. 2020~

2021 사업보고서에 따르면, 1,889명의 엔지니어가 연구개발에 참여하고 있으며 1만 6천 명 이상의 정규직 노동자가 근무하고 있다. 마루티스즈키가 만든 생산-가치 생태계에는 1차 공급사 475개가 들어있고 여기서 생산된 차량이 동남아와 남미, 유럽, 아프리카의 90개국에 수출된다.

판매 네트워크도 매출에는 중요한 요소이다. 넓디 넓은 인도 대륙에서 곳곳에 판매망을 구축하는 일은 신생 자동차 회사에게 더없이 중요한 과제였다. 국영기업 마루티 이름이 앞에 있는 이상 현지 딜러들이 마다할 이유가 없었었다. 정부지분이 빠져나간 뒤에도 이미 쌓인 브랜드의 힘과 소형차의 판매강세를 타고 인도 전역으로 곳곳으로 네트워크가 확대되었다. 2021년 3월 기준으로 3,120개의 판매지점과 1,143개 중고차 판매소 그리고 4,044개의 서비스센터가 있다.

완벽하지 못했던 현지화 – 인력 및 생산관리의 실패

효율성과 엄격한 품질관리는 제조기업의 핵심경쟁력이다. 그러나 외국기업이 현지 문화를 존중하지 않으면서 일방적으로 강요한다거나 혹은 의도와 달리 억압적인 방식으로 전달된다면 조직내 심각한 문제를 야기할 수 있다. 스즈키의 품질경영과 생산직 노동자 관리는 일본식 경영에는 적합한 전략이었으나 인도 현지화에는 실패했다. 인도 노동계는 노조설립과 근로조건 개선을 당연히 요구했으나 마루티스즈키는 좋은 성과를 내고 있었음에도 불구하고 이를 수용하기보다 생산성과 원가절감만을 강조했다. 하루 8시간 근무에서 점심시간 30분, 두 번의 7분 30초 휴식시간이 제공되었으며, 일본식 엄격한 규율을 강제했다. 또한 비용절감과 노동유연성을 내세워 계약직을 대거 채용하였고, 이들은 수당과 월급에서 정규직 절반에도 미치지 않는 금액을 받으면서도 사전 통보 없이도 해고가 가능했다. 게다가 이들 위의 감독관이라 할 수 있는 현지 인도인 관리자들이 권한을 과도하게 사용하면서 일반 노동자들과 갈등이 빈번하게 발생했다. 생산의 현지화는 추구했지만 경영진에는 인도인 임원이 적었다. 2007년 인도 정부의 지분을 인수한 이후에는 현지인 임원이 단 한 명도 없는 상황에서 노무인사관리나 노사갈등의 문제에 대한 토의가 이루어지고 원만하게 해결되기는 어려운 환경이었다.

반쪽짜리 현지화는 결국 극단적인 파업과 공장폐쇄로 이어져 막대한 손실을 유발했다. 이는 단지 단기 재무적 손실에서 끝나지 않고 경쟁사가 치고 들어올 수 있는 공간을 열어주면서 자체 경쟁력을 약화시키고 시장기회를 놓치는 결과를 초래했다.

표 3-4 마루티 스즈키 노조 파업

	파업 사유	결과
1997년	인도 정부와 신임 사장 임명 건 -사장 역량 문제	신제품 출시 기회 상실 경쟁사 추격 허용(현대자동차)
2000년	인센티브 개정안, 인력 조정 문제 등	생산 차질 시장점유율 상실
2011년	노조 설립 거부 및 행동규범 서명 요구	5억 달러 손실
2012년	근로자 모친상에 대한 30분 기도 요청에 대한 관리자 묵살 및 폭언 등	2,720억 손실 시장점유율 36%대로 추락(4~8월)

출처: 김용식(2012) 마루티 스즈키, 폭력 사태로 경제손실 엄청나. 친디아 저널. Vol. 74. pp.17-19

인도 시장의 성장 가능성과 마루티스즈키의 미래

인도는 세계 5위의 자동차 시장이다. 2016년부터 2020년까지 연평균 성장률은 2.36%였으며, 2021년 전체 승용차 생산은 22,652,108대로 집계되었다. 인도 자동차 시장에 대한 전망은 다소 긍정적이다. 평균소득수준이 계속 증가하고 있고, 2025년에는 평균연령 25세로 가장 젊은 국가가 될 것으로 보이므로 이들의 마이카 구매 수요를 기대하고 있다. 또한 환경문제 대응으로 인도 정부가 강력한 친환경차 보급 정책을 추진하면서 전기차와 전기이륜차 시장도 급성장할 것으로 보고 있다.[9] 현재 전기 이륜차에 비해 전기차는 많이 보급되어 있지 않지만, India Energy Storage Alliance의 보고서에 따르면 2026년까지 전기차 시장이 매년 36% 성장할 것으로 전망하고 있으며 전기차 배터리 시장도 그에 따라 매년 30% 커질 것으로 예상된다.

9 인도정부는 2030년까지 상용차의 70%, 버스 40%, 승용차 30%를 전기차로 전환하려는 로드맵을 구축하였다.

인도 에너지·환경·수자원협회(CEEW)에 따르면 2030년 친환경차 생산·인프라 구축 등 관련 시장규모가 2,060억 달러에 도달할 것으로 보인다. 자동차 수요 증가 속에서 전기차를 원하는 소비자가 많아진다는 전망은 이 산업에 대한 투자확대를 불러일으키고 있다. 2000년 4월부터 2021년 6월 사이 외국인직접투자(FDI) 가운데 자동차 분야 투자는 305억 달러에 달하며 전체 FDI 5.5%에 해당한다.[10]

시장 성장 가능성에 대해 베팅한 기업 가운데 하나는 테슬라이다. 2021년 1월 테슬라는 벵갈루루에 R&D 센터를 건립하고 테슬라 인디아 모터스(Tesla India Motors)와 에너지 프라이빗(Energy Private Limited)을 자회사로 등록했다. 마루티스즈키의 강력한 경쟁자로 부상한 현대자동차도 2.69억 달러 투자를 감행하면서 구르가온에 신규 인도 헤드쿼터를 열고 인도시장에서 입지 다지기에 들어갔다. 또 다른 경쟁사 마힌드라 & 마힌드라 역시 전기차 부문에 3년간 4.03억 달러를 투입하겠다고 밝혔다. 타타자동차 역시 TPG 라이즈 클라이메이트로부터 10억 달러를 조달해 2026년까지 신규 전기차 모델 10종 출시한다는 계획을 발표했다.

마루티스즈키는 2021년 7월 하리야나(Haryana)의 신규 생산시설 건설에 24.2억 달러를 투자한다고 밝혔으며 시장 지배력을 유지하기 위해서 2022년 6.05억 달러까지 자본 지출을 감행할 계획이라고 밝혔다. 추가 생산시설이 완공되면 연간 75~100만대 완성차 제조가 가능하다. 전기차 분야에서도 스즈키의 강점인 보조금을 받을 수 있는 소형 1,500만 원 이하의 전기차를 개발해 2025년에 출시하겠다는 계획을 내놓았다. 이를 위해 인도 구자라트에 리튬 이온 배터리 공장을 설립하고 2026년까지 전기차 연구 및 개발에 90억 달러를 투자할 것이라고 밝혔다.

마루티의 실적은 2020~2021년 팬데믹 여파로 매출이 감소했지만 2022년부터 회복세로 돌아섰으며 영업이익도 증가하고 있다. 2022년 11월 기준으로 시장점유율은 40% 이상을 유지하면서 인도 자동차 시장에서 1위를 고수하고 있다. 마루티 스즈키의 인도시장에서의 성공은 시가총액과 주가수익률에서 토종 업체이자 가장 존경받는 기업 타타그룹의 자동차를 이겨냈다.

10 Department for Promotion of Industry and Internal Trade(DPIIT).

그러나 한시도 마음을 놓을 수 없는 것이 해외시장이다. 현대차가 약진하고 있고, 전기차 시대가 오면서 언제든 시장의 흐름은 바뀔 수 있다. 그럼에도 불구하고 해외기업들의 무덤처럼 여겨진 인디아에서 일본 자동차 기업의 성공사례는 이 시장에 진출하려는 많은 기업들에게 귀중한 사례가 될 것이다.

표 3-5 마루티 스즈키 인디아

	2018	2019	2020	2021	2022
매출	12360.13	12299.82	10664.2	9474.16	11848.95
영업이익	1465.22	1190.66	557.13	333.65	405.31
EBITDA	1893.32	1622.55	1054.74	742.37	779.63
순이익	1222.34	1093.62	800.49	591.24	520.67
총자산	9286.32	9270.51	8449.13	9829.23	9919.07
총부채	2758.51	2470.12	1914.91	2648.55	2616.73
자본총계	6525.34	6797.84	6531.68	7180.67	7302.34

출처: Nikkei Asia Company Profile

그림 3-7 마루티 스즈키 인디아 주가 추이

(단위: 루피)

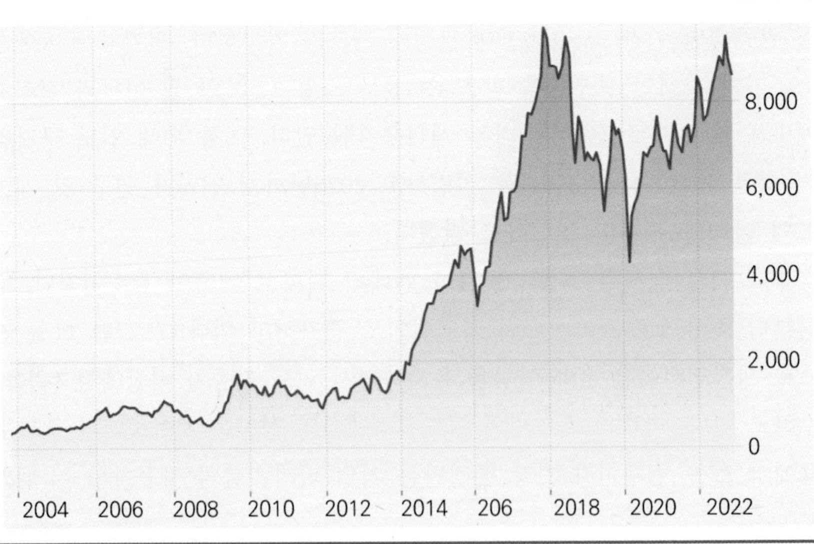

출처: Financial Times(검색일: 2022년 12월 12일)

그림 3-8 마루티 스즈키 인디아 vs 타타 모터스 주가 수익률 비교

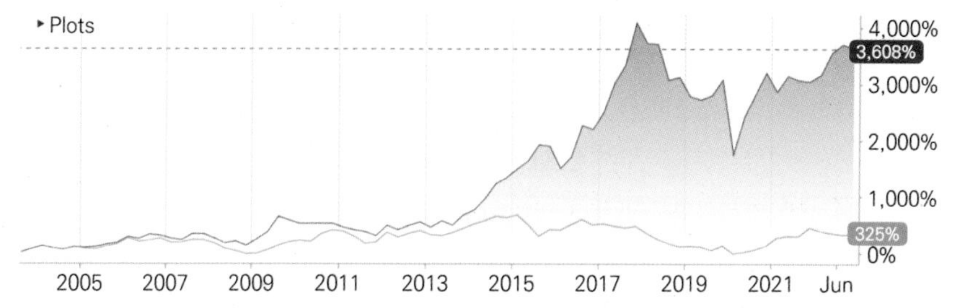

출처: CNBC(검색일: 2022년 12월 12일)

표 3-6 인도 자동차 판매 실적 비교

	OEM 시장점유율	2022.11	2021.11	YoY 차이
1	마루티	41.3	44.81	−3.51
2	현대	14.97	15.11	−0.14
3	타타(Tata)	14.36	12.16	2.2
4	마힌드라(Mahindra)	9.48	7.95	1.53
5	기아	7.49	5.81	1.68
6	토요타	3.67	5.31	−1.64
7	혼다	2.2	2.23	−0.03
8	르노	1.97	2.06	−0.09
9	스코다(Skoda)	1.38	0.9	0.48
10	MG(리테일)	1.27	1.01	0.26
11	닛산	0.75	1.08	−0.33
12	포스바겐	0.6	1.11	−0.51
13	Jeep	0.28	0.43	−0.15
14	시트로엥(Citroen)	0.26	0.02	0.24
	합계	100	100	0

출처: https://www.rushlane.com/car-market-share-nov-2022-maruti-hyundai-tata-12454465.html

CHAPTER 04

7UPs의 한국기업들

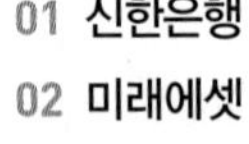

01 신한은행

은행업에서 신남방 지역의 대표 성공사례로는 단연 신한은행이 꼽힌다. 캄보디아와 인도네시아, 베트남 등 동남아 각지에 영업망을 구축하였으며, 특히 베트남에서의 활약이 두드러진다. 현지 영업점 수와 당기순이익, 총자산규모 부문에서 베트남 내 외국계 은행 1위를 차지하고 있다.

한국계 금융기관들의 해외진출과 성공은 오랜 염원이었다. 국내 시장에서의 성장이 한계에 다다르면서 해외시장 확대 필요성을 인식하고 있었지만 외국에서 은행업으로 성과를 내기는 쉽지 않다. 금융분야는 어느 국가든 경제의 혈액순환을 책임지는 심장과 같아서 외국계 진출에 여러 제약조건이

그림 4-1 4대 시중은행 해외법인 순이익

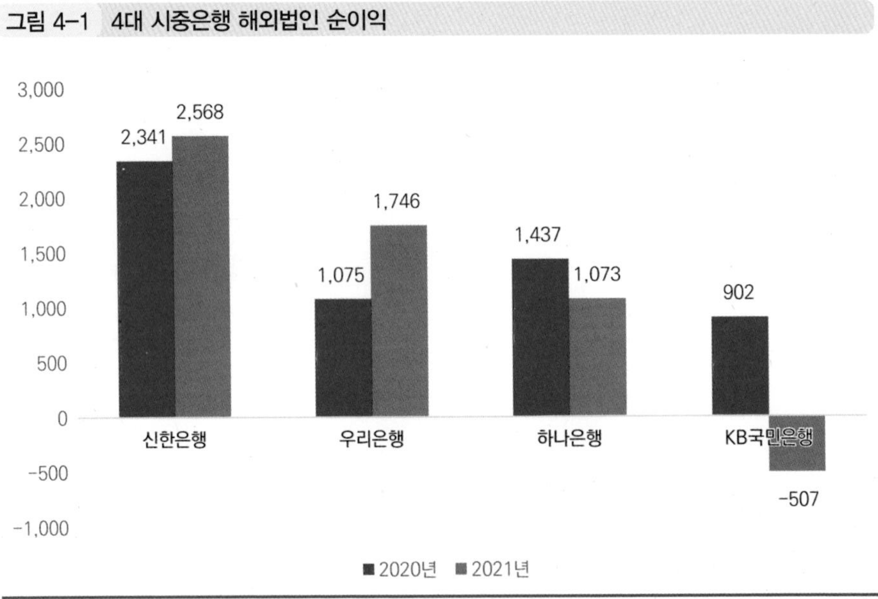

출처: 각사 실적보고자료. 소비자가 만드는 신문에서 재인용
https://www.consumernews.co.kr/news/articleView.html?idxno=645486

있는데다 라이선스를 취득하더라도 과도한 자본금, 취급가능한 금융상품의 제한, 소매금융의 경우 현지 은행과의 치열한 경쟁 등 넘어야 할 장애물이 많기 때문이다. 그 장벽을 넘고 해외법인을 설립해 가장 많은 순이익을 거둔 국내은행은 신한은행이다. 2021년 신한은행이 해외법인을 통해 얻은 순이익은 총 2,568억 원이며, 그 가운데 가장 큰 비중을 차지한 쪽은 신한베트남은행이다. 2021년 1,276억 원의 전체 순이익의 32%를 차지했다. 2022년 상반기에도 전년대비 50.2%가 늘어난 866억 원의 순이익을 선보였다. 신한은행은 베트남 이외에 캄보디아와 인도네시아에 해외법인을 두고 있으며, 필리핀과 인도, 미얀마, 싱가포르에 지점을 두고 있다.

신한은행의 아세안 & 인도 진출

아세안은 예대마진이 높아 금융회사가 진출하기엔 최적의 장소다. 2016년 기준 은행업 평균 NIM(순이자마진)은 베트남 2.8%, 인도네시아 5.1% 등으로 한국 1.68%에 비해 높다. 미얀마 등 불교 국가에서는 '빚을 갚지 않으면 화를 당한다'는 문화가 확산돼 있어 연체율도 낮은 편이다.

신한은행이 처음 베트남에 진출한 때는 1993년이었다. 한국계 최초로 베트남 대표사무소를 열었고, 16년이 지난 2009년에서야 현지 법인으로 전환해 신한베트남은행이 탄생하였다. 현지법인 전환도 한국계 은행으로는 최초였으며, 2011년 신한비나은행을 인수합병했다. 그 사이 2007년 한국계 최초로 캄보디아 내 현지법인 설립하였다. 동남아 최대 시장인 인도네시아의 진출은 현지 은행 인수를 통해 이루어졌다. 2012년 현지 메트로 익스프레스 은행(Bank Metro Express) 인수를 추진하였고, 2015년 금융 당국의 지분인수 승인을 받게 되었다. 이후 수라바야에 있는 센트라타마 나시오날 은행(Centratama Nasional Bank)의 지분 75%를 인수하였고, 2016년 최종적으로 통합하면서 신한 인도네시아 은행(PT Bank Shinhan Indonesia) 이름으로 공식 출범하였다.

인도 진출 역시 신한은행이 국내 은행 최초로 문을 열었다. 1996년 첫 지점을 설립하며 국내 시중 은행 중 가장 먼저 인도에 진출했지만, 아직 인도법인을 설립하지는 못하고 있으며 인도 내 지점을 묶어 인도본부로 활용하고 있다. 외국계 금융기관 진출에 대한 양국의 규제로 인해 인도는 현지 법인이 구성되지 못했고 인도네시아는 현지 은행 인수라는 대응전략으로 진입장벽을 통과한 것이다. 캄보디아는 한국계 은행들이 공을 들이는 시장 가운데 하나이다. 7%를 넘나드는 높은 경제성장률로 소매 및 기업금융의 수요 증가를 기대하면서도 미국 달러화로 거래가 가능하다는 점이 매력적이기 때문이다. 신한은행은 2008년 신한크메르은행을 출범시키면서 캄보디아에 진출했다.

신한은행이 인도와 아세안 지역 진출 초기 주요고객은 한국계 기업과 교포들이 주를 이루었다. 베트남의 경우 한국기업과 주재원 등 한국계 고객층이 탄탄하다고 할 수 있지만, 캄보디아와 인도네시아, 인도에서는 한국계 고객에만 초점을 맞추면 금새 성장의 한계에 부딪칠 수밖에 없다. 현지 은행과 다른 외국계 은행과 경쟁에서 살아남으려면 현지 고객을 모셔와야만 한다. 내수시장에서 점유율을 높이려면 금융상품과 서비스 차별화로 경쟁우위를 가져가는 수밖에 없다. 캄보디아의 경우 기본 통화로 미국 달러를 이용할 수 있는데 믿고 거래할 수 있는 외국계 은행으로 신한은행이 떠오르며 한국기업뿐만 아니라 현지기업 및 개인으로 고객층이 확대되었다.

해외송금 및 수출입관련 서비스, 다양한 여신, 수신 상품을 통한 기업금융, 소매금융 및 신용카드 사업 등은 상업은행의 기본 역할과 기능이나 한 번 방문하면 오랜 시간 기다려야 하고 직원들의 업무처리와 고객응대 측면에서 신한은행은 현지은행이나 외국계 은행보다 한발 앞서 나갔다. 여기에 E-Tax, 스위프트 스코어(SWIFT SCORE) CMS(Cash Management Service, 자금관리 서비스)[1]를 신속하게 도입, 활용하는 등 서비스 차별화를 시도했다. 고객들의 경험은 곧바로 영업에서 효과가 나타나 현지인 고객들이 급증하기 시작했다. 믿고 맡길 수 있는 한국계 은행, 친절하고 신속한 서비스를 제공하며 직원들의 능력과 이해도가 높은 은행이라는 점이 알려졌다. 이러한 현지 접근에 더해 신한은행도 공격적인 네트워크 확장을 추진했다. 고객이 어디서나 쉽게 찾아갈 수 있도록 접근성과 편리성을 향상시키는 힘은 결국 전국적인 영업망이기 때문이다.

---

1 기업이 SWIFT(국제은행간통신협회)를 통해 국외 관계사 자금이체 지시를 직접 할 수 있도록 하는 서비스

네트워크의 확장과 상품 및 서비스 차별화 전략에 힘입어 신한은행은 베트남 시장에서 가장 많은 지점을 보유한 외국계 은행으로 등극하며 자산규모에서도 1위의 은행으로 자리잡았다. 경쟁구도에서 완전히 우위를 다지겠다는 전략으로 쐐기를 박은 사건은 2017년 ANZ은행 리테일 부문 인수였다. 신한베트남은행은 2021년 12월 기준 베트남에 43개의 지점을 운영하고 있다. 하노이와 호치민, 하이퐁, 다낭, 껀터 등 베트남 5대 도시에 모두 영업점을 개점함으로써 베트남 전지역을 아우르는 전국적 영업망을 구축하였다. 한국계 은행 최초이자 외국계 은행 중 최다 지점수를 기록하고 있다. 확장 전략은 캄보디아와 인도네시아에서도 동일하게 이행되면서 신한캄보디아와 인도네시아은행이 각각 11개와 41개 지점을 운영하고 있다.

오늘날 은행업에서 해외사업의 성패를 지점의 수로만 가늠할 수는 없다. 자산 규모와 수익성도 중요하고 리스크관리도 중요하다. 그러나 무엇보다도 성장의 핵심은 시장상황의 변화를 읽어내고 빠르게 대응하는 것이다. 지난 10여 년 동안 IT 기술의 발달은 금융권에 혁신을 주문했고 은행업에서 주요한 화두는 디지털 전환이었다. 동남아 시장에서 핀테크의 도전이 거세게 진행되기 시작했으며, 디지털 결제와 일반뱅킹 및 소매금융에서 핀테크를 품은 슈퍼앱들이 게임체인저로 등장했다. 한국에서 이미 실행한 경험이 신한은행도 2018년 모바일 통합 플랫폼인 글로벌 쏠(SOL)을 베트남에서 런칭했고 2019년 인도네시아, 2020년 캄보디아에서 출시했다. 베트남을 비롯해 동남아에서 내놓은 디지털 플랫폼 쏠은 고객들이 쉽게 사용할 수 있도록 UX(User Experience)과 UI(User Interface)를 만들었다. 데이터 속도와 사용자 환경이 한국과 다르기 때문이다. 출시 후 반응은 뜨거웠다. 출시 한달 만에 11만 명이 넘는 사람들이 가입했으며 2021년 총가입자 수는 649,000명으로 집계되었다. 베트남에서 성공한 디지털 전략은 다른 지역에서도 동일하게 적용되었다. 스쿨뱅킹과 마이자산의 자산관리와 같은 신규서비스와 비대면 신용대출, 잘로(Zalo)와 아쿠라쿠(Akulaku)와 같은 현지 플랫폼과의 협업 등 다양한 방식으로 현지 시장 공략이 가속화되었다.

그림 4-2 신한은행 디지털 중심 글로벌 전략

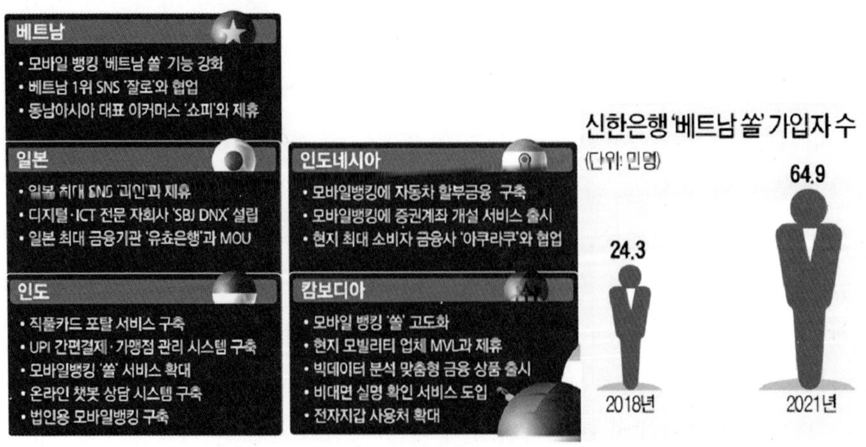

출처: 신한은행

신한은행의 글로벌 시장 공략에서 동남아와 인도가 차지하는 비중도 크고 전략적인 중요성도 점차 높아지고 있다. 자산규모는 크게 증가했고 해외수익에서 동남아, 특히 베트남의 기여도가 압도적이다. 디지털 집중 전략은 코로나19 팬데믹에서 더 큰 힘을 발휘했고 이는 경영성과로 나타났다. 신한은행이 베트남부터 인도까지 현지 시장에 안착할 수 있는 성공 요인은 단순히 디지털 전략 하나로만은 설명할 수 없다. 금융업의 특성상 해외시장 진출의 진입장벽이 높은데도 불구하고 리딩 뱅크로 자리잡을 수 있던 요인은 무엇이었는지 살펴볼 필요가 있다.

해외 성장전략/성공요인

해외진출 기업, 특히 소비자를 직접 상대하는 업종의 기업들은 현지화를 추구한다. 소비자들이 무엇을 원하는지, 어떤 취향을 갖고 있는지를 파악하고 접근해야 하기 때문이다. 베트남에서 신한은행이 성공적으로 안착할 수 있었던 가장 큰 경쟁력 역시 현지화에 있었다. 신동민 신한베트남은행장은 "한국계 기업 대상 영업에 머무르지 않고 적극적으로 현지고객 대상 비즈니스를 추진한 것이 타 국가와 차별화된 점이었다고 생각한다"고 언급한다.[2] 현지 소매금융 고객 가운데 95%가 현지 고객이고, 법인 고객 역시 절반 이상이 베트남 기업이다. 다른 외국계 은행들이 현지 고객에 대한 리스크에 초점을 맞추고 현지 시장 확대에 한발 늦었던 반면 신한은행의 마케팅이 한 발 더 앞섰다. 현지 고객 확대에 필요한 인력은 역시 현지 인재등용이 수반되어야 한다. 신한베트남은행의 직원 97% 이상이 베트남인이고 본부 및 영업점의 주요 부서장들도 현지인 채용을 우선시하고 있다. 글로벌 기업들이 현지화에서 인력과 조직의 현지화를 적극 추진하는 데 비해 한국계 기업들이 해외진출에서 관리자나 경영진에 현지인 채용을 꺼려해왔다. 보수적인 은행업의 자세에서 신한은행이 관행을 과감히 깬 하나의 승부수였다. 현지 인재의 등용과 성장의 기회를 열어둔 운영 방침은 효과적이라는 사례를 남겼다.

이러한 상품을 넘어 고객과 조직 현지화 드라이브를 꾸준히 추진할 수 있었던 것은 리더십도 작용했다. 신한베트남은행을 이끄는 신동민 은행장은 베트남 주재원 1세대로 2004년 베트남에 발을 디딘 진정한 베트남 전문가로 평가받는다. 2007년부터 3년간 한국 근무를 제외하면 무려 15년 동안 베트남 사업을 이끌었다. 신한은행의 베트남 진출 역사가 29년에 접어드는데 거의 절반을 함께한 산 증인이다. 그만큼 현지 시장에 대한 변화를 잘 파악하고 있고 베트남에 대한 애정도 남다르다. 현지인력에 대한 존중과 이해도가 많은 경영자가 리더십을 제대로 발휘할 수 있다.

디지털 전략 현지화 경쟁력

신한은행의 쏠이 성공적으로 가입자 수를 늘릴 수 있었던 것은 현지화된 서비스이면서 차별화된사용자 경험을 제공한 덕분이다. 한국의 대표 메시지 앱인 카카오톡이나 라인이 동남아 진출했을 당시 현지 스마트폰의 사양이나 데이터요금제에 대한 사정을 충분히 고려하지 못하면서 초반의 화제성을 이

2 더벨 "신한베트남은행, 체질개선이 살 길…디지털화 속도"(2020년 11월 11일) https://www.thebell.co.kr/free/content/ArticleView.asp?key=202010301620060880102823&lcode=00

어가는 데 실패했다. 아무리 멋진 프로그램이라도 이용자가 불편함을 느끼게 되면 이용을 꺼리게 된다. 베트남의 잘로가 국민메신저가 된 원동력은 통화기능을 강조한 간단명료한 서비스 집중이었다. 동남아 은행들도 디지털 전환의 중요성을 모르지 않지만 이용자 입장에서 필요한 서비스들을 쉽게 쓸 수 있도록 만드는 데 어려움을 겪었다. 신한은행의 쏠은 로그인 방식이나 이체 기능 통합, QR코드 스캔으로 퀵 송금과 간편 결제 등 이용 편의성 증대에 초점을 맞추었다. 결국 디지털 전략도 현지화를 기반으로 추진되어야 하고 그 위에 업그레이드된 자산관리 등의 다음 서비스 이용으로 연결된다.

신한은행이 속한 신한금융그룹은 카드사와 보험, 자산운용 등 여러 자회사를 보유하고 있고 이들이 은행 다음 타자로 시장에 속속 진입하고 있다. 거대한 금융네트워크를 만들면서 디지털 기반 운용 프로세스 효율화를 추구하면서 비즈니스 영역을 확장하는 전략을 추구하고 있다. 은행이 구축한 자체 데이터를 사용하면서 상호 시너지를 내는 신한금융의 생태계를 마련한다는 전략이다. 은행의 현지화가 시장의 물꼬를 트고 그 다음 단계로의 도약이 가능할지는 더 지켜봐야 하겠지만 빠르게 성장하는 동남아 시장에서 한국계 은행이 성과를 내고 있다는 점은 충분히 고무적이다. 누구나 손안에 스마트폰을 쥐고 디지털 경험을 쌓는 수많은 젊은이들이 오가는 인도와 아세안, 쉽지 않지만 결코 포기할 수 없는 시장이다.

그림 4-3 신한금융그룹 총자산과 당기순이익 추이

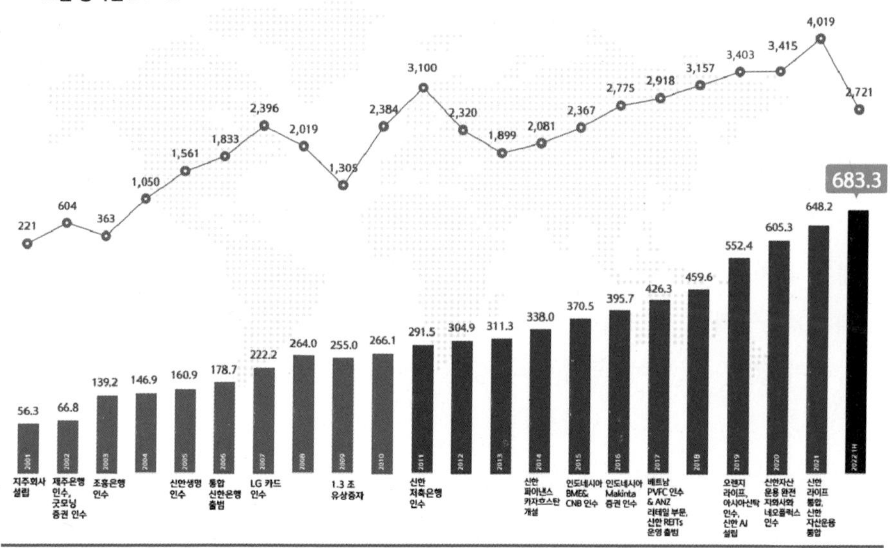

출처: 신한은행

그림 4-4 신한금융그룹 글로벌 네트워크

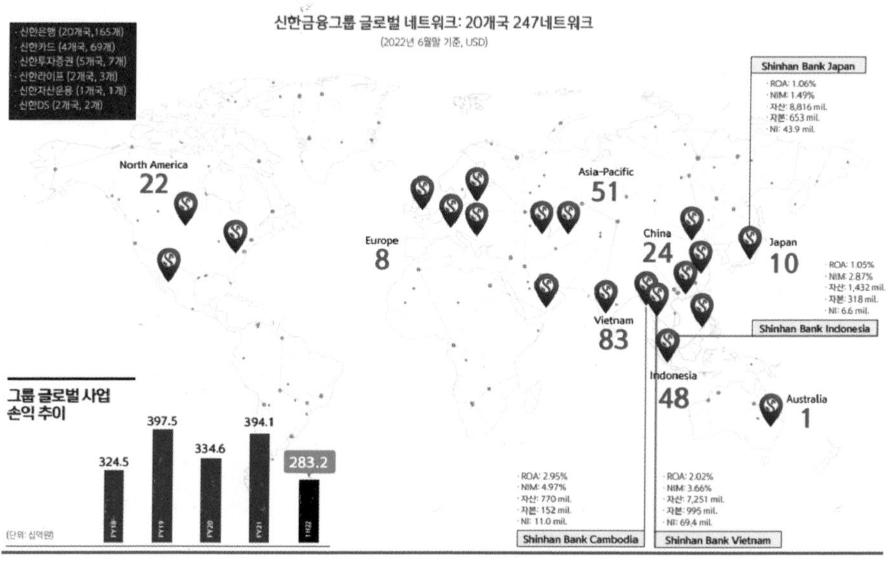

출처: 신한은행

02 미래에셋

은행업에서 신남방 성공사례의 대표자로 신한은행을 꼽는다면 증권사의 대표 주자로는 미래에셋증권을 꼽을 수 있다. 1999년 설립된 미래에셋은 세계 10개 국가에 진출하여 브로커리지와 투자은행, 트레이딩 업무를 주로 취급하며 20여 년 만에 국내 최대 증권사를 뛰어넘어 아시아 지역 내 대형 투

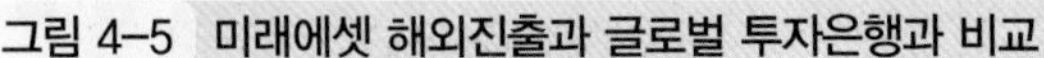

그림 4-5 미래에셋 해외진출과 글로벌 투자은행과 비교

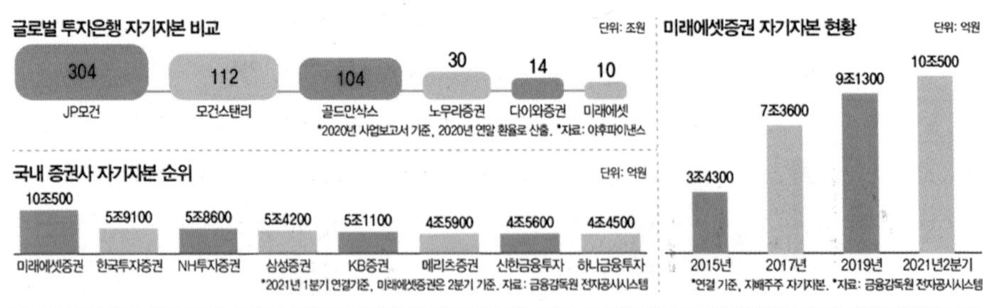

출처: 미래에셋

자은행(IB)으로 성장했다. 자본금 500억 원으로 시작한 미래에셋증권은 2021년 자기자본 10조원을 넘기며 글로벌 시장으로 한 단계 더 도약할 수 있다는 평가를 받고 있다. 일본 1위 노무라증권과 2위 다이와증권의 30조 원, 14조원보다 적은 규모이나 이들의 100년 역사를 고려한다면 단기간에 급속한 성장을 거두었다고 볼 수 있다.

미래에셋은 국내 투자 중심이던 한국 투자업계에서 가장 먼저 글로벌 시장에 진출한 기업이기도 하다. 2006년 중국 상하이 푸동의 빌딩(현 미래에셋 상하이타워) 인수를 시작으로 세계 최대의 골프용품 브랜드 타이틀리스트(Titleist)를 보유한 아쿠쉬네트, 포시즌스 호텔과 커피빈 미국 본사 등 해외 기업 인수 및 부동산 투자에 적극 뛰어들었다. 2011년 휠라코리아로부터 타이틀리스트를 12억 달러에 인수했을 당시 한국의 토종 자본이 글로벌 1위 브랜드를 가져왔다는 점에서 시장에서 상당한 관심을 끌었다. 58억 달러를 투입한 포시즌스 호텔 인수도 과감한 베팅이었지만 '최고의 호텔은 시간이 지나도 가치가 떨어지지 않는다'는 박현주 회장의 글로벌 브랜드에 대한 확신이 담겨 있었다.

국내 투자사 가운데 누구보다 해외투자에 적극적이었던 미래에셋이 아시아 남쪽 시장에 발을 디딘 것은 2006년이었다. 미래에셋자산운용이 처음 인도에 설립되었고, 이듬해 베트남 최초 외국계 종합증권사로 미래에셋증권 베트남이 설립되었다. 금융업 가운데 은행의 해외진출과 성과는 자주 등장하지만 비은행 금융기관의 경우 주목할 만한 성과를 올린 사례는 드물다. 특히 자본시장 투자업계에서 글로벌 금융기관에 비해 한국기업의 경쟁력이 약체라고 평가를 받는 한국의 증권회사가 해외에서 시장 1등을 차지한 사례는 미래에셋 인도네시아가 유일하다. 미래에셋의 글로벌네트워크에서 인도네시아와 베트남, 인도, 싱가포르 등 신남방 지역의 자산총액과 영업수익의 절대 금액이 크다고 볼 수는 없으나, 현지 시장 내 위치와 위상은 다른 지역에 비해 우월하다. 특히 인도네시아 현지법인은 거래량과 거래대금, 빈도수에서 모두 1위를 기록하며 인도네시아 시장점유율 11.4%를 차지하는 1등 증권사의 자리에 올랐다.

인도네시아 자본시장에서는 100여 개가 넘는 증권회사들이 치열한 경쟁을 벌이고 있어서 외국계 혹은 한국계 금융회사가 결코 유리한 위치에 있지

표 4-1 인도네시아 증권사 순위

(시장점유율 기준)

	2015	2016	2017	2018	2019	2020	2021
1	모건스탠리	BCA	만디리	만디리	만디리	**미래에셋**	**미래에셋**
2	크레딧스위스	모건스탠리	모건스탠리	크레딧스위스	**미래에셋**	만디리	만디리
3	UBS	CIMB	CIMB	**미래에셋**	CIMB	인도 프리미어	인도 프리미어
4	CIMB	UBS	**미래에셋**				
6	만디리	**미래에셋**					
12	**미래에셋**						

출처: 인도네시아 증권거래소

않다. 후발주자인 미래에셋은 짧은 역사에도 불구하고 그 경쟁을 뚫고 1위의 증권사의 자리에 오른 것이다. 미래에셋이 인도네시아 시장에서 성공할 수 있었던 비결은 어디에 있는지 살펴보는 것은 비단 금융관련 기업뿐만 아니라 인도네시아에 후발주자로 접근하는 다른 이들에게도 충분히 검토해 볼 만한 가치가 있다.

인도네시아에서 미래에셋이라는 이름이 정식으로 등장한 것은 2016년 대우증권을 인수한 이후이다. 그 이전에 인도네시아에 첫 발을 디딘 회사의 이름은 대우증권이었다. 2002년 PT 모나스 부아나 증권사를 인수하면서 시장을 탐색하기 시작했으며, 본격적인 진출은 2007년 현지 증권사 이트레이딩 증권(eTrading Securieis)의 지분을 19.9% 취득한 이후이다. 인도네시아는 금융권의 외국계 기업 진입에 많은 제약을 두고 있어 현지 회사를 인수해 시장에 진입하는 방식이 보편적으로 사용되고 있었다.

대우증권이 이트레이딩 지분을 인수했지만 수많은 증권사들과의 경쟁에서 살아남으려면 차별화된 시스템과 고객확대를 위한 눈에 띄는 마케팅이 필요했다. 대우증권은 모바일에 눈을 돌렸다. 한국에서는 보편적인 서비스였지만 당시 현지 시장에는 아직 새로운 서비스였고 경쟁사들도 타이밍을 기다리고 있었다. 인도네시아 모바일 환경에 리테일 분야에 도입하기에는 시기상조라는 의견이 지배적이었다. KDB대우증권은 이트레이딩증권의 모

그림 4-6 인도네시아 주식시장 투자자별 구성비

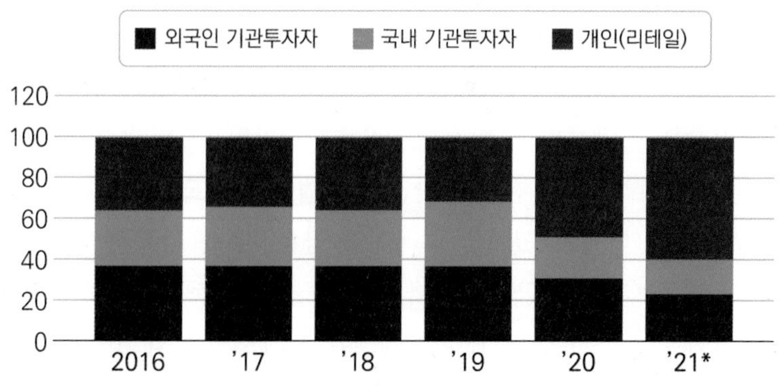

*8월 거래 규모 기반으로 한 비율
출처: Nikkei Asia, IDX

바일 트레이딩 시스템(Mobile Trading System: MTS)을 지원했다. 2010년 인도네시아 업계 최초로 MTS를 선보이며 온라인 시장을 집중 공략했다. 2012년에는 홈트레이딩 서비스를 런칭했다. 결과는 성공적이었다. 1% 미만의 이트레이딩 시장점유율이 3.6%로 증가했고 온라인 시장점유율은 20%까지 급성장했다. 대우증권은 이트레이딩 지분율을 2013년 80%까지 끌어올렸고 사명을 PT 대우증권 인도네시아로 변경하며 현지 시장을 직접 챙기기 시작했다.

온라인 시장에서 퍼스트 무버 대우증권은 2016년 미래에셋의 인수로 인도네시아의 명칭도 PT 미래애셋 증권(PT Mirae Asset Sekuritas)로 변경되었다. 미래에셋으로 바뀐 후 현지 시장 공략에 더 적극적인 자세를 취했다. 은행의 경우 한국기업과 교민 대상만으로도 어느 정도 영업 기반을 갖춰나갈 수 있으나 증권 및 투자업은 현지 기관과 개인 고객이 없이는 생존이 불가능하다. 경쟁사들이 대체로 기관 영업에 집중하고 있어서 미래에셋은 오히려 소매시장에 기회가 있다고 판단했다. 2016년부터 2019년까지 리테일, 즉 개인 투자자들이 차지하는 비중은 35% 안팎으로 국내외 기관이 차지하는 비중이 훨씬 크다. 인도네시아 주식거래에서 리테일 비중이 선진국에 비해 낮았지만 그만큼 성장할 여력이 많이 남아있다고 미래에셋은 판단했다. 영업이 레드오션이라면 소매시장은 블루오션이라고 보고 여기에 집중하는 전략을 택했다.

성장전략/성공요인

어떻게 하면 현지 고객들을 미래에셋으로 데려올 수 있을까. 먼저 고객과의 접점을 확대하는 마케팅에 집중했다. 한국인 법인장과 임원들 전부 나서서 전지점을 돌며 고객유치 마케팅을 적극 지원했으며 실제 에쿼티와 리테일 세일즈는 현지인이 전담해 맞춤형 영업을 하노록 했다. 단순히 광고와 마케팅만으로는 한계가 있어서 리서치와 금융상품을 강조했다. 증권사들이 제공하는 분석보고서와 금융상품 설명서는 경험이 적거나 금융교육을 받지 않은 개인이 이해하기 어렵다. 미래에셋은 고객 눈높이와 성향에 따라 맞춤 리서치 정보를 다양한 방식으로 전달했다. 전문적인 지식이 없는 일반 고객들을 위해 이해하기 쉬운 설명을 붙여 시장상황과 금융상품 안내하는 콘텐츠를 만들었다. 한발 더 나아가 코워킹 스페이스 활용해 지역주민들에게 주식투자 교육과 이벤트를 진행했다. 투자에 관심이 많지만 접근하기 어려운 지방 고객들에게 무엇이 필요한지 고민하다 나온 현지 직원 아이디어였다. 간접투자를 원하는 고객을 대상으로 온라인에서 가입할 수 있는 펀드몰도 미래에셋이 처음 런칭했다. 고객이 불편함을 느끼는 페인포인트를 해결하는 서비스, 당연히 인기가 있을 수밖에 없다.

그림 4-7 미래에셋 인도네시아의 현지 네트워크

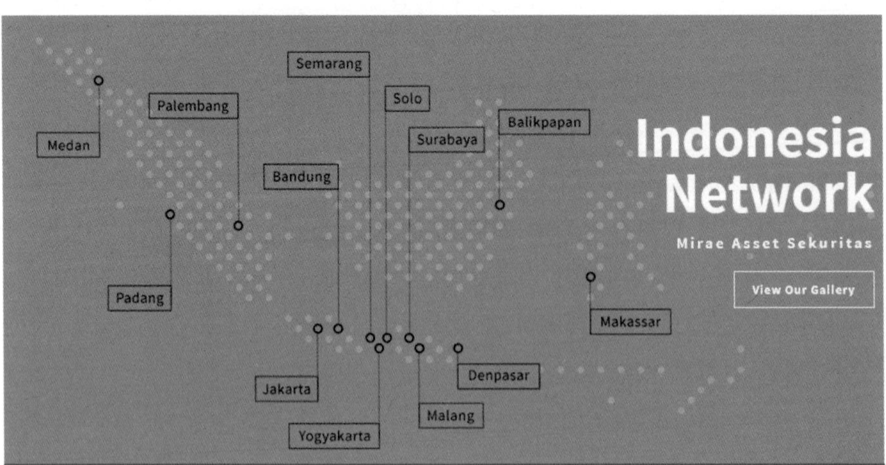

출처: 미래에셋

팬데믹이 전 세계를 강타하면서 자본시장에 개인투자자가 대거 등장했다. 한국에서는 '주린이'나 '동학개미'가 대거 출현했고 미국에서는 '로빈후더(Robinhooders)'가 나타났다.[3] 이런 현상은 비단 한국이나 미국에서만 발생한 것은 아니고 유럽, 동남아에도 주식 열풍이 불었다. 인도네시아에서도 개인투자자들이 크게 증가하면서 시장에 활기가 돌았다. 2억 7천만 명의 인구를 가진 동남아의 대국 인도네시아에서 젊은 개미들이 주식에 달려들었다. 2020년과 2021년 자카르타 증권거래소의 개인투자자 리테일 비중이 50%를 넘어서는 폭발적인 성장세를 기록했다. 이들 중 상당수는 소위 밀레니얼이나 Z세대로 생애 처음 투자에 뛰어든 '주린이'들이었다. 처음 접해보는 주식투자, 생소한 금융 용어가 버거운 초보자들에게 미래에셋은 알맞은 콘텐츠와 디지털 플랫폼을 갖추고 있었다. 팬데믹은 미래에셋에게 또 한번의 성장 기회를 가져다 주었으며 2021년 1위의 자리를 유지할 수 있었다.

미래에셋 현지화에는 두 가지 특징이 있다. 하나는 유능한 현지 핵심인력들이 현지화를 주도하고 있으며 이를 뒷받침하는 한국인 리더십이 존재한다는 점이다. 인재 채용과 인사관리는 해외진출한 한국 기업들이 공통으로 갖고 있는 숙제이다. 유능한 핵심인력들이 들어오고 싶고, 함께 성과를 이루고 싶은 기업문화를 만드는 것은 매우 중요하다. 직원들이 충분히 미래 커리어를 계획할 수 있는 위로 열린 기회, 무슬림이 절대다수인 인도네시아 문화에 대한 존중, 한국인 경영진의 커뮤니케이션 역량 등 연봉 금액 이외의 요건이 인재 채용과 조직관리에 영향을 많이 미친다. 현지인 인재들과 한국 경영자의 리더십이 조화를 이루면서 현지 시장에서 영업실적뿐만 아니라 리서치와 고객만족도, 브랜드 평판에서 높은 점수를 받고 있다.

미래에셋 현지화의 또 다른 역량은 고객들이 원하는 콘텐츠 제공이다. 미래에셋이 인도네시아 증권업계 최초로 홈트레이딩 시스템(HTS)과 모바일 트레이딩 시스템(MTS)을 도입한 회사임에는 틀림없지만, 디지털 기반 시스템은 이제 시장 내 모든 경쟁사가 갖추고 있다. 더 편리한 사용자 환경에서 한발 더 나아가 소비자가 필요한 정보를 얻으면서도 즐거운 경험을 선사하

3 주린이는 주식과 어린이를 합쳐서 초보 개인투자자를 지칭하고, 미국의 무료 주식거래 앱 로빈후드를 이용하는 사람들이라는 의미로 로빈후더라고 부른다.

는 수준의 서비스 차별화가 오늘날의 경쟁력이다. 미래에셋은 소셜미디어를 적극 활용하고 주식 만화와 동영상을 제작해 올리고 있으며 인도네시아에서 디지털 스튜디오를 최초로 개설했다. 그만큼 콘텐츠에 진심인 증권사가 또 있을까 싶을 정도로 지속적으로 컨텐츠를 만들어 내고 있다. 미국의 로빈후드와 비견할 만한 인도네시아 주식거래 플랫폼으로 아자입(Ajaib)이 꼽히고 있지만, 이와 경쟁할 만한 현지의 기존 증권사는 미래에셋이 유일하다고 해도 과언이 아니다. 팬데믹 기간 중에 밀레니얼 세대들이 주식투자에 뛰어들면서 가장 먼저 미래에셋 HOTS를 찾는 것은 이러한 노력의 결실이라고 봐도 무방하다.

미래에셋은 리테일 시장에서만 성과를 내고 있지는 않다. 기업금융 섹터인 투자은행(Investment Banking) 부문과 자기자본 투자 영역에서도 활발한 활동을 벌이고 있다. 이미 통신타워 제조업체 LCK와 콘트리트 업체 베르카베톤 사다야, PC 제조업체 자이렉스 등 여러 현지기업의 기업공개 주관사로 명성을 쌓았으며, 자카르타 증권거래소 역사상 최대 규모의 기업공개로 기록된 인도네시아 이커머스 유니콘 부칼라팍의 2021년 IPO 주관사도 미래에셋이 맡았다. 글로벌 증권사들이 독차지했던 인도네시아 기업금융과 기업공개(IPO) 시장에서 미래에셋이 확실한 존재감을 드러내고 있는 증거이다. 뿐만 아니라 아세안 유니콘 그랩(Grab)과 해피프레쉬(HappyFresh), 핀테크 크레디보(Kredivo) 등 다양한 테크기반 스타트업들에 대한 투자와 투자유치를 진행해왔다.

향후 전망

미래에셋의 목표는 아시아를 넘어 글로벌 투자회사의 반열에 오르는 것이다. 미래에셋은 이미 전 세계 10개국에 진출해있고 인도네시아에서는 고객 경험을 만족시키는 슈퍼로컬 디지털 전략을 통해 증권업계 시장 1등 기업으로 성장했다. 이러한 전략이 인도와 베트남, 브라질과 같은 이머징 시장에서도 성과를 낼 것으로 기대된다. 투자부문에서는 2018년 네이버와 손잡고 1조원 규모의 '미래에셋·네이버 아시아그로스펀드'를 공동 조성해 인도와 아세안 지역의 여러 스타트업 펀딩에 참여했다. 그러나 아직 자산관리

그림 4-8 미래에셋 해외법인 현황

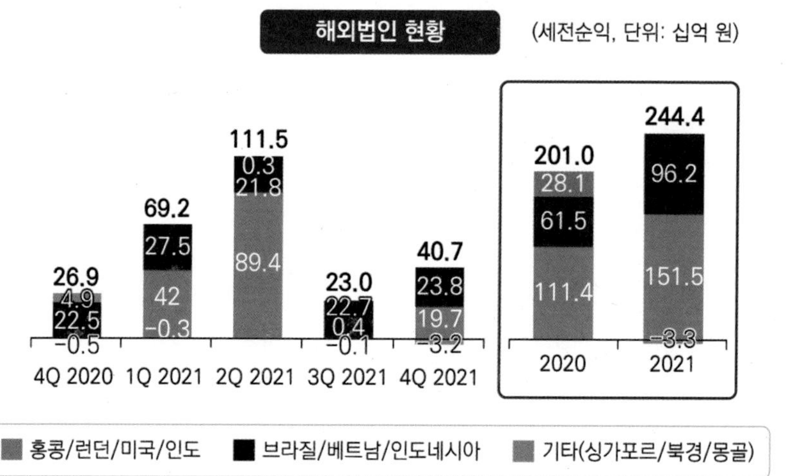

(단위: 백만원)

회사명	자산총액	부채총액	자본총액	영업수익	당기순손익	총포괄손익
Mirae Asset Securities (HK) Limited	2,947,517	281,902	2,665,615	354,387	79,216	(97,532)
Mirae Asset Securities (Vietnam) LLC	727,187	414,716	312,471	74,042	25,565	6,167
Mirae Asset Wealth Management (Brazil) CCTVM	145,453	88,503	56,950	14,665	858	(20,142)
Mirae Asset Investment Advisory (BEIJING) Co., Ltd.	4,221	16	4,205	306	(58)	(38)
Mirae Asset Securities (Singapore) Pte. Ltd.	39,750	1,160	38,590	7,596	(514)	(3,341)
Mirae Asset Securities Mongolia UTsK LLC	1,774	3	1,771	418	79	(126)
PT. Mirae Asset Sekuritas Indonesia	427,761	302,087	125,674	57,967	21,837	12,612
Mirae Asset Capital Markets (India) Private Limited	334,728	7,421	327,307	32,071	18,606	(10,281)

출처: 미래에셋 사업보고서

시장에서는 경쟁우위를 보여주고 있지 못하다. 이머징마켓을 넘어 선진국 금융시장까지 진출해 입지를 다지려면 자산관리와 같은 서비스 강화함과 동시에 더 정교한 투자전략이 필요하다. 글로벌 대형 투자은행인 JP모건이나 모건스탠리처럼 미래에셋의 10배가 넘는 자기자본을 갖고 있으면서 더 높은 자기자본이익률(ROE) 수익성을 자랑하는 이들과 경쟁해야하기 때문이다.

03 코웨이

LG전자와 삼성전자로 대표되는 가전기기 분야에서 한국기업들이 글로벌 시장에서 쌓은 인지도와 브랜드 파워가 강력하지만 '정수기'라는 제품을 들고 해외에서 렌탈 시장을 개척한 또 다른 한국 기업이 있다. 바로 코웨이이다. 가정용 소형 가전기기 가운데에서도 아세안 시장을 두드린 기업들도 많이 있었고 판매고를 올리기도 했지만 코웨이만큼 폭발적 반응을 일으키고 브랜드를 정착시킨 기업은 드물다. 한국에서는 크게 관심을 두지 않는 시장 말레이시아에서 코웨이는 국민정수기라 불릴 만큼 강력한 1위 입지를 다졌다는 사실만으로도 상당히 흥미로운 사례라고 볼 수 있다. 국가의 관문인 쿠알라룸푸르 국제공항에 설치된 정수기도 코웨이 제품이다. 성과를 수치로 보면 더 확연하게 드러난다. 코웨이의 전체 매출은 2020년 기준 3조 2천억 원이 넘고 해외법인 매출이 약 9천억 원으로 전체 매출의 28%가량 차지하고 있다. 말레이시아 법인의 매출이 7,085억 원이므로 전체 해외 매출의 대부분이 말레이시아에서 거두고 있다는 뜻이다. 2021년 3분기까지의 실적을 보면 매 분기마다 전년대비 두 자릿수 이상의 증가율을 보이고 있어 최대 매출과 영업이익 신기록을 갈아치울 것으로 예상된다.

코웨이의 시작은 1989년 정수기 방문판매로 시작된 웅진코웨이이다.[4] 정수기로 시장에 돌풍을 일으킨 코웨이는 공기청정기와 비데 등 생활환경 가전제품을 내놓으며 사세를 확장했다. 1998년 금융위기의 여파로 돌파구가 필요했던 코웨이는 렌탈 사업으로 눈을 돌렸다. 경제상황이 위축된 상황에서 고가의 정수기를 구매할 수 있는 소비자가 줄어들자 서민들이 저가에 정수기를 쓸 수 있는 방식으로 전환한 것이다. 렌탈 서비스는 일시에 판매대

4 설립 당시 사명은 한국코웨이였으나 이듬해인 1990년 웅진코웨이로 변경하였다.

금을 받을 수는 없지만 지속적이고 안정적인 현금흐름을 확보할 수 있고 서민들은 매월 적은 비용만을 지불하기 때문에 부담이 크게 줄었다. 렌탈 사업으로 바뀌면서 일반 가정에서 정수기는 필수품이라는 인식이 만들어졌다. 무엇보다 중요한 지점은 '소유'가 아닌 '이용'의 개념이 생활에 파고 들었다는 점에서 혁신적인 전환이었다. 플랫폼 기업의 등장으로 소유가 아닌 공유, 구입이 아닌 구독으로의 전환과 비견될 만하다.

녹물이나 수돗물 오염 사건, 그리고 건강에 대한 관심이 커지면서 정수기 렌탈 사업은 승승장구했다. 렌탈한 정수기를 회사의 서비스 담당 '코디'가 정기적으로 방문해 관리해준다는 점에서 신뢰성이 더 높아졌다. 코웨이의 렌탈 회원 수는 2000년 50만 명에서 2006년 400만 명으로 급증했다. 한국시장에서 성공의 자신감을 얻은 코웨이는 해외시장으로 눈을 돌렸다. 제일먼저 2000년 중국으로 진출했고, 동남아로 진출한 시기는 그보다 한발 늦은 2000년대 중반이었다. 태국과 말레이시아에 진출해서 정수기 등 가정용 기기의 렌탈 서비스를 처음 선보인 코웨이는 이제 명실상부 1등 정수기 기업으로 등극했다. 코웨이의 해외사업 매출액에서 동남아 3개국이 차지하는 비중이 80퍼센트가 넘으며 특히 말레이시아 법인이 코웨이의 글로벌 성장을 이끌었다.

정수기 렌탈은 한국에서 검증된 사업모델이었으나 동남아에서 '렌탈'은 생소한 개념이었다. 6억 7천만 명의 아세안 지역에서 코웨이는 왜 인구 3,200만 명의 말레이시아 시장을 먼저 진입했을까 그리고 어떻게 소비자들을 파고 들었을까, 현지에서 압도적인 시장점유율과 브랜드 파워를 가질 수 있던 원동력은 무엇이었을까, 그리고 팬데믹이라는 전대미문의 위기 속에서도 경이로운 성장세를 거둘 수 있던 비결은 무엇인가?

성장전략/성공요인

먼저 중국 다음으로 아세안 시장을 타깃으로 삼은 것은 자연스러운 행보이다. 지리적으로나 문화적으로 가깝고 소득수준이 점차 향상되고 있는 시장이었기 때문이다. 또한 동남아시아 전역에서 수도관 상태와 식수의 높은 석회질 함량으로 인한 안전성 문제가 있어서 정수가 사용과 생수 구입이 보편화되어 있었다. 코웨이 조사에 따르면 말레이시아 상수관은 20~30년 전에 설치되어 노후화되었고, 필터로 물을 걸러 마시는 가정이 48% 이상을 차지하고 있었다. 정수기는 대개 구매해서 사용하고 있었고 디스펜서도 흔히 볼 수 있었다. 그러나 정수기 가격은 만만치 않았고, 관리와 수리 애프터 서비스 문제가 많았다. 디스펜서는 매번 무거운 물통을 교체해야 하는 불편함이 있었다. 따라서 아세안의 정수기 시장은 이미 충분히 활성화되어 있었다고 판단했다. 즉 소비자들이 불편을 겪는 지점이 있었고 정수기 렌탈 서비스는 이를 충분히 해결할 수 있는 합리적인 솔루션이었다.

렌탈 서비스가 코웨이에게 캐시카우 역할을 할 수 있었던 것은 매월 안정적인 현금흐름을 창출하였기 때문이다. 정수기가 설치되고 나서 렌탈 비용이 매월 징수 및 회수되어야 하는데 이는 충분한 소득수준과 안정적인 금융시스템을 기반으로 한다. 2005년부터 2012년 사이의 말레이시아 1인당 GDP를 구매력기준으로 보면 1만 달러 이상으로 싱가포르와 브루나이에 이어 아세안 지역에서 3위를 차지하고 있다. 태국이 그 뒤를 이어 7천 달러에서 1만 달러까지 성장하고 있었다. 따라서 충분히 렌탈 서비스 시장에 조성될 수 있는 조건을 갖추고 있었다. 렌탈 서비스의 리스크는 정기적 결제 확률이 낮은 경우이다. 정수기를 설치한 후에 이용료를 지불하지 않으면 지속적으로 대금 수납을 위한 추가적인 자원이 투입되어야 한다. 장기 연체 추심에 따른 비용에 제품 가격까지 더해져 부실로 처리되기 때문이다. 사업자와 고객 사이의 계약과 신뢰관계를 기반으로 렌탈 서비스 운용이 금융시스템 안에서 합리적으로 이행되지 않으면 비즈니스 리스크가 크게 증폭된다. 세계은행의 자료에 따르면 세계은행의 자료에 따르면 2011년 말레이시아와 태국의 성인인구의 70% 이상 은행계좌를 보유하고 있고, 신용카드나 체크카드 보유 비율도 아세안 평균 30%을 상회하고 있었다.

충분한 시장 조사를 거쳐 태국과 말레이시아 시장에 첫 발을 디뎠으나 출발이 순조롭지만은 않았다. 한국에서는 유명한 기업이지만 아세안 시장에서 코웨이는 생소한 브랜드인데다 제품 가격도 현지 경쟁사들보다 30~40% 가량 비쌌다. 태국과 말레이시아 내 한국교민의 규모가 인도네시아와 베트남만큼 크지도 않았으므로 한국인을 상대로 한 영업으로는 성장을 담보할 수 없었다. 결국 현지시장을 뚫고 들어가는 전략이 필요했다.

기존에 렌탈 서비스 이용경험이 없었으므로 고객들에게 정수기 렌탈 및 관리의 강점을 설명하는 시간과 비용이 소요되었으며, 코디 교육 그리고 집으로 찾아오는 코디에 대한 고객의 심리적 거부감이 시장점유율 확대에 장애물이 되었다. 코웨이는 먼저 판매자들을 모집하는 데 힘을 기울였다. 계약을 성공시키면 제공하는 인센티브를 높이자 여러 현지 판매자들이 관심을 갖기 시작했다.

다음은 직원과 코디 교육에 전력을 기울였다. 정기적으로 방문해서 정수기를 관리해준다는 것이 코웨이 서비스의 강점이며 고객과 자주 대면하고 정수기를 관리하는 이들은 코디이므로 이들의 역량이 결국 서비스의 질적 수준이면서 궁극적으로 기업 이미지 제고와 연결되기 때문이었다. 기간별 트레이닝 프로그램을 도입하고 한국에서 코디 트레이닝 전문가가 직접 말레이시아로 파견을 나와 코디 선발부터 고객응대 교육까지 담당했다. 교육 초기에는 이직자가 계속 생겨났지만 2년 이상 교육시스템을 운용하였더니 그 효과가 나타나기 시작했다. 고객만족도가 높아지면서 코디 개개인의 평가도 좋아지고 이는 수입증가로 이어졌기 때문이다. 코웨이의 코디 시스템이 확실히 자리를 잡게 되었다. 정수기 렌탈 이후 2년 의무사용 기간이 끝나는 시점 고객 해약률이 0.4%를 기록했는데 이는 한국보다도 낮은 수준이다.[5] 영업활동의 성과 향상은 직원들의 성과급을 높이고 이직률을 낮추게 만든다. 코웨이에 따르면 2010년 당시 영업사원 2,300명 가운데 40%가 코웨이 근무기간이 2년 반 이상이다. 영업분야에서 이직률이 매우 높은 말레이시아 특성을 고려하면, 현지 직원들의 충성도와 성과평가에 대한 만족도가 매우 크다는 것을 의미한다.

코웨이가 시장 진입에서 고도 성장 단계로 이행하는 과정에서 가장 중요한 역할을 담당한 것은 마케팅이다. 코웨이는 물은 “가족 건강”과 직결된 문제이며 따라서 정수기 관리가 가족 건강에 필수적이라는 점을 강조하는 마케팅 전략을 도입했다. 소득수준이 높아지고 있던 말레이시아에서 건강은 중요한 이슈로 부상했고, 식수에 민감한 현지인들은 코디를 판매원이 아닌 전문 관리인으로 인식하기 시작했다. 현지인들 사이에서 코웨이 렌탈 서비

---

5 뉴스핌 2010년 8월 12일, 웅진코웨이 “말레이시아 성공비결은 현지화”

스 이용의 편리함과 안정성이 입소문을 타면서 고객이 점차 증가하기 시작했다. 2006년 100개의 고객계정이 2010년에는 52,000개로 증가했으며, 2010년에는 10만 계정을 돌파해 124,000개로 늘었다.

2010년 시장확대에는 정수기 회사 최초로 말레이시아 정부기관인 자킴(JAKIM)에서 할랄인증을 취득한 것이 주효했다. 이슬람을 믿는 무슬림이 전체 인구의 60% 이상을 차지하고 있으므로 할랄인증을 취득한 제품이 영업에 유리한 지형에 놓여 있을 수밖에 없다. 상승세를 탄 코웨이는 이후 최소 17%에서 최대 70%에 달하는 높은 성장률을 유지하면서 시장점유율을 꾸준히 높였다. 그리고 마침내 2018년 12월 1백만 고객 계정 수를 돌파했다. 1가구 인구수가 4명이라고 볼 때 3천2백만 말레이시아 인구 중 4백만 명이 코웨이 정수기를 이용하고 있는 셈이다.

2019년에 5,260억 원이라는 최고의 매출을 기록했는데 여기에는 '코디네이션(CodyNation)'이라는 광고의 힘이 크게 작용했다. 과거 원더걸스의 '노바

그림 4-9 화제를 모은 코웨이의 광고

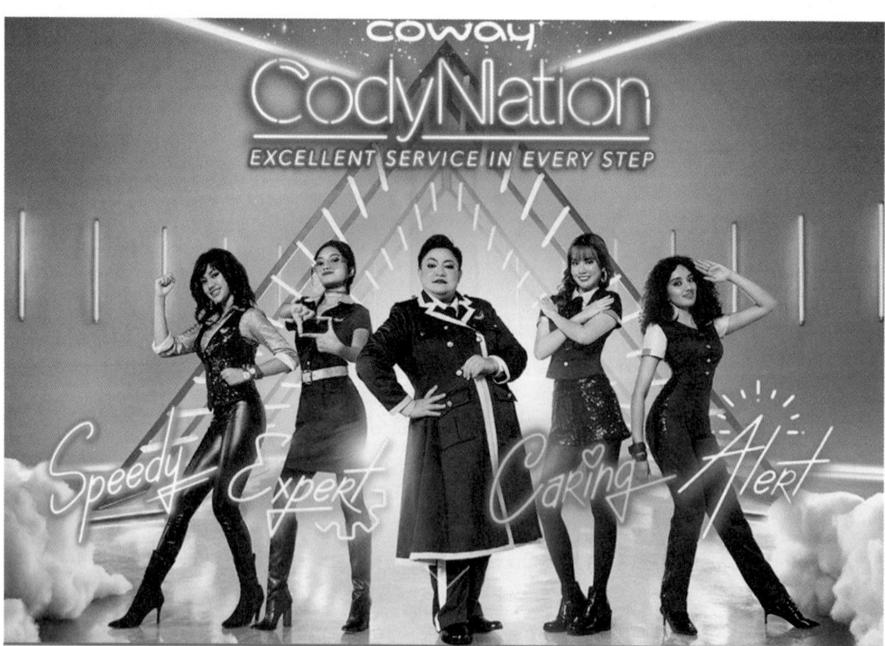

출처: 코웨이 광고

디'를 코디들의 이야기로 개사하고 뮤직비디오 형식으로 만든 TV광고였는데 그야말로 대박이 터진 것이었다. 코디네이션 광고가 선보인지 한 달 만에 소셜미디어 조회수 900만회를 돌파했다. 동남아에서 빅히트를 기록한 노래의 익숙하면서도 신나는 멜로디가 소비자들의 눈과 귀를 사로잡았다. 말레이시아 곳곳에서 코웨이 코디네이션 광고판이 보였고, 저절로 코디네이션 노래가 흘러나오면서 현지 정수기 시장에서 파워 브랜드로 자리를 확고히 했다.

코웨이 말레이시아의 빠른 성장은 제품과 서비스 경쟁력 그리고 마케팅 전략의 성공에 기인하고 있지만, 경쟁사들에 비교해 코웨이가 현지시장에서 쌓아온 '좋은 기업, 선한 기업'의 이미지도 한몫하고 있다. 시장점유율 40%를 차지하는 코웨이는 현지사회에 공헌하는 기업, 말레이시아에 기여하는 기업으로 각인되어 있기 때문이다. 국가의 관문인 쿠알라룸푸르 국제공항에 설치된 정수기도 코웨이 제품이다. 특히 여성 고용과 식수 지원에 집중된 사회책임활동을 지속해오면서 코웨이 가치를 높이는 데 주력했다.

코웨이는 코디 및 영업사원 채용에 있어서 여성인력을 우선시하였다. 코디(Cody)는 코웨이(Coway)와 레이디(lady)의 조합으로 만들어진 이름으로 렌탈 제품 유지 관리 전문인력을 여성으로 채우겠다는 뜻이 담겨 있다. 코디가 코웨이 제품관리 및 서비스를 담당하는 전문 테크니션으로 헬스 플래너(Health Planner)는 교육을 통해 양성되는 정규 영업인력의 지위를 부여했다. 코디와 헬스 플래너가 전문직으로 훈련을 받은 여성인력으로 인식되면서 코웨이는 말레이시아 여성 실업문제를 해결하는 데 기여했다. 특히 영업활동망이 대도시에서 지방 중소도시까지 확장되면서 지역 사회의 고용활성화에도 기여하였다. 현지 여성을 코디로 채용해 전문 코디로 양성하는 자체 인력 육성프로그램에 주부들이 대거 참여했다는 점이 특징이다. 시간을 조정해 가족을 돌보며 일할 수 있다는 장점, 전문직 대우의 자부심을 주는 환경이 주효했다. 여성지원에는 소외계층도 포함되었다. 2008년부터 여성부 산하 말레이시아 싱글맘 지원단체와 협약을 통해 싱글맘 채용을 지원했다. 취업기회가 적은 이들이 육아와 함께 직장생활을 병행할 수 있는 자리를 제공하였는데, 말레이시아 정부의 인적자원개발부(Human Resource Department)도 코디 채용 캠페인(Cody Recruitment Campaign)에 지원하면서 힘을 실어주었다.

2017년부터 코웨이가 주력하는 사회적 책임활동은 해피 워터 프로젝트(Happy Water Project)이다. 인프라가 취약한 지역에 저소득층으로 살아가고 있는 말레이시아 원주민 오랑 아슬리(Orang Asli)들의 생활환경 재선을 지원하는 프로그램이다. 정부가 매년 대책을 마련하고 지원을 하고 있으나 구석구석 손이 닿지 못하는 지역이 많다. 코웨이의 해피 워터 프로젝트에 직원들 외에 고객과 일반 시민들도 참여할 수 있다. 2017년부터 '코웨이 런(Coway Run)'이라는 달리기 행사를 매년 개회하고 있으며 대회 참가자들에게는 티켓(참가비)을 팔아 기부한다. 2017년 첫 번째 코웨이 런 행사에 4천 명이 참가했으며 2019년에는 총 8천여 명이 참가하며 뜨거운 반응을 이끌어냈다. 기온이 30도를 웃도는 말레이시아에서 대규모 달리기 행사가 열리고 일반 참가자 수가 수천 명에 달하는 기업행사는 흔하지 않은 일이다. 각종 기념품이 담긴 팩을 받고, 친구들과 가족들과 5Km의 시내 도로를 걷거나 달리고 포토존에서 사진을 찍는 등 기부행사이면서도 축제처럼 즐길 수 있는 경험 만족도가 큰 이벤트이기 때문이다. 해가 거듭될수록 이러한 경험이 공유되면서 참가하는 동호회의 수나 가족단위 참가자 수도 늘어나 2019년 코웨이 런 패밀리팩 티켓 가격이 100링깃이었음에도 행사시작 전에 일찍이 매진되었다.

2020년 팬데믹으로 오프라인 행사를 개최하기 어려워지자 코웨이 버츄얼 런(Coway Virtual Run)[6]을 개최했다. 연이은 봉쇄와 경제활동 제약으로 취약계층이 더 힘들어진 상황에서 코웨이는 기부활동을 강화하자는 결정의 결과였다. 기업의 마라톤 행사가 온라인으로 옮겨져 지속될 것이라는 기대를 하지 않았으나, 디지털 전환으로 혁신적인 방안에 현지사회가 호응했다. 참가 티켓은 모두 팔려나갔고, 현지 미디어에서도 이를 자세하게 보도했다. 2021년에 역시 코웨이 런은 버츄얼 러닝으로 진행되었으며 지역별 경쟁이라는 포맷을 도입했다. 참여자들이 자신들의 공동체를 위해 적극적으로 참여하면서도 즐거움을 공유하기 위한 방식으로 풀이된다. 티켓 판매 시작 후

6 레이스 플랫폼(Vrace)에 참가자들이 등록하고 런닝 혹은 피트니스 앱을 연동시키면 달린 거리가 측정되고 플랫폼에 그 기록이 공유된다.

24시간 이내 1만 장의 티켓이 모두 매진되었고, 코웨이는 추가 티켓 발매를 발표했다. 모두 12,945명이 참가해 총 245,070km 거리를 달렸다. 20만km 목표를 달성하면 20만 링깃을 기부하겠다는 코웨이의 약속이 지켜지게 만든 순간이었다.

현황 및 향후 전망

2020년 팬데믹은 위기이면서 기회로 다가왔다. 집에서 지내는 시간이 길어지면서 정수기가 필요해진 사람도 생겨났지만 오프라인 판매와 서비스는 한계가 있었다. 말레이시아 법인 대표가 직접 나서서 라이브 커머스를 진행하고 오프라인을 강화했다. 팬데믹 덕분에 디지털 전환이 가속화된 것이다. 그 결과 다시 한 번 매출 신기록을 경신해 역대급 판매고를 올렸다. 2020년 연말 기준으로 1,354,000 계정수를 보유한 코웨이는 정수기 렌털 시장에서 시장점유율 40%를 유지하며 1위 자리를 굳건하게 유지했다. 영업이익은 더 크게 증가했다. 2019년 전년대비 무려 72.2%가 증가하면서 1,302억에 달했다. 코웨이 전체 해외매출의 약 80%를 말레이시아 법인이 혼자 해낸 것이다. 이러한 상승세는 이후에도 지속되면서 2022년 코웨이는 매출 3조 8,561억 원, 영업이익 6,774억 원을 달성했으며 말레이시아 법인 매출은 처음으로 1조 916억 원, 영업이익 2,020억 원이라는 사상 최고의 역대급 성과를 거두었다. 동남아 소비시장에서 한국기업이 한 국가에서만 매출 1조 원을 넘긴 것은 전대미문의 업적이다. 말레이시아 시장에서 코웨이는 정수기에서 공기청정기와 연수기 등 제품군 다양화를 추진하고 있다.

그러나 말레이시아 법인 의존도가 지나친 구조는 성장의 한계가 있다. 코웨이는 아세안의 인도네시아와 베트남, 태국의 영업활동을 강화하고 있다. 아직은 적자를 보이고 있지만 말레이시아에서의 경험은 자신감과 현지화 노하우 경험을 전수했다. 미국 법인의 성장세도 만만치 않다. 2021년 3분기 매출은 580억 원으로 아직 적은 규모이지만 매 분기마다 꾸준히 상승하고 있다. 글로벌 진출 마케팅을 향한 코웨이는 광고모델로 BTS를 기용했다. BTS는 현재 전 세계에서 가장 영향력있는 아티스트이자 한류의 최고의 스타이며, 글로벌 인지도가 정점을 찍고 있는 셀럽이다. “COWAY X BTS”

를 통해 코웨이는 고급 브랜드, 인테리어 그 이상의 환경가전, 고객 데이터 기반 서비스업으로의 전환을 글로벌 시장에 호소하고 있다. 제품과 서비스 포트폴리오 다각화도 진행 중이다. 정수기에서 공기청정기, 침대, 비데, 주방가전 등이 포함되어 있으며, 제품군에는 케어(care)라는 말이 붙어 있으며 스마트홈 내 케어를 그려놓고 있다. 이는 코웨이가 가진 사업의 본질이자 기업의 비즈니스 모델 방향성을 상징하고 있다. 코웨이가 개인의 집안 생활에서 밀착된 서비스를 어떻게 편리하고 안락한 경험으로 승화시킬 것인지 그리고 말레이시아에서의 성공이 다른 지역에서도 재현되는가에 따라 그 미래가 달라질 것이다.

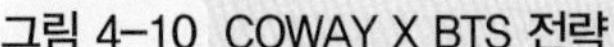
그림 4-10 COWAY X BTS 전략

출처: 코웨이

표 4-2 코웨이 실적

(단위: 십억 원, 계정 천개)

	2019	2020	2021
해외법인매출액	647.6	896.1	1215.1
해외법인계정	1508	1930	2576
말레이시아법인매출액	526.3	708.5	980.2
말레이시아법인영업이익	75.6	130.2	199.3
전체매출액	3018.9	3237.4	3664.3
전체 영업이익	458.3	606.4	640.2
당기순이익	332.2	404.7	465.5

출처: 코웨이 사업보고서

CHAPTER

05

전환의 시대 7UPs를 향하여

2030년, 세계 경제 중심이 아시아로 향하는 글로벌 아시아시대가 도래할 것이다. 2023년부터 글로벌 재편 시대가 시작되면서 인도가 부상할 것이며 중국과 더불어 인도는 아시아의 두 TOP으로 세계 경제 성장의 엔진 역할을 할 것이다. 그리고 아세안 역시 글로벌 재편 시대에 세계 경제 성장의 삼각편대 – 중국, 인도, 아세안– 역할을 할 것이다. 이런 글로벌 재편 시대가 막을 내릴 2028년부터 세계 경제의 중심이 아시아로 자리매김하는 글로벌 아시아시대가 시작될 것이다. 글로벌 아시아시대 한국은 중국과 일본을 함께 하는 우리 시장으로, 그리고 인도와 아세안은 서비스와 제조업의 플랫폼으로 활용하는 아시아 리더십을 발휘해야 한다. 그러나 안타깝게 한국 기업은 2030년 글로벌 아시아시대를 준비조차 시작하지 못하고 패스트팔로워가 아니라 리더가 되어야 한다는 이상론만 펼치고 있다.

2018년부터 시작된 글로벌 G2(미국과 중국) 시대는 미국과 중국의 갈등 속에서 글로벌 가치사슬이 급격하게 변화시키고 있다. 러시아는 우크라이나와전쟁 중이고 사우디아라비아는 중국과 가까워지고 있다. 유럽은 에너지 문제로 러시아와 갈등을 빚고 있지만 중국과 완전히 결별할 생각은 없어 보인다. 국제 질서가 재편되는 과정 속에서 어느 진영이나 손을 잡으려 하는 인도와 아세안은 외교적, 경제적 중요성 더 커지고 있다. 한국판 인도 태평양 전략은 인도와 아세안을 중요한 파트너로 정확히 명시했다. 인도와 아세안은 전 세계 모든 국가가 손을 내미는 파트너이면서 기업들이 주목하는 시장이다. 특히 7UPs는 18억 명이 넘는 인구와 높은 경제성장률 덕분에 앞으로 생산과 소비의 중심으로 떠오를 것으로 보인다. 한국기업들 역시 7UPs로 향해 나아가고 있다.

그러나 해외 시장 어느 한 곳도 수월한 지역은 없다. 유니레버와 스즈키의 성공사례도 하루 아침에 이루어지지 않았다. 유니레버의 전신 리버 브라더스가 인도에 들어와 해외 경영을 시작한지는 130년이 되었고, 오랜 세월의 경험을 바탕으로 글로벌 브랜드와 현지화에 도달했다. 스즈키 역시 리스크 관리에 노심초사했고 노사문제를 겪기도 했다. 7UPs는 기회의 땅이면서 동시에 대내외 위험요인이 존재한다. 리스크만 부각시켜 본다면 해외로 나아가 글로벌 성장을 기대할 수 없다. 1997년 아시아 금융위기를 겪으면서 한국기업들이 한단계 더 도약하는 계기를 삼은 것처럼, 위기를 기회로 전환하는 지렛대로 이용할 수 있어야 한다. 이 책에 소개된 여러 기업들의 사례를 통해 우리는 이 지역에서 존재감을 과시하는 기업들의 성장전략과 성공요인을 살펴보았다. 과거에 좋은 성과가 미래의 가치를 보장하지 않는다. 그러나 우리는 이제라도 글로벌 아시아시대를 준비해야 하고, 소개된 기업들의 사례들을 되새겨볼 필요가 있다.

현지기업의 포지셔닝과 경쟁구도를 파악해야

먼저 7UPs 지역에도 일찍부터 뿌리를 내리고 사업을 키워온 현지 기업가들이 있으며, 경제성장과 함께 비즈니스가 여러 산업군에서 높은 시장점유율을 차지하고 경쟁력을 발휘하고 있다는 점을 명심해야 한다. CP그룹과 살림그룹의 인도푸드, 쿠옥그룹 윌마 인터내셔널, 마산그룹 등은 식품이나 원자재에서 시작해 업스트림, 다운스트림으로 계열 통합의 전략을 추진하면서 단시간 내에 성장했다. 그리고 지역화(regionalization)를 거치며 더 큰 시장으로 범위를 넓혔고 첨단 산업으로 전환해나가려는 움직임이 있다. 릴라이언스와 타타그룹은 다각화를 통해 인도의 여러 산업 부문에서 선두 자리를 차지하고 있다. 자룸은 전통산업에서 금융으로, 빈그룹은 부동산에서 제조업으로, SM은 유통업에서 금융으로 피벗과 확장을 거듭하면서 크게 도약했다. 이들이 각 국가에서 차지하는 경제기여도와 시장지배력은 상당하다. 외국기업들이 7UPs 시장에 진입할 때 현지 사업자들의 포지션과 역량 등을 정보를 확보하고 경쟁구도를 면밀히 분석해야 한다. 한국보다 소득수준이 낮고 기술력이 약하다고 경시해서는 곤란하다. 마루티스즈키의 경쟁사는 타타 모터스였고, 유니레버는 로컬 브랜드와, 신한은행과 미래에셋 모두 외국계 은행이 아니라 현지 은행과 증권사와 경쟁하고 있다.

한국 화장품이 K뷰티로 유명하지만 실제로 7UPs에서 슈퍼 셀링 아이템으로 지속적으로 팔리는 제품은 많지 않다. 한국 상품 전체에 대한 이미지는 좋지만, 브랜드 파워가 약하고, 긴 호흡으로 브랜드 파워를 육성하겠다는 전략을 구사하지도 않았기 때문이기도 하다. 과거 대중적인 제품군에서 한국 화장품끼리 경쟁했다면 이제는 현지 브랜드와 경쟁하는 상황이 도래했다. 현지 화장품 회사들도 한국의 OEM/ODM 제조사들과 함께 제품을 내놓고 있어서 품질력에서 차이를 좁히고 있다.

하이퍼로컬라이제이션으로 시장기술을 축적해야

한국기업들이 엔지니어링 기술에 강하지만 시장 기술(market technology)은 약하다는 말은 오랫동안 들려왔다. 엔지니어링 기술은 제품의 성능을 향상시키는데 필요한 그야말로 기술적 기술이지만, 시장 기술은 해외시장을 이해하고 활용할 수 있는 무형의 노하우이다. 엔지니어링 기술이 학습과 연구개발로 얻어진다면 시장 기술은 소비자나 이용자, 타깃 시장과 상호작용을 통해 파악될 수 있는 것으로 다양한 형태를 띤 여러 전략과 기법들이 포함된다. 7UPs의 시장환경이나 경제여건, 문화적 배경 모두 동일하지 않기 때문에 시장 기술을 창출하는 능력이 훨씬 더 많이 요구된다.

해외사업에서 가장 중요한 시장기술은 현지 고객이나 이용자들의 니즈 그 이상을 파악하는 것이다. 이제는 문화적 배경과 라이프 스타일을 연구해야 소비자들의 페인포인트를 찾아낼 수 있고 이를 해결할 수 있는 방안과 접근법을 알아낼 수 있다. 유니레버가 히잡 리프레쉬를 내놓은 것이 그 예이다. 코웨이의 렌탈 서비스는 정수기 구매와 관리의 문제점을 해결하는 서비스였지만 초기 마케팅에서 건강을 강조하고 여성 코디들을 전문가로 포지셔닝한 것은 철저한 현지 사회의 인식과 불편한 점들을 파악했기에 가능한 마케팅이었다. 마루티 스즈키가 소형차를 먼저 출시하것도 역시 현지 시장 소비자들의 소득수준과 생활환경을 고려했기 때문이다. 그러나 한편으로 스즈키는 인도 노동자들의 업무태도와 환경을 제대로 이해하지 못했기 때문에 노사분규로 어려움을 겪었다.

과거 제품 수출에만 기대던 시대에는 언어를 알고 규제를 파악하고 가격 경쟁력을 갖추고 마케팅에 의존하는 것으로 어느 정도 현지화 수준을 맞출 수 있었다. 그러나 현지 시장에서 직접 생산과 판매, 마케팅과 유통 등 전체 프로세스를 관리하기 위해서는 '철저한 현지화, 하이퍼로컬라이제이션'이 요구된다. 베트남에서 외국계 은행 1위를 차지하고 있는 신한은행 직원 가운데 한국인은 소수에 지나지 않고, 힌두스탄 유니레버는 일찍이 현지인을 대표이사로 선임했다. 즉 현지인이 조직내 구성원들의 업무 이해도와 현지 소비자들의 행태와 기호를 잘 알고 있기 때문이다.

전략적 파트너십과 인수합병 전략을 적극 검토해야

7UPs 국가 가운데 싱가포르를 제외하면 개발도상국, 이머징마켓에 해당한다. 제도화의 수준이 낮고 부패지수가 상당히 높다. 국가 경제 발전에 외국인 투자가 매우 중요한 요인이기는 하나 국내 산업 보호와 육성을 위한 여러 장벽들이 남아있다. 이를 효율적으로 헤쳐나가는 것은 쉽지 않은 일이며, 현지 네트워크가 없으면 사소한 실수에도 많은 비용과 시간을 소비해야만 하는 경우도 자주 발생한다. 게다가 현지 구매자나 유통 채널을 섭외, 관리하는 것도 외국기업이 처음부터 구축하기는 쉽지 않다. 글로벌 기업들이 현지 파트너와 전략적 제휴나 합작회사를 만드는 이유이다. 아니면 현지 기업을 인수하는 형태로 진입하는 경우도 많다. 은행 및 금융업은 외국계 자본의 진입에 까다로운 규제가 많다. 한국의 시중은행들이 동남아 전역에 지점을 내고 있지만 말레이시아에는 한 곳도 없고 인도에서도 현지 법인을 만들기 쉽지 않다. 일본 은행들은 이러한 장벽을 헤치고 리스크를 줄이기 위해 현지 은행들과 제휴를 맺으며 진출했고, 이후 직접 지분을 인수하는 방식으로 나아갔다. 디지털 뱅킹이 유망하다는 것은 알지만 외국금융기관이 라이선스를 취득하기는 어려우므로 슈퍼앱의 파이낸셜 부문에 투자하거나 자본을 공급하는 방식을 채택하기도 한다.

한국기업들은 양해각서를 맺는 일은 많지만 전략적 파트너십이나 얼라이언스, 혹은 인수합병에 적극적이지 않다. 물론 합작법인을 세우는 일 역시 경영권의 문제나 투명성 이슈로 인해 리스크가 있는 것은 맞다. 그러나 단독 진출만으로 해외 시장에 진입해 성공사례를 만들기는 쉽지 않다. 7UPs의 현지 기업들 가운데 지주회사를 넓은 범위의 투자회사로 이용하는 경우가 많다. 자신들이 가진 기술의 한계나 투자재원의 제약, 해외시장 노하우 부족 등을 알고 있기에 해외 기업들과 기꺼이 손을 잡으려 한다. 한국기업들이 이러한 기회를 보다 적극적으로 이용해야만 지역 가치사슬을 만들어 낼 수 있다. 중국과 미국이 대립하는 가운데 글로벌 공급망은 위기를 맞았고 모든 기업들이 안정적인 공급망, 밸류체인을 구축하기 위해 동분서주하고 있다. 이러한 지역 가치 창출사슬(regional value creation chain)은 참여자들 모두에게 득이 되고 기회가 될 수 있다.

개별 국가보다 '지역'을 봐야

최근 복합위기로 1990년부터 세계 경제의 흐름을 주도하였던 글로벌라이제이션이 주춤거리고 있다. 1990년대 제품 중심의 글로벌라이제이션, 그리고 2000년대 서비스 중심의 글로벌라이제이션을 뛰어넘어 앞으로는 4차 산업혁명으로 비롯된 기술 중심의 글로벌라이제이션이 시작될 것이다. 따라서 그동안 기업이 활동하였던 제품과 서비스는 지역 중심으로 재편될 것이고, 이런 지역 중심의 제품 및 서비스 활동들이 기술로 새로운 형태의 글로벌라이제이션을 창출할 것이다. 다시 말해 향후 지역 중심으로 글로벌 시장은 재편되고 밸류 체인 역시 지역 중심으로 구축될 것이다. 이와 같은 리저널라이제이션은 지역경제 통합으로 통한 새로운 커뮤니티를 만들어낼 것이며 지역경제 통합 내 협력과 경제 통합 간 경쟁을 바탕으로 새로운 국제질서를 형성해 나갈 것이다.

타이 베버리지, 그랩, SEA 등 아세안 기업들의 성장에서 주목할 점은 리저널라이제이션 전략이다. 빠르게 인근 지역으로 확장하면서 시장을 키웠다. 인도네시아를 제외하면 아세안 개별 국가의 시장규모는 크지 않지만, 아세안 경제 공동체는 거대한 시장이다. 태국에서 시작하든 쿠알라룸푸르에서 시작하든 이웃 국가로 진입하는 데 국경을 크게 두려워하거나 주저하지 않는다. 7UPs 시장을 개별국가로만 접근하게 되면 인구규모가 작은 말레이시아나 1인당 소득이 적은 필리핀은 진입할 유인을 찾지 못하게 된다. 인도부터 필리핀까지 인도-아세안 혹은 인도-태평양 지역으로 시야를 확대하면서 글로벌 전략하에 지역전략을 수립하는 관점으로 접근하면 이야기가 달라진다. 국가 단위의 문화적, 경제적 차이를 고려한 하이퍼로컬의 섬세함이 필요하지만, 기업의 해외 전략에서 지역 단위의 구도와 장기 로드맵은 반드시 필요하다. 한국기업들이 리스크 관리에 신중하다 못해 스스로를 평가절하하는 자세가 시야를 좁히고 있다.

새로운 시장을 창출하고 트렌드 세터가 되어야

1997년 외환위기, 2008년 글로벌 금융위기, 2019년 코로나19 위기에 이어 2030년 글로벌 아시아시대 도래와 함께 우리는 새로운 위기를 맞이할 것이다. 이런 위기의 중심이 역동적인 성장을 이룩한 아시아가 될 것이다. 따라서 우리는 지금부터 아시아로부터의 기회와 함께 위기도 함께 준비할 필요가 있다. 지난 60여 년 간 저개발국, 개발도상국 그리고 이제는 선진국의 초입에 들어선 우리가 기회와 위기를 함께 겪을 아시아 국가들을 위해 리더십을 발휘해야 한다. 우리가 아시아에서 리더십을 구축하지 못하면 중국, 인도, ASEAN 어는 누구고 우리와 함께 하려고 하지 않을 것이다. 그러나 우리가 2030년 아시안 리더십을 가지게 되다면 자연스럽게 세계과 함께 글로벌 리더십을 얻을 수 있을 것이다.

7UPs에서 바라보는 한국은 개발도상국에서 선진국으로 탈바꿈한 모범사례이고 한류와 세련된 컨텐츠로 무장한 소프트파워 강국이다. 또한 ICT에서도 앞선 테크놀러지 선두주자로 인식하고 있다. 더 이상 팔로어가 아니라 퍼스트무버로 포지셔닝하는 자세가 필요하다. 코웨이의 경우 현지 시장에 처음으로 렌탈 모델을 가져갔다. 동일한 사업모델의 경쟁자는 없었지만 기존의 정수기 구매 시장의 문제점을 파악하면서 그 틀을 깨는 혁신적인 서비스를 소개하는 전략으로 소비자들의 니즈를 창출했다. 웹툰과 먹방은 한국에서 시작되어 하나의 장르로 자리잡았으며, 메신저와 이모티콘을 비즈니스 마케팅으로 활용하고 선물하기라는 수익모델도 한국 스타일 서비스에서 뻗어 나갔다.

에필로그

싱가포르, 말레이시아, 태국, 베트남, 필리핀, 인도네시아 그리고 인도를 아우르는 7UPs의 경제현황을 살피면서 기업의 사례를 분석하는 작업은 흥미로우면서도 상당히 어려운 일이었다. 아세안으로 묶여 있는 것 같지만 6개 국가의 여건이 달랐고, 인도의 경우 하나의 기업이 펼치는 사업 분야가 너무 광범위해서 어디까지 자세히 써야 하는가라는 고민이 있었다. 현지의 생생한 이야기를 풀어놓고 싶었지만 팬데믹으로 자유롭게 왕래할 수 없었던 시간도 길었다. 돌아보면 한없이 부족한 분석이겠으나 떠오르는 7UPs의 기업사례를 한 곳에 모아 볼 수 있는 최초의 시도라는 점에서 의미를 찾아보는 것으로 글을 맺는다. 이 책에 담긴 오류와 미비한 점은 온전히 저자의 책임이다.

7UPs in Asia 인도와 아세안 6개국 기업사례와 성장전략

초판발행 2023년 4월 15일

지은이 고영경·박영렬
펴낸이 안종만·안상준

편 집 전채린
기획/마케팅 장규식
표지디자인 이소연
제 작 고철민·조영환

펴낸곳 (주) 박영사
서울특별시 금천구 가산디지털2로 53, 210호(가산동, 한라시그마밸리)
등록 1959. 3. 11. 제300-1959-1호(倫)
전 화 02)733-6771
f a x 02)736-4818
e-mail pys@pybook.co.kr
homepage www.pybook.co.kr
ISBN 979-11-303-1739-7 93320

정 가 22,000원